환승

이동소 수필집

세종출판사

| 머리말

환승역에서

인생은 원하든 원하지 않든 수많은 환승역을 통과해야 하는 긴 철로다. 인생 자체가 수많은 사연과 추억을 지닌 간이역에서의 환승으로 이어지니 말이다. 환승은 정신없이 앞만 보며 달려온 여정에 잠시 쉼표를 찍고 뒤를 돌아볼 수 있는 시간이며, 미지의 세계에 대한 호기심으로 가슴 설레고 아울러 나 자신에게 파이팅을 외치는 시간이다.

교직을 천직으로 알며 30여 년간 앞만 보고 달려왔다. 수많은 간이역을 지났는데 나는 그 역들을 기억조차 할 수가 없다. 어떻게 하면 남들보다 빨리 종착역에 도착할 수 있을까, 어떻게 하면 남들보다 더 먼 거리를 뛸 수 있을까 가슴 죄며 목표물만 보고 달려왔기 때문이다. 그런데 어느 날 내가 달리는 게 아니라 누군가가 내 고삐를 쥐고 있다는 걸 깨달았을 때 자괴감이 들기 시작했다. 이제라도 내 인생 신호등을 스스로 조작하고, 스스로 속도를 조절하며 달리고 싶어졌다.

결국 3년 전, 나는 과감히 연자매 줄을 스스로 끊고 그렇게 갈망하던 백조친구들 무리에 합류했다. 인생의 해거름, 커다란 환승역에서 기차를 갈아타고 제2의 인생을 시작한 것이다. 백조가 과로사過勞死한다고, 요즘 나는 예전보다 더 바쁘다. 하지만 자신이 하고 싶은 걸 하며 살아가는 건 참으로 행복하다. 누가 시켜서가 아니라 자의로 하는 일이니 아무리 힘들어도 하는 것마다 즐겁다. 매일 보고 듣고 내가 만나는 사람들과의 소소한 일상에서 전에는 몰랐던 깊은 의미를 찾으며 순간순간 행복도토리를 줍고 있다.

이젠 내가 하는 역할도 변했다. 엄마가 아니라 할미가 되어 손주들 재롱을 보는 일은 너무도 싱그럽다. 나의 DNA를 물려받은, 내가 이승에 왔다간 나의 흔적이기 때문이다. 그리고 늦은 나이지만 젊은 날에 못해봤던 것들을 찾아내어 배우는 것도 재미가 솔솔하다. 무엇보다 아무 거리낌 없이 떠나고 싶을 때 언제든 지구 밖으로 날아갈 수 있다는 것도 인생 황혼기 백조가 누릴 수 있는 특권이지 싶다. 그리고 뜻하지 않게 딸아이가 기르던 반려견과 동고동락하면서 또다른 생의 의미를 깨닫고 있다.

2012년 처녀작 수필 『토우』를 발간한 후 서투나마 제 2집 수필을 내어서 내심 뿌듯하다. 여기엔 새로 태어난 백조로서 제2의 나의 인생, 예전엔 미처 느끼지도 경험하지도 못했던 삶의 족적들이 그대로 묻어 있기 때문이다. 제1부 「사랑의 굴레」에서는 나와 인간그물을 맺고 살아가고 있는 가족과 지인들 간의 끈끈한 사랑이야기를, 제2부 「해장국」에서는 인생 해거름에서 나름 깨달아가는 삶의 이치를,

그리고 제3부 「거꾸로 보기」에서는 내가 맞닥뜨리는 사건이나 사물을 나의 시선으로 들여다보고 사색하는 이야기를 적었다. 제4부 「동물사랑 · 식물사랑」에서는 반려견과 식물을 기르면서 그들로부터 터득한 삶의 지혜를, 마지막 제5부 「지구 밖으로」에서는 앞의 수필집과 마찬가지로 세계를 돌아다니며 보고 듣고 깨달은 편린들을 남긴 기행수필이다.

나에게서 수필은 노동이 아니라 나를 힐링하는 작업이다. 힘든 삶의 여정에서 순간순간 울컥 올라오는 그 무엇, 가슴 저 아래서 토해내지 않고는 견딜 수 없는 삶의 침전물들을 달팽이가 기어가고 남긴 체액처럼 끈적하게 남길 뿐이다. 그러니 서투지만 순간순간 내 삶의 귀한 흔적인 것이다. 아직은 설익은 글을 세상에 내놓기가 부끄럽다. 하지만 내 글의 어느 한 구절이, 나름 열심히 달렸는데 가슴이 공허한 인생 해거름의 그 누군가에게 공감이 가고 작은 위로가 되었으면 좋겠다.

나대신 주부 역을 하며 항상 격려와 배려를 아끼지 않는 남편과 글 쓴다고 제대로 챙기지 못한 내 피붙이들, 특히 친정어머니께 진심으로 미안하고 감사하는 마음이다. 바쁜 중에도 정성껏 책 표지와 간지를 해 준 사위에게도 고마운 마음을 전하고 싶다.

2015년 가을 동소글방에서
이 동 소

차례

제1부 사랑의 굴레

제2부 해장국

제3부 거꾸로 보기

제4부 동물사랑, 식물사랑

제5부 지구 밖으로

누군가를
사랑한다는
것은 조그마한
힘으로 해바라기
끝없는
빛에 피어나는 긴
휴식처럼
평생에서 그대를
그림자처럼 따라다니는
하루가 빛날
사랑의 실천입니다

사랑의 굴레

사랑의 굴레

서울 아들에게 카카오톡 메시지를 보냈는데 답이 없다. 새벽인 줄 알면서도 행여나 하는 마음에 핸드폰을 안고 잠자리에 든다. 사랑은 상대를 향해 언제나 비상 보초를 선다. 나는 행여 사랑이란 이름으로 아들을 묶고 있는 것은 아닐까?

누군가를 사랑한다는 것은 상대를 향한 끝없는 해바라기다. 보이지 않는 긴 뉴런을 치렁치렁 펼쳐서 오감을 곤두세워 상대를 감시하며 그리워하는 것이다. 자나 깨나 상대의 일거수일투족에 자기만의 의미를 부여하며 그림자처럼 따라다니는 스토커가 바로 사랑의 실체인 게다.

재직 시 모 여고에 근무할 때였다. 우리 반 학생 중의 한명이 나를 무척이나 따랐다. 부모는 다른 도시에서 회사식당을 운영하고 있어 주말에나 집에 오곤 해서 가까이 있는 외할머니가 돌보는 학생이었다. 한창 사춘기에 행여 마음을 다칠까 걱정이 되어 내가 관심을 더 가지게 되었는데 그 걸 아이는 참으로 행복해했다. 틈만 나면 생물실 내 방을 찾아와 진학상담도 하고 문제집을 들고 와 모르는 걸 묻곤 했다. 그러더니 언젠가부터 나를 자신의 독점물로 정했는지 내가 다른 학생들을 상담하는 것에도 삐치곤 했다. 심지어 내가 입원을 했을 때 문병을 와선 딸내미가 나를 간병하는 것조차 질투를 하는 것이었다. 그건 일종의 스토커 수준이었다. 하지만 사춘기시절 나도 선생님을 짝사랑해 본 경험이 있는지라 그 마음이 더없이 안쓰러웠다.

누군가로부터 사랑을 받는다는 건 참으로 행복한 일이 아닌가. 지구 70억 인구 중에서 하필 나를 찍어 정성을 쏟고 챙긴다는 건 그 인연 또한 보통이 아닌 것이다. 하지만 누군가가 찰거머리처럼 내게 착 달라붙어 항상 나를 감시하며, 기아에 허덕이는 방글라데시 아이처럼 내 사랑이 없으면 죽을 것 같다고 애걸한다면 문제가 다르다. 마냥 행복하다고 하기엔 너무 버거울 것이고, 상대가 원하는 만큼 그 사랑을 충족시켜주지 못하는 죄책감에 괴로울 테니 말이다.

바쁜 일정이 계속되어 며칠 만에 핸드폰 카카오톡을 열었다. 그랬더니 이게 웬일인가! 이리저리 얽힌 인간그물 속에서 나를 향해 날을 세운 문자들이 정신없이 날아들어 내 목을 죈다. 내 응답이 없다고 서운해 하며 어떤 이는 농담 속에 내가 저들을 업신여긴다는 소리까지 한다. 언제부터인가? 세상에 내 몸 하나도 내 마음대로 부릴 수 없게 된 것이 말이다. 눈알이 빙글거리며 다람쥐 쳇바퀴를 돌리는데 “카톡! 카톡!”하는 소리는 “뭐해? 정말 이럴 거야?” 협박하듯 나를 윽박지른다. 아무도 침범할 수 없는 나의 침실까지 따라오면서 말이다. 이승에 사는 한, 이놈의 카카오톡 때문에 나는 붉은 수인囚人 딱지를 뗄 수가 없는 게다.

아무리 욕을 들어도 자식들을 향한 어미 마음은 누구나 일편단심 민들레요, 세상의 어머니들은 자식에게는 모두 사랑의 스토커가 아닐까. 감자줄기에 달린 혹덩이처럼 주렁주렁 가슴에 끼고 있을 때가 그래도 행복했다. 초등학교를 마치면서부터 녀석들은 홀로서기를 시작하더니 조금씩 자신의 세계로 걸음마를 해나갔다. 그런 자식들이 대견스러우면서도 어미와 멀어지는 것이 못내 서운했다. 그러던 녀석들이 이젠 모두 짝을 지어 숫제 내 곁을 떠나버린 것이다.

딸아이는 결혼을 해도 이웃에 사니 나의 온 신경은 항상 비상근무체제다. 외손주가 갓 돌을 지냈는데 딸아이 뱃속에 손녀가 나오려고 웅크리고 있으니 말이다. 언제든 부르면 나는 총알택시처럼 달려가야 한다. 게다가 입이 짧아 잘 안 먹는 외손주에게 무슨 요리를 해서 먹일까, 임산부 딸아이에겐 무얼 사다 먹일까, 쓸데없는 생각으로 꿈에도 머리가 하얗게 바랜다.

딸아이에 비해 일찍부터 서울에서 홀로서기를 하며 자리를 잡아가고 있는 아들은 더욱 안쓰럽다. 조그만 일이라도 엄살을 부리며 도움을 청하는 딸과는 달리, 웬만한 일이 있어도 혼자 끙끙거리지 내색을 하지 않는 게 부모를 더 긴장하게 만든다. 먹는 것도 대충이고, 일에 몰두해서 생활패턴도 주야를 거꾸로 하고 있으니 부뚜막 위에 앉혀놓은 어린애 같다. 이젠 챙겨줄 짝도 곁에 있는데 걱정도 오랫동안

하다 보니 습관이 되는 게다. 내 스스로 만든 이 사랑의 굴레를 도무지 벗어날 수가 없으니 말이다.

일전에 팔순이 넘은 친정어머니가 내가 자주 전화를 안 드려 잠을 못 이루신다고 하셨다. 일찍부터 실직하고 몸져누운 아버지를 대신해서 혼자서 억척 같이 5남매를 키우고 공부시킨 여장부인 어머니시다. 이젠 자식들이 모두 자리를 잡아 잘 살아가고 있는데 남은 세월, 마음 편하게 살다 가시면 얼마나 좋겠는가. 그런데 그렇게 옹골차고 당당하던 여장부는 어디로 가고, 아직도 하릴없이 자식들만을 해바라기하며 우리들 관심을 목말라하고 계신다. 이젠 자식들의 사랑을 받아먹고 사는 약하디 약한 노소녀老小女가 되고 마신 게다.

어머닌 옛날부터 딸들 중에 유독 나를 사랑하며 애착을 많이 가지고 계신다. 지난한 세월에도 알바를 하며 공부를 잘해서 일류 중·고등학교를 다니던 딸이 어머니에겐 더 없는 자랑거리며 자부심이었던 게다. 게다가 내가 대학에 들어가고 나서부턴 모든 가정살림을 도맡아 꾸려나갔으니 어머니에게 나는 보호자요, 든든한 울타리였으리라.

세월이 흘러 나도 이젠 할미가 되었다. 세상 살아가기도 녹록잖은데 내가 손수 돌봐야할 손주까지 생긴 것이다. 그런데도 막무가내 나의 관심과 사랑을 갈구하는 어머니께 나는 이따금씩 짜증이 난다. 어머니 머릿속에 나는 그 옛날 소녀 적 딸로 머물러 있는 게 분명하다. 항상 몸이 약하고 공부만 하는 빼빼로 둘째딸로. 어쩜 자식을 과잉보호하며 애착을 가지는 나의 DNA는 어머니로부터 물려받았는지도 모를 일이다. 그렇다면 지금의 어머니 모습이 바로 미래의 내 모습이 아니겠는가! 그때가 되면 내 자식들도 나의 해바라기사랑을 힘들어 하고 버거워하지 않겠는가 말이다. 여기까지 생각이 미치자, 정신이 번쩍 든다.

성서에서도 사랑은 모든 계명 중에 으뜸이라고 가르치고 있다. 하지만 진정한 사랑은 상대를 구속하는 게 아닐 테다. 사랑은 소유가 아니기 때문이다. 참사랑은 상대를 있는 그대로 인정하며 받아들이는 게 아닐까 싶다. 들꽃을 사랑하는 사람은 결코 꽃을 꺾어오지 않는다. 들판에 두고 그 모습 그대로를 사랑하는 것이다. 어디선가 읽은 '참사랑은 민들레 홀씨 되어 바람 따라 세월 따라 우주를 떠돌다가, 마주치는 한 순간을 뜨겁게 포옹하고 별똥별이 되어 산화하는 것이다.' 란 말이 가슴에 와 닿는다. 인생의 해거름에, 나도 내 집요한 사랑의 끈을 잘라 하늘로 띄워 보낼까보다.

드디어 아들에게서 카카오톡 메시지가 날아왔다.

"엄마, 아들 걱정은 이제 그만하시고 엄니 건강이나 잘 챙기셔요.
사랑해요!"

카트와 유모차

단풍이 흐드러지게 물든 호숫가. 손주를 태운 유모차를 끌고 산책을 한다. 그 언젠가 카트를 끌고 골프를 치던 호숫가다. 10년 세월, 자연은 그대로인데 나는 훌쩍 늙은 것 같다. 머리엔 서리가 더 무성하고 이젠 할미가 되어 카트 대신 유모차를 끌고 이 길을 걷고 있는 게다.

사업상 매달 한번씩 1박 2일 행사를 하는 경주 K 호텔이다. 10여 년 전, 갓 골프를 배웠을 땐 이곳에서 행사를 할 때마다 틈틈이 골프를 치곤했다. 퍼블릭 9홀이지만 혼자 카트를 끌며 자연 속에서 공을 치는 게 참으로 여유로워 좋았다. 여기서는 여느 정규골프장처럼 캐디가 없으니 서두르며 채근하지 않는다. 게다가 한두 번의 실수는 너그럽게 눈감아주는 넉넉함이 있어 더 좋았던 것이다.

이 골프장엔 작은 호수가 두 개 있다. 1홀에 있는 직경 80미터 가까이 되는 호수와 중간 홀쯤에 직경이 150미터쯤 되는 호수가 있다. 인공호수지만 자연 속에 어우러진 호수의 모습은 참으로 아름답고 낭만적이다. 벚꽃이 만발한 봄이나 단풍이 드는 가을이면 호수 수면 위에 꽃잎과 단풍이 떨어지는 풍경에 나는 넋을 잃곤 했다. 승부가 걸린 경기코스가 아니라 사랑하는 이와 함께 낭만을 주우러 오면 얼마나 좋을까 하는 생각을 이따금씩 하곤 했다. 그러던 나의 꿈이 오늘 이루어진 것이다. 카트가 아니라 유모차를 끌고서, 나는 오늘 낭만과 행복도토리를 줍고 있는 게다.

카트와 유모차는 구조가 많이 닮았다. 둘 다 인간이 고안한 수송용 포터다. 하나는 골프채를, 하나는 아기를 싣고 다닌다. 하지만 그 조작은 다르다. 카트는 내가 주인이므로 내 맘대로 운전을 조작하고 내부 세팅도 내 마음대로 한다. 반면에 유모차는 귀중한 생명을 싣고 다니므로 모든 게 아기 중심이다. 내가 아니라 아기가 주인인 게다. 나는 지존을 모신 하녀로서 충성과 사랑을 다해 카트를 끈다.

카트를 끄는 이는 필시 부모나 할머니일 터. 그러니 아기를 안전하고 안락하게 지키고 싶은 이 할미의 마음으로 카트는 나날이 진화했을 터이다. 비바람과 더위와 추위를 피할 수 있게 하는 것은 물론, 자동차처럼 승차감도 참으로 좋다. 바닥이 웬만큼 울퉁불퉁 거려도 유모차는 흔들림이 없이 안전하게 나아간다. 우리 손주를 위해 사랑과 정성으로 이 유모차를 만든 이들이 새삼 고맙게 느껴진다.

골프는 마약과도 같은 중독성 스포츠다. 비거리飛距離 10미터를 더

늘이려 밤낮 없이 골프연습장을 찾았고, 한 타를 줄이려고 심야에도 TV 골프채널을 보며 열공했다. 마치 그것이 인생의 대단한 목표라도 되는 듯이 말이다. 하지만 세월 따라 에너지도 근력도 줄어든 것일까? 언젠가부터 골프 자체가 나의 관심사에서 서서히 멀어져갔다. 어쩜 세상만사가 고만고만 그렇게 기쁜 것도, 흥이 날 것도 없는 노년기에 접어들었음이리라. 문득, 이 공백기는 오늘 유모차를 끌기 위한 에너지 충전시기가 아니었을까 하는 생각이 든다.

나이가 들면서 인간은 단순해지는가 보다. 이젠 머리 아픈 것보단 가장 원초적인 욕구에 충실해지니 말이다. 먹고 놀고 자식을 돌보고……. 지금 나에게 삶의 활력을 주고 엔도르핀을 쏟아내게 하는 건, 인간이 만든 게임이 아니라 종족보존의 기본 본능인 것이다. 어릴 적 딸아이를 쏘옥 빼닮은 외손주! 이 세상에 내가 왔다가 간 흔적이요, 나의 분신인 외손주가 마르지 않는 행복의 샘물이요, 기쁨 그 자체이다.

조심조심 유모차를 몬다. 가파른 길에선 팔에 힘을 주어 브레이크를 걸고, 자갈길에선 손주가 덜컥거릴까봐 숨을 죽인다. 구불구불 붉은 단풍이 흐드러진 오솔길에 유모차를 멈춘다. 손바닥만 한 빨간 단풍잎을 주워 고사리손에 쥐어주며 입맞춤을 한다. 단풍잎을 흔들며 뽀얀 얼굴에 번지는 반달웃음을 보며 나는 어린 시절의 일곱빛 무지개를 다시 본다.

누군가를 위해 이렇게 사랑과 정성을 쏟은 지가 언제였던가? 직장생활을 하며 내 아이를 낳고 기를 때도 나는 제대로 어미노릇을 못했던 것이다. 능력도 없는 주제에 내가 벌인 1인 다역의 연기가 나에겐 버거웠다. 애기에겐 허울 좋은 어미요, 아내로서도, 며느리와 딸로서도 언제나 부족했고, 하물며 가정주부로서는 모양새만 흉내 냈을 뿐이다.

인생은 18홀 골프게임과 같다. 경기를 시작할 땐 설렘만 앞섰지 모두가 미숙하다. 샷도 마음대로 되지 않고 마음만이 바쁘다. 서서히 손이 풀려 중간 홀을 돌 때면 패기가 넘친다. 욕심을 부려 맘껏 골프채를 휘두르다가 웅덩이나 호수에 공을 빠뜨리기도 하고, 숏제 아웃이 되어버리기도 한다. 그리고 점수에 너무 집착하다가 목적지에 가서 퍼팅을 하는데 실수를 거듭한다. 패기와 만용에 세상이 눈 아래로 보일 때인 게다. 골프게임은 묘미를 알아갈수록 시간이 바삐 흐르고 마음은 더욱 초조해진다. 시간이 조금만 더 있으면 멋진 마무리를 할 것도 같은데, 이제 나는 서너 홀만을 남긴 인생의 황혼기다.

이제껏 샷을 잘 날렸다고 자만할 것도 아니며, 호수에 공을 빠뜨렸다고 좌절할 것도 없다. 어차피 시간이 지나면 게임은 끝나는 것! 끝난 후엔 승자도 패자도 없는 게임이 우리네 인생이다. 남은 경기에도 순간순간 성실하게 임하고, 함께하는 이와의 소중한 만남과 인연을 새겨볼 따름이다. 어쩜 하느님이 기억하시는 건 게임점수가 아니라 얼마나 성실하게, 즐겁게, 서로를 배려하며 경기를 했는가가 아닐까 싶다.

단풍잎을 받아들고 웃는 손주의 해말간 눈동자에 무지개가 아른거린다. 내 인생에서 덤으로 받은 선물, 나의 손주! 이 엔도르핀으로 남은 홀에서 멋진 샷을 기대해본다. 어쩜 황혼녘에 유모차를 끌고 홀인원을 칠 것 같다.

보물섬

어머니께서 퇴원을 하셨다. 아들 등에 업혀 내려갔던 3층 계단을 당신 스스로 발을 딛고 올라가신다. 병실을 나서면서 엉성한 뒷머리가 흉스럽다고 하시며 여느 때처럼 가발로 단장을 하고 평소 애지중지하던 핸드백까지 들고 계신다. 당당하고 꼿꼿한 뒷모습은 아직도 카리스마 넘치는 중년여인의 자세다. 현관에 들어서자 "다시는 내 발로 이 집에 못 들어설 줄 알았다!" 고 하시며 울먹이신다.

어머니께서 급성장염으로 입원한 지 꼭 35일만이다. 단순한 식중독과 장탈이라고 가벼이 생각했던 게 우리들의 착오였다. 평소 어머니께선 고혈압증세가 조금 있는 것을 제외하고는 극히 건강하셨기 때문이다. 나의 주치의병원인 H병원에 어머님을 입원시켰으나 이틀이 지나도 토사가 멎지 않았다. 먹은 것도 없이 계속 토하셨다. 담즙 같은 흑갈색 물을 올리고 또 올리셨다. 한번 토하실 때마다 어머니께선 기진맥진하셨다. 어릴 때 먹은 젖까지 다 토해 올리는 듯했으니 말이다. 십자가를 지고 골고타언덕을 오르던 예수그리스도처럼 고통으로 몸부림치는 어머니 곁에서 나는 나의 무능함에 화가 치밀어 올랐다. 내가 할 수 있는 건 고작 침상 곁에 서서 어머니 등을 두드려드리고 조바심만 낼뿐이었다. 그 옛날 내가 입원해서 사경을 헤매던 때, 곁에서 기도하며 간병하시던 어머니 심정이 어떠했을지 짐작이 갔다. 행여 그 마음을 내가 헤아리지 못하고 지나쳐버릴까 봐 하느님이 어머니께 이런 시련을 내리는 게 아닐까도 싶었다.

결국, 병원에서도 병인을 찾지 못하자 담당의사가 큰 병원으로 옮기라고 권유를 했고, 신장 이상이나 뇌 이상을 염두에 두어 양·한방을 같이 하는 D병원으로 다시 옮겼다. 그렇게 건강하던 어른이 일주일 만에 몸은 장작개비처럼 말라들어가고 식사를 전혀 못하시니 알부민주사나 영양제로 생명을 연장했다. 게다가 8월 삼복더위가 한창인데 창밖을 내다보다가 "눈이 내려 밖이 참 아름답다."고 헛소리까지 하시니 덜컥 겁이 났다. 어쩜 노화현상으로 뇌기능에 이상이 오기 시작한 것은 아닐까 싶어서다.

열흘이 지난 후 병원에서 내린 진단은 '스트레스로 인한 장의 마비'였다. 장의 연동운동이 정지되었으니 입으로 들어가는 모든 것은 도로 위로 토해내셨던 게다. 얼마나 스트레스를 받으셨으면 장의 활동이 정지된단 말인가! 오랫동안 큰 병을 앓다가 마지막 임종을 앞두고 일어나는 현상이 바로 장의 마비가 아니던가.

'가지 많은 나무에 바람 잘 날이 없다.'고 어머니께선 일생 5남매의 행보에 따라 항상 가슴을 졸이며 사셨다. 자식들이 짝을 지었으면 이젠 저만치서 방관하면 될 것을, 어머니의 자식에 대한 애착은 유별나셨다. 최근에 남동생과 큰 언니 사업으로 곁에서 이리저리 신경을 쓰신 게 화근이었는지도 모를 일이다. 어머니는 황량한 벌판에서 죽기를 각오하고 먹이를 찾아 새끼들의 입에다 넣어주다 쓰러진 한 마리 '사다새'였다.

눈을 뜰 기력조차 없어 절로 감겨진 눈, 움푹 팬 볼은 모진 세월을 당당히 이겨낸 어머니의 훈장이다. 긴 세월, 자식들 대신 맨몸으로 세찬 비바람과 폭우를 맞아서 생긴 상흔傷痕의 문신인 게다. 이제 거대한 배의 엔진은 낡고 부스러져 세월의 파고波高 앞에서 속절없이 침몰해 가고 있는 것이다.

그렇게 곱던 어머니 얼굴엔 세월의 칼바람이 할퀸 상처가 역력하다. 눈가와 입가에 골골이 접힌 주름에는 어머니 자식들이 만들어준 근심과 시름들이 하나씩 박혀있다. 거북이 등처럼 딱딱하고 거칠어진 손등, 관절염으로 휘어진 손가락, 뭉툭하게 닳은 손톱을 왜 나는 이제야 발견한 것일까? 어쩜 나는 언제나 곱고 환하게 웃는 어머니 얼굴만을 보고 싶었는지도 모를 일이다. 애초 자궁에서 어머니랑 한 몸이던 나이기에 어머니가 세월에 삭고 망가져 가는 모습은 바로 나의 미래의 모습이니 말이다.

어머니의 얼굴 위로 문득 며칠 전에 딸아이가 데리고 온 유기견 '만복이' 모습이 겹쳐진다. 누군가에게 버림을 받고 거리를 헤매고 다니던 애완견 '푸들' 종이었다. 얼마나 노숙생활을 했던지 꼬리는 뭉텅 잘리고, 발톱은 곳곳이 빠지고, 아무도 손질해주지 않은 하얀 털은 꼬이고 뭉쳐서 거친 카펫을 연상케 했다. 올해처럼 더운 여름에 그렇게 치렁치렁한 울 카펫을 걸치고 돌아다녔을 녀석을 생각하면 가슴이 저려왔다. 결국, 정이 많은 딸아이가 애견샵에서 미용을 시키고 병원에 데리고 가서 접종을 마친 후 집으로 데리고 온 것이다.

주인에게 버려져 세상에 내동댕이쳐진 만복이나, 가난한 집으로 시집와 남편마저 일찍 여읜 채 한 푼의 재산도 없이 5남매와 함께 황량한 세상에 버려진 어머니의 일생은 별반 다르지 않다. 오히려 만복이는 제 한 몸 간수기 위해 세상과 싸웠을 테지만, 어머니께선 그 지극한 모성애로 5남매를 남보다 잘 먹이고 잘 입히고 잘 가르치기 위해 얼마나 노심초사했을까 말이다. 그러면서도 겉으론 항상 강하고 씩씩한 척하며 한 번도 우리에게 나약한 모습을 보이지 않으셨던 여장부가 바로 나의 어머니다.

어머니께선 언제나 내 삶의 엔도르핀이고 내 인생의 멘토이셨다. 항상 세상을 긍정적으로 보고 내일은 오늘보다 더 화려한 무지개가 하늘에 뜰 것이라는 희망을 잃지 않으셨다. 아버지의 실직으로 전국 팔도의 섬을 돌며 행상을 하면서도 집으로 돌아오는 날은 금의환향하는 듯 만면에 미소를 지으며 당당하게 대문을 들어오시던 분이셨다. 그 덕에 고등학교 때부터 학생 과외를 하며 학비를 벌던 나도 언제나 어깨를 펴고 당당할 수 있었고, 항상 작은 것에 감사하며 행복도토리를 줍는 겸손과 지혜를 어머니께 배웠다. 그리고 내가 감히 엄두조차 낼 수 없는 황당한 꿈을 이야기할 때도 어머니께선 언제나 내

편으로 기氣와 용기를 가득 부어주셨던 것이다.

세상의 모든 어머니는 자식에겐 삶의 모델일 테다. 내가 본 어머니의 모습, 긍정적으로 세상을 보고 스스로 세상 신호등을 조작하며 개척해나가는 억척스럽고 지혜로운 어머니! 그 모상母像으로부터 나는 언제나 세상을 헤쳐 나가는 열정과 에너지를 받는다. 내 어머니의 훌륭한 모습을 나도 딸에게 보여주고 싶다. 하지만 자식에게 삶의 모델이 되기엔 나는 턱없이 모자란다. 어머니 같은 생의 애착과 열정도 부족하거니와 세상의 신호등을 지혜롭게 조작해 나가기보다는 교활하고 재치 있게 빨간 신호등을 피하는 게 고작이니 말이다.

얼마 전에 어머니의 소원대로 조용하고 작은 집을 마련해드렸다. 나의 뿌리가 계신 곳, 지금도 내 삶의 엔도르핀을 충전하는 곳, 그 집을 나는 '보물섬'이라 이름 지어 드렸다. 여기서 어머니께선 느긋한 황혼의 꿈을 다시 꾸실 것이다.

우리의 보물이 계신 곳, 이곳에 이제 다시 평화가 찾아왔다. 아기처럼 새근새근 잠든 어머니의 숨소리에 모든 세간이 제자리를 찾아가 안정을 찾는다. 창밖의 달빛마저 은근한 미소를 보낸다. 이 밤, 한바탕 폭풍우를 잘 치르고 귀환하신 장한 나의 어머니께 박수갈채를 보낸다.

어머니! 보물을 잘 지켜주셔서 감사합니다!

시어머니표 간장

떡국을 끓인다. 구수한 육수국물에 떡사리를 넣고 대파를 쏭쏭 썰어 넣는다. 마지막으로 국간장을 한술 넣어 간을 본다. 간장 한 술에 화룡점정畵龍點睛처럼 떡국이 제 맛을 찾는다. 시어머니께서 담그신 간장이다. 시어머니께서 작고한 지 11년째이건만 나는 아직도 시어머니께서 담그신 간장을 먹고 있다. 시어머님은 가셨지만 간장은 그분의 혼인 양 아직도 우리 곁에서 가족의 건강을 챙겨주고 있는 것이다.

구정 설날이 다가왔다. 시어른들이 다 돌아가시고 나니 나에겐 시댁이 없어졌다. 그러니 명절이 되어도 시댁에 가서 지지고 볶고 하지 않아도 된다. 그런데도 내 마음이 이렇게 허전한 까닭은 무엇일까? 2년 전에 딸아이를 출가시키고 지난겨울엔 아들마저 결혼을 했다. 하는 것 없으면서 이리저리 신경을 쓴 탓인지, 아님 마음이 헛헛해서인지 2년 전에 앓았던 대상포진이 다시 도졌다. 늑골을 타고 조여 오는 신경통과 근육통. 밖은 멀건데 안으로 곪아 들어가는 게 썩은 사과 속이다.

휑하니 큰 집을 덮어쓰고 혼자서 종일 끙끙거린다. 원래부터 친구를 좋아하는 남편은 오늘도 바둑을 두러 나가고, 반려견을 맡기고 이틀간 출장을 갔던 딸아인 강아지만 달랑 안고 돌아갔다. 하루 이틀 아픈 것도 아닌데 굳이 아픈 티를 내지 않았지만 말이다. 성당마저도 몸이 아프니 하느님께 양해를 구한다. 알 수 없는 오한에 온몸을 떤다. 보일러를 있는 대로 다 올린다. 어쩜 몸이 추운 게 아니라 가슴이 시린 것인지도 모를 일이다.

시어머니께선 성격이 대쪽 같고 엄하셨다. 시집간 며느리치고 시어머니가 만만하다는 사람이 있을까만, 우리 시어머니는 유별나셨다. 철도공무원 남편을 도와 네 아들을 부양하고 공부를 시키자니 당신 손으로 자신의 옷 하나 사는 것도 아까와 할 만큼 근검절약하셨고, 생활력이 강해 부업으로 안 해본 일이 없으셨다. 시댁에 처음 가서 본 시어머니 모습은 대찬 여장부였다. 눈에 안 차는 건 그 자리에서 눈물이 쏙 빠지게 나무라지만 뒤끝이 없으셨다. 그러니 살림이라곤 난생 처음이던 나는 시어머니 앞에선 회초리 든 선생님 앞에 선 초등학생이었다.

시어머니께선 음식솜씨가 좋으셨다. 며느리들이 모두 교직에 종사하다 보니 곧잘 반찬을 해다가 네 아들집에 보내셨다. 팔순이 되도록 김장은 물론, 간장과 된장까지 손수 담궈선 나누어주셨다. 김장때는 백여 포기의 배추를 사다가 간을 절이고 씻고 시장을 봐다가 양념을 만드는 것까지 혼자서 다 하셨다. 마지막으로 절인배추를 양념과 버무리는 날, 김치를 가져가라고 아들을 통해 귀띔을 해주셨다. 시어머니가 담그는 이북식 김치는 적당히 양념이 들어가 짜지 않으면서 맛이 깊고 시원해 옛날 시골에서 먹던 김치맛과 비슷하다. 나는 그 김치를 좋아하면서도 김장 날 고작 하루 가서 시중드는 것도 힘들고 부담스러워 했던 것이다.

명절도 마찬가지였다. 집에 제사도 없으니 고작 우리가 먹는 음식을 하는데도 시어머니께선 아들네들 먹이려는 욕심에 생선이며 나물, 전을 바리바리 장만하셨다. 음식에 잼병이인 나는 고작 나물이나 다듬고 시어머니 곁에서 마늘을 까며 말벗이나 해드리면서도 시댁에 가는 날은 전날부터 소화가 안 되었다. 그렇게 인정이 많고 자상한 분이었는데도 한 번씩 엄하게 꾸짖으시는 게 뇌리에서 잊히지 않았기 때문이리라. 하지만 명절이나 좋은 날에 형님과 아래동서와 함께 도란도란 이야기를 나누면서 우린 한 뿌리란 걸 가슴으로 느끼고, 든든한 시어머니 울안에서 보호받고 있다는 자긍심을 느끼던 그 날이 지금은 그리울 따름이다.

시어머니께선 심근경색으로 쓰러져서 갑자기 돌아가셨다. 시어머니의 김치와 간장 담그는 비법을 그 누구에게도 전수시키지 못한 채 말이다. 아니, 전수할 생각을 가진 며느리가 없었던 게다. 시장에서 사 먹으면 될 김치와 된장을 굳이 편치 않은 시어머니 밑에서 배우기가 싫었던 게 아닐까 싶다. 연세가 들어가면서 시어머니께선 허리와 다리가 불편해서 고생을 많이 하셨다. 하지만 돌아가신 해에도 당신은 김치와 간장을 담그셔서 아들 편으로 보내주셨다. 아마도 시어머니께선 당신이 손수 담근 김치와 간장이 자식들을 지키는 보약이라고 생각하신 듯하다.

시어머니 김치 맛은 시원하고 정갈했다. 특히 추운 겨울 장독에 묻어두었다가 봄이 되어 꺼내온 김치 맛은 환상적이었다. 반면에 시어머니 간장은 쓰고 짜다. 시중에 흔한 느끼하고 달달한 맛이 아니라 오랜 세월 발효되어 씁쓸하면서도 깊은 맛을 낸다. 깊고 그윽한 이 간장 맛은 모진 세월, 세상을 향해 냉정하고 당차게 자신을 무장해 살아온 시어머니 성품을 닮은 것 같다. 시어머니께서 당신이 손수 담그신 이 간장을 그토록 자랑스러워하신 걸 보면 이 장맛이 곧 우리 가문의 기품을 나타낸다고 여기신 듯했다. 그런 자랑스런 장맛을 어느 며느리에게도 전수하지 못하셨으니 당신이 어찌 편히 눈을 감으셨을까 싶다.

시어머니께서 살아계실 때는 아무 생각 없이 주시는 간장을 받아서 먹었다. 그런데 세월의 더께가 켜켜이 쌓인 지금에서야 그 참맛을 조금씩 알 것 같다. 해가 갈수록 그 맛은 깊이를 더해 언젠가 방영되었던 TV드라마 '식객'에서 만든 간장처럼 가문의 간장으로 숙성해 갔다. 정갈하면서도 다른 음식과 잘 어울리며 그 음식의 맛을 더욱 풍미롭게 해주는 요술의 간장! 바로 오랜 세월에 햇빛과 바람에 익은 구수한 장맛이다.

시어머니의 간장독이 눈에 떠오른다. 양지바른 마당 한 귀퉁이에 큰 것, 작은 것들이 씨족가문처럼 옹기종기 모여 있다. 그 옛날의 선조 할머니 때부터 내려오는 선산김씨 가문의 엑기스를 담고 있는 보물들이다. 휘영청 달 밝은 밤이면 장독에서 두런두런 할머니들의 이야기소리가 들리곤 했다. 내가 알아듣지 못하는 이국적이고 낯선 언어들! 하지만 그때 아직 가문의 장맛을 전수할 준비가 되지 않은 며느리에게 그 어려운 함축적 언어들이 들릴 리가 없었다.

사람도 간장도 숙성되는 데는 시간이 필요하다. 하지만 같은 시간을 어떻게 발효를 시키는가에 따라 그 사람의 인품도 간장 맛도 달라진다. 그런 의미에서 급하고 초조한 마음으로 무엇이나 대충 때우는 나로선 은근과 끈기로 세월에 자신을 맞닥뜨리며 우묵하게 숙성시킨 시어머니의 인품과 간장 맛을 흉내조차 낼 수가 없는 게다. 한 생生을 훌쩍 보내고 나서 이제라도 시어머니의 깊은 장 맛을 아는 것이 다행한 일이 아닐까 자위해본다. 시어머니 간장처럼 내가 죽고 나서도 감히 우리 가문의 잔통이라고 남겨 줄 그 무엇이 나에게도 있는가? 눈에 보이는 긴장과 김치는 아니더라도 고인이 된 어머니, 할머니를 생각하며 가슴 한켠에 와 닿는 간장소스 같은 그 무엇이 나에게도 있는가 말이다.

떡국이 보글보글 끓는다. 그 옛날 새해에 시어머니께서 끓여주시던 바로 그 떡국 이다. 깊고 구수한 간장 내음! 잊고 있었던 바로 우리 가문의 향기다.

부부夫婦

부부 사이는 남남이 만나 상호 인격을 담보로 혼인조약으로 맺어진 관계다. 내가 올해 35년 교직생활을 명퇴했으니, 우리 부부는 어언 30여 년을 함께 살아온 셈이다. 우리는 대학 1학년 캠퍼스에서 만나 5년간을 사귀었다. 남편이 나보다 일곱 살이나 위이니 여느 젊은 커플들처럼 열렬한 사랑은 아니었지만 나름 알콩달콩 낭만적인 연애를 했다.

눈에 콩깍지가 끼이면 무엇이 안 이쁘랴! 무엇보다 나처럼 어려운 환경에서도 성실하고 꿋꿋하게 자신의 미래를 개척해가는 그가 믿음직스러웠고, 어머니가 사 주신 도시락이라면서 녹이 핀 알루미늄 도시락을 들고 다니는 효심에 감동을 받았다. 부모님께 효자인 사람이면 필시 착한 성품일 테고, 무엇을 하든 나 하나는 고생을 시키지 않을 남자라는 믿음이 갔던 게다.

우린 결혼을 하고 아들 딸 낳으며 그런대로 잘 살았다. 무엇보다도 남편은 교편을 잡으며 대학원 공부를 하는 나를 적극 밀어주었다. 시내에서 고등학교 교사로서 박사학위 1호를 받았을 때는 남편이 나보다 더 흐뭇해했다. 대리만족! 그랬다. 나처럼 학생들 알바를 하면서 공부해온 그 역시 공부에 한恨이 많았던 것이다. 그러니 아내라도 남들보다 더 공부를 열심히 했다는 어떤 훈장을 받는 걸 보고 싶었는지도 모를 일이다.

돌이켜보건대, 우리 부부는 그렇게 살갑게 산 것 같지는 않다. 둘 다 리더십이 강해서 어떤 조직에 가든 곧잘 단체의 장長을 맡다보니 너무 바쁘게 살았다. 어쩜 '부부'란 두 줄의 철로 위에서 평행선을 유지하며 열심히 자신의 길을 걸어가는 동반자가 아닐까? 같은 방향을 향해 달려가지만 둘이 결코 하나가 될 수는 없는 관계, 그게 바로 부부가 아닐까싶다. 틈틈이 상대가 잘 걸어가고 있는지, 어디 불편하거나 아픈 곳은 없는지를 살피면서 말이다. 나름 그렇게 달리다 보니, 한 생生이 훌쩍 가버린 것이다.

경기침체로 언젠가부터 그는 일자리에서 물러나 집안일을 거들기 시작했다. 그러다가 내가 부업으로 사업을 벌이는 통에 출근하는 내 시중까지 해주었다. 그런데도 나는 남편이 시간이 많으니 바쁜 나를 도우는 건 당연한 일이라고 생각했다. 시대가 바뀌어 요즘은 남편 전업주부도 많으니 말이다. 하지만 이제 와 생각해 보니, 나는 우리 부부 사이에 너무도 중요한 그 무엇을 잊고 살아왔다는 것을 깨달았다. 작은 것에 감동을 받고 감사하며 소소한 행복도토리를 줍는 감각이 무디어져 가고 있었던 것이다.

언젠가 남편이 챙겨 준 도시락을 들고 학교에 가서 동료교사들과 점심을 먹었다. 남편이 끓인 콩나물국이라고 내놓았더니 모두들 깜짝 놀랐다. 맛을 떠나 '남편'이란 사람이 아내 도시락을 손수 싸주고, 거기다가 국까지 끓여서 넣어주는 정성이 감동스럽다고 했다. 그런데 정작 나는 이걸 대수롭지 않게 여기고 살았던 것이다. 공기 속에 살고 있으니 공기의 소중함을 모르는 것처럼 말이다.

작은 일이었지만 그 후로는 남편의 작은 정성이 항상 피부에 와 닿았다. 자신의 의지와는 달리, 일찍이 경제활동에서 뒤로 물러앉아 이젠 주부습진을 앓아가며 부엌일을 하는 남자! 객관적인 시각으로 자상하고 인정스런 남편이 보이기 시작한 것이다. 도시락부터 간식거리 고구마와 토스트, 아침에 한 개씩 먹는 발효 야쿠르트까지 남편은 손수 만든다. 그리고 요즘은 내 머리손질까지 해준다. 그러면서 주말이 되어 내가 밑반찬이라도 몇 가지 해놓으면 되레 그가 고마워 한다.

부부가 항상 상대의 입장에서 생각하고 배려하면 싸울 일이 무엇이겠는가? 하지만 나이 탓인지 이젠 마음과 머리, 가슴과 입이 따로 노는 것 같다. 나이가 들수록 아기가 된다고 했던가. 요즘은 둘 다 작은 일에 곧잘 감동을 받고 작은 일에 마음이 상한다. 남성호르몬이 말라가는지 남편은 요즘 여자처럼 삐치기를 잘한다. 그렇게 우직하던 성품이 요즘은 변덕도 심하다. 반대로 나는 남자처럼 성격이 괄괄하고 거칠어졌다. 조그만 일에도 극적인 사고와 판단을 하는 걸 보면 갱년기 여자임에 틀림없다.

오늘도 둘이서 작은 입씨름을 했다. 하지만 자식이 있기에 그 틈을 메꾸어준다. 어미가 아프다고 시집간 딸아이가 집에 놀러왔다. 남편도 딸아이를 보니 신이 나서 전복죽까지 끓여주고 나갔다. 딸내미가 차려주는 죽을 먹고 함께 사무실에 나갔다. 일이 끝나자 날씨도 쌀쌀한데 싶어 남편이 노는 기원까지 차를 몰고 가서 같이 귀가를 했다. 여기까진 더없이 아름다운 잉꼬부부의 모습이 아닌가!

그런데 문제는 집에 와서 부터였다. 설거지통에 그릇들이 가득 담겨져 있는 걸 보고 남편이 와락 역정을 내는 것이었다. 그렇게 자상한 마음으로 봉사를 했으면 끝까지 유종의 미를 거두어야지. 바삐 나가느라 까짓 그릇 좀 안 씻었다고 그렇게 화를 낼 일인가 말이다. 일순 화가 나서 자신이 어렵게 한 사랑의 서비스를 물거품으로 만든 것이다. 조금 전에 아내가 자신을 위해 한 사랑의 봉사도 다 잊어버린 듯했다. 결국 우리는 해선 안 될 말들을 서로 주고받으며 또 서로의 가슴에 생채기를 내고 말았다.

부부관계는 '감동'과 '배신'의 연속이다. 다행히 '망각'이란 놈이 그 사이에 끼어 있어 얼마나 다행인지 모를 일이다. 망각이란 중재자가 있어 잘한 일, 서운한 일도 DEL키로 지워주니 말이다. 망각이 없이 감동만 가슴에 남아있으면 결코 싸울 일이 없을 터이고, 배신만 남아있고 망각이 없으면 부부인연은 그로써 끝이 날 것이다. 하지만 가슴 써늘한 배신도 시간의 물결에 따라 지워져버리니 두 부부가 다시 손을 잡고 저녁노을을 함께 걸어가는 게다. 감동과 배신의 물살을 가르며 검은 머리 파뿌리 되도록 일생을 걸어가는 동반자! 그게 바로 부부인 것이다.

곰곰 생각에 잠긴다. 먼 훗날, 둘 중 한 사람이 먼저 저 세상을 가고 나면 우린 서로의 기억에 어떤 흔적으로 남을까? 인간은 선천적으로 착한 성품이니, 아마도 세월은 배신의 아픔을 빨리 삭일 터. 언젠가는 서로가 서로에게 보낸 고운 미소, 가슴 찡한 감동만을 아련한 추억으로 곱씹고 있으리라.

삼계탕이 보글보글 끓는다. 남편이 좋아하는 음식이다. 그윽한 수삼의 향이 집안에 가득하다. 오늘 밤엔 소주잔 기울이며 '당신이 있어 세상이 덜 외로웠다.'라고 말해줄까 싶다.

며느리

청첩장을 펼친다. 초등학교 학생이 만든 카드처럼 단순하기 그지없다. 이쁜 한복을 입고 손을 꼭 잡은 신랑, 신부가 서 있는 그림 밑에 '잔치 국수 드시러 오셔요.'란 초대 문구가 앙증스럽다. 컴퓨터 프로그래머인 아들과 예비 며느리가 합작으로 만든 청첩장카드다. 터프하고 간결한 초대장이 복잡하고 화려한 걸 싫어하는 아들 녀석을 대하는 듯, 웃음이 새어나온다.

임진년 한해를 마무리하며 우리 집에 경사가 났다. 아들 녀석이 드디어 결혼 날을 잡은 것이다. 작년에 딸이 결혼한데다 이제 아들마저 짝짓기를 하고나면 그야말로 이승의 짐을 다 벗은 듯, 벌써부터 가슴이 시원하다. 세상을 마무리하면서 자식들이 짝을 지어 결혼하고 잘 사는 걸 보는 것 이상으로 더 바랄 게 무엇이랴. 친구들은 벌써 할미가 다 되었는데 우리 아들은 나이가 들도록 결혼은커녕 연애를 하는 조짐도 없어 내심 걱정을 하던 차였다.

어느 날 아들한테서 전화가 오더니 "엄마, 결혼식 하는데 돈이 얼마 들어요?"라고 생뚱맞은 질문을 하기에, "나는 모른다. 네 누나한테 물어봐라."라고 답해주었다. 딸아이 결혼도 저들이 다 알아서 한 터라 실제로 나는 결혼비용을 몰랐다. 아들이 남의 이야기처럼 묻기에 응당 제 친구 이야기를 하는 줄 알았지, 자기 결혼이야기를 하는 줄은 잠작조차 하지 못했던 것이다.

나중에 알고 보니, 아들이 예비 며느리와 사귄지는 1년밖에 되지 않았다고 한다. 갑작스레 결혼을 하게 된 영문을 물었더니 그 대답이 더 우습다. 아들과 그 아가씨는 같은 게임회사에 다니는 게임 프로그래머다. 이번에 아들이 살고 있는 집의 계약기간이 만료되어 고민을 하다가 둘이서 '문제해결능력'을 발휘해서 결론에 도달했다고 한다. 결혼을 해서 둘이 도와 좀 더 큰 집으로 이사를 가자고……. 프로그램을 개발하는 이들이고 보니 매사를 문제해결의 각도로 보고 생각하는 게다.

문제를 해결하고자 마음을 먹은 아들 녀석은 속전속결로 일을 진행시켰다. 무엇보다 저희들이 알아서 결혼준비를 추진해 주니 능력이 없는 어미로선 얼마나 다행인가 말이다. 미래 시어머니인 내가 제안해서 복잡한 격식을 다 생략하기로 했다. 작년에 딸도 그렇게 수월하게 출가를 시켰는데 내가 시어머니라고 무엇을 더 바라겠는가 싶어서다. 그러지 않아도 요즘 매스컴에선 '작은 결혼식'을 권하고 있으니 말이다.

지난 주 억지로 끌려가서 한복을 맞추고 저들이 새로 꾸민 신혼집 구경을 했다. 크지 않은 집이지만 생활공간을 잘 나누어 꾸민 게 역시 매사를 간단명료하게 해결하는 능력이 뛰어난 커플이다. 그런데 베란다에 뎅그러니 놓여있는 냉장고를 보니 걱정이 앞선다. 책만 보고 컴퓨터만 만지던 애들이 무얼 만들어 먹고 살려는가 싶어서다.

어쨌든 우리 집에 새 며느리가 들어오는 게다. 새 식구가 늘어나는 기쁨과 함께 알 수 없는 무게감으로 어깨가 서서히 무거워진다. 이 나이가 되도록 나 자신도 며느리 구실을 제대로 못하고 있는데 내가 며느리를 보게 된 것이니, 아이가 아이를 낳듯 심기가 불편하고 불안하다. 어른이 어른 구실도 못하는데 어찌 아랫사람을 부릴까 말이다. 이런 땐 돌아가시고 안 계신 시어머니가 더없이 그리워진다. 큰일도 억척스레 치루시던 시어머니의 언덕이 이렇듯 그리울 수가 없다.

돌이켜보면 나는 시어머니 복이 많았던 것 같다. 시집을 가서 처음 시댁에서 신혼살림을 시작했을 때는 시어머니가 마냥 무섭고 두려웠다. 매사를 칼처럼 맺고 자르는 게 분명하면서 잘못한 게 있으면 그 자리에서 눈물이 콕 나도록 꾸중을 하셨던 것이다. 생각해 보면, 글만 알던 며느리에게 일일이 살림 사는 걸 가르쳐야했으니 얼마나 가르칠 게 많았을까 싶다. 하지만 그 마음을 알 리 없는 며느린 그저 시어머니가 두려운 존재, 꿈에도 나타나면 가위 눌리는 존재였다.

시어머니께선 큰 소릴 치셔도 우리 며느리들이 인정하며 따를 수밖에 없는 능력과 카리스마가 있으셨다. 검소하고 알뜰한 살림경영은 물론, 뛰어난 음식솜씨에 김치며 간장까지 손수 담그셔서 네 며느리들에게 나누어주시던 분이다. 자식들을 위해선 당신의 살까지도 기꺼이 떼 주고자 했던 한국의 전통적인 어머니모델이셨던 것이다. 그러기에 시어머니의 간장, 된장, 김치 담그는 비법을 전수받지 못하고 돌아가시게 한 것이 아직도 내 가슴에 한恨처럼 남아있다.

우리 할머니께선 팔순이 다 되도록 어머니랑 모녀처럼 정답게 살다가 돌아가셨다. 어머니 연세가 오십도 안 되어 아버지께서 돌아가셨으니, 두 분이 홀로 되고도 20여년을 같이 사신 셈이다. 어린 우리 눈에도 할머니께선 그렇게 눈치가 빠르고 처세를 원만히 하시는 분은 아니셨다. 그런데도 두 분은 늘 지난 날 이야기를 도란도란 나누며 추억을 공유하고 서로를 위로하는 말벗으로 사셨다. 맛있는 음식이라도 하면 어머니께선 언제나 할머니 몫을 먼저 챙기셨고, 할머니께서도 어디에 나들이 나갔다가 들어오시면 곧잘 손에 먹을 것을 들고 오셨다. 초대를 받아 가도 혼자인 며느리가 눈에 밟혀 마른 음식을 남겨서 싸들고 오시는 마음! 자기만 챙기는 세상에, 고부간의 갈등으로 찬바람이 쌩쌩 부는 세상에, 두 분은 늘 가슴으로 체온을 나누고 어깨를 토닥여주며 사신 것이다.

'딸은 시집을 오고, 아들은 장가를 간다.'란 말이 있다. 요즘 내가 절감하는 말이다. 사위라고 하지만 가까이 있다 보니 조금만 아파도 아들처럼 달려와 주는데, 타지에 있는 아들은 목소리 한번 듣기도 힘들다. 그런데 이젠 서울에서 둥지를 트니 더 말해 무엇 하랴. 아들을 장가보내는 마음이 바로 이런 것인가? 아주 먼 곳, 머나먼 타국에 이사를 보내는 심정이다. 하지만 어쩌랴! 자식은 내 소유물이 아닌 것을 말이다. 어느 하늘 아래 살든, 저희들이 행복하게 알콩달콩 잘 살아주면 부모로서 그보다 더 기쁜 일이 어디 있으랴.

며느리를 보는 것이 아니라 새 딸이 하나 생긴다고 생각하니 더없이 기쁘다. 나는 시어머니로서의 역할엔 자신이 없다. 나의 시어머니께서 내게 베푼 은덕을 나는 감히 흉내조차 낼 수가 없어서다. 다만 부족한 어미지만 내 딸을 대하듯 허물없이 며느리를 대하고 사랑하면 되지 않을까싶다.

폭풍우가 치고 눈보라가 휘날리는 삶의 여정에 우리 아들과 며느리가 문제해결능력을 한껏 발휘해서 세상의 험난한 파도를 잘 헤쳐나가길 바라는 마음이다.

배 아프지 않고 딸 하나를 얻어 행복하다.

늙은 아버지의 훈화

오랜만에 아들내외가 서울에서 내려왔다. 결혼한 지 꼭 1년인 신혼커플이다. 지난 추석날 들렀다간 바로 한 달간 유럽배낭여행을 다녀온 후 오늘 인사 차 온 것이다. 결혼 후 30여 년이 지나고서야 손잡고 해외여행을 시작한 우리 부부를 생각하면 내심 부럽다.

아들내외가 오면 반가움과 함께 무얼 해서 먹이는지부터 신경이 쓰인다. 내 속으로 낳은 만만한 아들은 그렇다 치더라도 아직은 서로 긴장을 할 수밖에 없는 며느리에겐 제대로 어른 노릇을 해야 할 것 같아서다. 하지만 결혼한 딸내미가 자기 입장에서 생각하면 그냥 외식을 하는 게 마음이 편할 것 같다고 귀띔을 해주는 통에 일거리를 덜었다. 감기몸살기도 있는 터라 집에 도착하자마자 그런대로 한정식을 잘하는 식당엘 갔다.

요리가 나오면서 두런두런 그간의 이야기를 하면서 그간 격조하던 가족들 틈새에 훈훈한 봄기운이 돌기 시작했다. 함께 나누는 것 중 식사만큼 정을 돋우는 게 있으랴. 사람을 만날 때 가볍게 만나는 사람은 차 한 잔으로 하고, 따스한 정을 나누고픈 사람은 밥을 같이 먹자고 한다. 거기다가 반주로 술 한 잔을 곁들이면 가슴까지 열어젖히는 사이가 된다. 우리들 인연은 이미 하늘이 맺어준 터, 밥을 먹으며 술잔이 오고가니 피를 나눈 인연인 게 새삼 가슴에 와 닿았다.

식사를 마칠 즈음 뜬금없이 남편이 심각하게 말을 꺼냈다.

'너희들, 잘 들어라!'로 시작한 짧은 훈화의 내용인 즉, '사회생활을 하다가 뭔가 마음에 안 맞고 이치에 안 맞는 게 있더라도 섣불리 앞에 나서지 마라. 정의감에 불타서 앞장서서 일하다간 본인만 상처를 입는다. 그리고 나의 행동에 누군가가 상처를 받게 된다.'였다. 말을 마치자, 방안의 벽들까지 숨을 죽였다. 방금 말한 그대로 일생을 살아온 사람의 입에서 나온 말이었기 때문이다. 불의를 보면 물불을 가리지 않고 바로잡으려는 아버지의 기질을 잘 아는 아들이 제일 놀란 눈치였다. 놋그릇 같은 침묵을 깨며 아들이 말했다.

> "아버지, 이젠 저 나이도 벌써 서른 중반이 다 되어 가는데요. 좀 더 일찍 그런 걸 가르쳐주셨더라면 참 좋았을 걸요. 저도 그렇게 행동하다가 낭패를 본 적이 많았거든요…"

말하는 아들의 얼굴에 묘한 서글픔이 감돌고 있었다. 아들을 회초리로 치는 늙은 아버지의 팔에 힘이 빠져 눈물을 흘렸다는 효자아들의 이야기가 머리를 스치고 지나간 걸까. 그랬다. 남편은 올곧고 대쪽 같은 성격으로 유명했다. 어린 시절부터 아이들에게 엄하게 예절 교육을 시켰고, 사회에서 일어나는 조그만 무질서와 불의를 가만히 보지 못하는 성격이었다. 자신이 아니면 세상이 제대로 돌아가지 않는 듯, 소소한 일은 물론 이웃에 억울한 일이라도 벌어지면 몸을 도사리지 않고 언제나 앞장서서 바로잡아주는 칼 같은 성격이었던 것이다. 오늘 음식이 뭔가 잘못되었나 하며 옆에서 남편의 거동을 살피고 있는데, 뒤에 이어지는 말은 더욱 놀랍다.

> "부부가 무엇이든 의논을 하고 마음을 맞추고 살아라. 여태 나는 너 어머니가 제안하는 말을 무작정 안 된다고 한마디로 일축했다. 하지만 한 생을 살고 보니 그러는 게 아닌 것 같다. 대화로 차근차근 이해를 시켜 결론을 내려야했는데 말이다."

어제까지만 해도 별 것 아닌 걸로 자기주장을 내세우며 고집을 피우던 남편의 입에서 나온 말이라니, 내 귀를 의심했다. 그러나 남편의 표정은 아주 진지했고 엄숙했다. 한 생을 살고 모든 걸 내려놓은 듯, 뭔가를 깨달은 수도승의 모습처럼 보였다. 원래 말수가 적은 아들은 아버지의 변한 모습을 가만히 가슴으로 받아들이는 듯했다. 어릴 때 조그만 잘못에도 불호령을 내리시던 아버지! 그런 아버지가 하늘을 찌르던 그 위엄과 패기는 다 어디로 가고, 이젠 세상과 타협하며 살라고 하신다. 사실은 이 말씀이 옳은 말이다. 모자라지도 넘치지도 말고 그냥 남들처럼 물 흐르듯 어울려 살라는 말씀일 테니 말이다. 그런데 아들은 그날 이빨 빠진 사자 같은 아버지의 모습이 무척 생경스럽고 충격을 받은 듯했다.

나이가 들고 집을 떠나 생활하면서 아들은 아버지 생각을 많이 했다. 인생 황혼기가 되면 외로움을 타신다고, 잘 해드리라고, 늘 내게 아버지를 당부하곤 했다. 호되게 꾸지람을 내리고 체벌까지 하던 아빠보단 자상하게 자기랑 함께 놀아주고 참고서를 사주던 아빠 생각이 더 난다고 했다.

남남이 만나 일생을 살아가는 부부가 싸우지 않고 사는 커플이 얼마나 될까만 우리부부도 곧잘 튀각대곤 했다. 심각한 사안이라기 보단 대부분은 사소한 일에 자존심을 겨루는 일로 다투었다. 변해가는 새 시대를 거론하는 나에게 반해 남편은 전통적 유교사상과 사고관으로 말씨름을 하기가 일쑤였다. 그런데 씨름이란 상대가 나와 비슷한 힘을 가졌다고 보일 때 상대와 겨뤄보고 싶은 마음이 생기는 법. 상대가 나보다 연로하거나 약해보이면 싸울 맛이 없어진다. 어느새 남편은 내가 싸워 이겨야 할 적수가 아니었던 것이다.

인생은 엎치락뒤치락 한판의 씨름장이다. 내가 상대를 눌렀다고 우쭐거리다간 한 순간 엎어치기로 당할 수가 있는 것이다. 그러니 항상 허리띠를 조르고 긴장하며 살아야 한다. 사력을 다해 한판 씨름을 마치고 모래바닥에 주저앉은 남편! 겉은 멀건체해도 속은 얼마나 멍이 들었을까. 한바탕 쓰나미가 쓸고 간 해변에 홀로 남겨진 느낌이리라. 세상엔 흑과 백이 아닌 회색마저도 포용해야 한다는 걸 이제는 인정하고 있는 것일까. 씨름판에 오를 때 빈 몸이었듯, 언젠간 빈손으로 훌훌 이승을 떠날 터인데 굳이 할퀴고 치고받고 할 필요가 있을까 하고 생각할지도 모르겠다. 하물며 함께 고행의 길을 걸어가고 있는 아내의 가슴에 굳이 상처를 내고 가시를 박을 필요가 있을까 하고 말이다. 언젠간 깨우쳐야할 이 소박한 진리를 남편은 나보다 먼저 깨달은 것이다. 박수소리 끝난 씨름판! 세월의 상흔이 깊게 박힌 남편의 얼굴에 내 얼굴이 겹친다.

남편이 좋아하는 수수부침개가 나왔다. 겉은 까칠해도 속은 부드러운 게 남편을 닮았다. 부침개 한 점을 슬쩍 남편 접시에 얹어준다. 속에 든 달짝지근한 꿀이 험난한 한 세상을 함께 걸어온 길벗의 정으로 느끼길 바라며…….

하얀 미사보

성당에서 딸아이와 미사를 드린다. 딸아이는 결혼 때 혼배성사를 하곤 3년만에 성당엘 온 셈이다. 두 손을 합장하고 경건하게 미사를 드리고 있는 딸아이의 하얀 미사보가 선풍기 바람에 휘날린다. 수수한 임신복차림에 머리에 쓴 하얀 미사보가 결혼식 날 신부보다 더 눈부시고 아름답다.

1남 1녀, 그 중 나는 유독 딸아이를 좋아한다. 딸아이도 마찬가지다. 딸아이가 결혼을 하기 전까진 우린 분신처럼 붙어서 살았다. 아들이 있지만 안 보면 마음도 멀어진다고, 일찍부터 객지에서 생활하다 보니 딸아이만큼 살갑지가 않다. 딸아이는 세계여행을 다니는 나의 짝이었고, 속이 상할 땐 하소연을 하는 술친구고, 성향이 비슷해 서로에게 옷을 코디해주는 매니저이기도 하다. 그러니 딸아이를 공주처럼 키우는 게 내 젊은 날의 꿈이기도 했다.

딸아이는 유아세례를 받은 가톨릭신자다. 어릴 때는 토요일마다 동생 손을 잡고 성당엘 가고, 아침저녁엔 고사리 같은 손을 합장하고 기도를 열심히 하던 아이다. 하도 신앙심이 돈독해서 한 때는 수녀를 시킬까 싶어 수녀원엘 데리고 다니기도 했다. 분도수녀원 이해인 수녀님과 만나 '꽃바구니'란 애칭도 받고 시인수녀의 꿈을 키우기도 했던 아이다. 그런 아이가 세상에 발을 디디고 나름 세상 파도를 탄다고 냉담을 하기 시작했다. 다행히 좋은 짝을 만나 혼배성사까진 했지만 성당엘 나가진 않았다. 그런 딸아이를 보며 어미로서 항상 내 의무를 덜한 듯, 목에 가시가 걸린 듯, 심기가 불편했다. 현재 누리고 있는 것에 감사하며 성당에 나가길 강요해 보았지만, 어디까지나 신앙은 스스로의 몫인 듯, 내 가슴을 쓸어내릴 뿐이었다.

지난 달, 내 회갑여행으로 가족신부님이 주선해서 신자들과 함께 성지순례를 떠났다. 유럽의 큰 성당을 돌면서 내 기도의 지향은 항상 딸아이에게 쏠리는 걸 어쩔 수가 없었다. 결혼 후 2년간이나 태기가 없다가 손자를 잉태한 걸 감사도 드리며, 곧 아기 엄마가 될 딸아이가 빨리 회심하길 바라는 마음에서다. 게다가 젊은 나이에 벌써 비즈니스로도 성공을 해서 큰 복을 누리고 있는데 스스로 하느님께 감사하는 마음을 가지길 바랐던 것이다.

그렇게 애를 태워도 어미 말을 안 듣던 딸아이가 지난주에 혼자서 성당엘 다녀왔다고 했다. 얼마나 감동적인 소식인가 말이다. 지성이면 감천이라고 알프스산자락에서 내가 드린 지성이 하늘에 닿았는가 보다. 자신이 엄마가 되고 보니, 태어날 아이를 스스로 지키고 보호

해야할 터, 문득 하느님께 의탁하고 싶어진 것이리라. 모성의 본능은 그렇게 위대하고 모든 걸 뛰어넘는 게다.

불완전하며 유한한 존재인 인간이 끝임 없이 진 · 선 · 미를 추구하며 완전하고 무한한 절대자를 섬기며 의지하는 게 신앙이요, 종교다. 서슬이 퍼렇게 세상을 호령하는 사람도, 부귀영화를 한 몸에 지닌 사람도 언젠간 풀잎의 이슬처럼 사라지는 존재가 바로 인간이니 말이다. 이승에서 행복하고 멋진 삶을 누리고픈 욕망과 함께, 지금 누리고 있는 행복이 내세에까지 이어지길 염원하는 마음이 바로 인간의 본성이 아니겠는가. 하물며 자신의 분신인 자식의 행복과 안전을 기리는 마음이야 인간의 가장 원초적 본능이 아닐까싶다.

그렇게 치장을 하고 다니던 딸아이가 성당에 올 때는 모습이 사뭇 다르다. 목욕재개하곤 화장도 안하고 정갈한 어미의 모습으로 돌아간다. 수수한 원피스 임신복도 그렇거니와 불룩해진 배를 가릴 생각도 없이, 아니 되레 자랑스러운 듯 배를 내밀고 나타난다. 딸아이의 모습에 그 옛날의 내 모습이 겹친다.

몸이 유달리 약했던 나는 결혼 후 1년이 넘도록 태기가 없어 시어른들께서 걱정을 많이 하셨다. 기실은 교편을 잡으면서도 공부를 하고 있던 터라, 아이를 그렇게 빨리 가지고 싶은 마음이 없었다. 가정도 넉넉지 않은데 5형제들이 단칸방에서 전쟁을 치루며 자라서 그런지 나는 굳이 자식을 낳아 고생을 시킬 필요가 있을까 하는 마음도 없지 않았다. 그러다가 가진 첫 아이의 소식에 시어른들은 물론 친정식구들까지 무슨 큰 벼슬이나 한 듯 나를 치켜세웠다. 어미가 된다는 것! 결혼을 하고도 절실하게 생각하지 못한 사건이 내게 생긴 것이었다.

내 몸에 작은 생명이 움트기 시작했다는 희열이 봄날 아지랑이처럼 가슴 저 안에서 고물고물 올라왔다. 그러면서도 내가 과연 이 아이의 어미노릇을 잘 할 수 있을까 걱정이 앞섰다. 강아지 한 마리를 기르는데도 주인의 사랑과 정성이 얼마나 필요한데 말이다. 뱃속에서부터 건강하게 잘 키워야 함은 물론, 낳아서 잘 먹이고 입히고 잘 교육시켜 남들보다 뒤지지 않게 할 자신이 있는가, 자신에게 반문을 하면 항상 어깨가 움츠려지곤 했다.

하지만 배가 불러갈수록 나의 포부와 꿈도 영글어갔다. 여자는 약하지만 어머니는 강하다고 했던가! 비록 나는 헐벗고 고생을 했지만, 이 아이에게만은 내가 못한 것 다 시키고 공주처럼 키울 것이라는 다부진 오기가 울컥거리며 올라왔다. 입덧이 심해 모든 음식을 거부할 때도 지그시 두 눈을 감고 음식을 씹어 삼켰다. 자식을 위한 일인데 이까짓 입덧쯤이야 싶었다. 초임교사로 하루에 대여섯 시간씩 수업을 하고나면 하늘에 별이 반짝거리곤 했다. 하지만 아이에게 좋은 것은 모두 했다. 음악을 듣고 책을 읽고 명상을 하며 태교를 하는 동안, 엄마가 된다는 건 참으로 거룩한 일이란 걸 깨닫기 시작했다.

인간은 다른 동물들과 마찬가지로 종족유지본능으로 배우자를 만나고 결혼을 하고 아이를 낳는다. 하지만 동물과 다른 것이 있다면 바로 거룩한 모성애가 아닐까 싶다. 인간 자체가 '미성숙 조산아'로 태어나 유아기 때 많은 보호가 필요한 게 사실이다. 하지만 인간은 이성적 동물이기에 단순한 본능을 뛰어넘어 계획적이고 체계적으로 아기를 돌보고 키운다. 자식에게만은 좋은 걸 먹이고 입히며 양육하고픈 본능과, 내 아이만큼은 나를 능가하는 인물로 성장해서 사회의 중심에 서기를 바라는 마음에 어미는 혼신으로 자기를 바쳐 자식을 키운다. 알을 품은 옴두꺼비가 스스로 독사에게 먹혀서 새끼들을 부화시키는 마음으로 말이다.

초등학교시절, 딸아이에게 네 꿈이 무엇이냐고 물으면 당당하게 '엄마가 되는 것'이라고 했다. 그리곤 자기는 엄마가 되어 아이를 많이 낳아서 시끌벅적하며 살고 싶다고 덧붙였다. 순간, 가슴 한 쪽이 시려왔다. 어린 시절, 엄마도 없는 집에서 동생과 공부하고 놀면서 얼마나 외로웠을까? 그랬다. 내가 그토록 염원했건만 결국 나는 내 딸이 그렇게 외로움을 타게 내버려둔 못난 어미였던 것이다.

그 딸이 이제 엄마가 된단다. 얼마나 큰 꿈과 포부로 태어날 아이를 기다리는 것일까? 나는 비록 모자란 어미지만, 딸아이만큼은 자식에게 존경받는 어엿한 엄마가 되길 기도드린다.

하얀 미사보를 쓰고 태중의 아들과 함께 미사를 드리고 있는 이 아름다운 어미의 모습을 태어날 손주에게 꼭 이야기해줘야겠다.

스승의 약밥

우리나라에서 제일 오래된 수필동인지 B수필문인회 50회 축하식이 거행되는 밤이다. 50년 전, 문학에 뜻을 둔 몇 분이 심은 작은 글기둥 하나. 작은 개울물이 모여 시냇물을 이루고 강물이 되어 바다로 흘러가듯, 이제는 이 문인회가 뿌리도 튼실하고 잎도 무성한 아름드리 당산나무가 되어 지나가는 글벗들에게 시원한 그늘을 만들어 주고 있다. 아직은 애숭이작가인 내가 이 문인회의 가족인 게 더없이 뿌듯하다.

행사준비를 도우면서 지나간 50년 문인회역사를 돌아보는 회고영상을 내가 맡았다. 힘들게 모은 귀 닳은 사진들을 살피다가 깜짝 놀랐다. 사진 속에 남편의 스승이자 내가 재직 중 교장으로 모신 M선생님이 계셨기 때문이다. 알고 보니 M선생님이 바로 B수필문인회 초기에 회장을 역임하면서 이 문인회의 뿌리를 굳건하게 세우신 분이라고 한다. 이번 특집호 문집에는 작고 회원의 작품란이 있어 M선생님의 글을 읽을 수 있었다.

> 불태워 버리면 그 형체가 없어지기 전에 그에 담긴 사연도 사라질 수 있다. 기나 긴 과거지사란 일장춘몽으로 모두가 허망한 일이다. 이제 80여 년의 긴 세월을 살았으니, 과거에 대한 미련과 애착을 초월하여 망각忘却 무소유無所有의 경지에 들어가야 할 때가 되었다.
>
> … (중략) …
>
> – M선생님 작품 「60년 모은 사진첩을 불사르며」 중에서

내가 M선생님과 인연을 맺은 건 30여 년 전, 교직 초임 시기다. 선생님께서 내가 근무하던 B고등학교에 신임 교장님으로 오신 것이다. 나중에 알고 보니 그분은 고등학교 시절, 남편의 스승이셨다. 일제시대에 학생신분으로 감옥살이까지 한 독립운동가이면서 존경받는 스승이셨다고 한다. 선생님은 풍류가 많으신 분으로 글이나 서예뿐 아니라 가무와 가야금도 능하셨다. 명절날이면 우리 앞에서 손수 가야금을 타며 창을 들려주시곤 하셨다. 사모님 역시 정이 많으셔서 우리 부부를 피붙이처럼 대해 주셨고, 아이들을 데리고 인사를 가면 항상 손주처럼 반기며 귀여워해 주셨다. 그렇게 살가운 분들께 나는 씻을 수 없는 대죄를 짓고 말았다.

스승과 제자를 넘어 가족 같은 인연으로 정을 주고받으며 보낸 지 몇 해가 지났을 때였다. 나는 당시 심한 우울증과 대인기피증으로 세

상과 담을 쌓고 살아가고 있었다. 믿었던 사람들에 대한 배신감과 부정한 사회에 대한 분노로 몸을 떨며, 달팽이처럼 두꺼운 껍질 속에 나를 가두고 세월을 삭이고 있었다.

한파가 몰아치던 어느 겨울, M교장님 사모님에게서 전화가 왔다. 두 분이 우리 아파트로 가고 있는데 집에 있느냐고 물으셨다. 순간, 가슴이 철렁했으나 애써 태연하게 외출 중이라고 거짓말을 했다. 그럼, 얼굴이라도 보게 수위실에서 기다리겠다고 하셨다. 그러나 나는 이런저런 핑계를 대며 한사코 그분들과의 상면을 거부했다. 그런데 마지막 사모님의 말씀에 말문이 막혔다.

"자네들 좋아하는 약밥을 좀 만들어왔네. 수위실에 맡겨둘 테니 따뜻할 때 찾아가서 먹게나……."

언젠가 명절날 사모님이 만드신 약밥을 먹으며 고향의 약밥 같이 맛있다고 한 적이 있었다. 그런데 그걸 기억하시고 뜬금없이 이 추운 날 약밥을 해서 들고 오신 것이었다. 아무리 가슴을 철판으로 무장을 했지만 순간, 눈물이 앞을 가렸다. 거동도 불편한 팔순노인네가 피도 한 방울 섞이지 않은 제자에게 주려고 손수 약밥을 지어, 불편한 몸을 끌고 오신 것이다.

반나절이 지나 수위실로 내려갔더니 약밥을 싼 보자기가 덩그렇게 앉아 날 기다리고 있었다. 첩첩 옥살이 중에 누가 나를 위해 따뜻한 밥을 지어온 것 같은 감동! 약밥을 안고 올라와 보자기를 풀었더니,

내가 좋아하는 밤이랑 땅콩을 가득 넣은 정성스런 약밥이었다. 아직도 그분의 체온인 양 온기가 남아있었다. 눈물이 앞을 가려 나는 차마 그 밥을 먹을 수가 없었다. 그런데 결국 나는 이런 마음조차도 그분들께 제대로 전달하지 못하고 말았다. 전화로 인사를 드리고는 차일피일 방문을 미루던 차, 교장선생님께서 갑자기 돌아가신 것이다.

찐득찐득한 약밥을 지으며 두 분은 어떤 마음이셨을까? 어쩜 이승에서 제자와의 이별예식을 위한 거룩한 재물로 약밥을 만드신 것은 아닐까? 쓰디쓴 세상을 약밥처럼 달짝지근한 마음으로, 이웃과 찐득하게 어울리며 살라는 성사聖事의 표징이었을까? 선생님의 글을 보면, 어쩜 당신께선 이미 자신이 떠날 날을 알고 계신 듯하다. 일생 모은 사진을 하나씩 태운다는 건, 벌써 이승을 떠날 채비를 하고 계신 것이리라. 그러기에 나뿐 아니라, 이승에서 은혜를 받은 사람들에게 하나하나 빚을 갚는다는 마음으로 그렇게 손수 약밥을 지어 찾아가셨는지도 모를 일이다. 그런데 가장 자신의 심중을 잘 헤아릴 것으로 생각하며 자식처럼 여겼던 제자부부, 우리에게 그 마음을 거절당한 것이다.

약밥을 지으려면 정성과 손이 많이 간다. 그러니 고향에선 명절이나 큰 잔치가 있어야 약밥을 만들었다. 그런데 내가 아프거나 엄마가 보고 싶다고 투정을 하면 외할머니께선 손수 약밥을 만들어 나를 무릎에 앉혀 먹여주시곤 하셨다. 어쩜 나는 그 기억 때문에 약밥을 좋아하게 된 것 같다. 나에게서 약밥은 단순한 음식이 아니라 그리운 외할머니 정情이기 때문이다. 그런 귀하디귀한 약밥을 외할머니 처럼 내게 지어주시고 M선생님께선 내 곁을 영영 떠나신 것이다.

하늘이 맺어준 연緣을 인간이 억지로 끊을 수는 없는 법! 그분과의 '약밥 사연'이 아스라이 내 생의 필름 속에 사위어지려는 즈음, 나는 그분이 세운 글 기둥을 잡고 그분과 다시 연緣을 이은 것이다. 그분이 손수 맺어준 찰기 있고 찐득한 '약밥 인연'이다. 어쩜 이 모두가 저승에서도 우리와의 인연을 소중히 잇고 싶은 스승님의 뜻이 아닐까. 아마도 오늘 밤 가장 환하게 웃고 계신 분은 M선생님이시리라.

뒤풀이 한마당, 축하건배를 하고 술잔이 돌고 돈다. 생전에 M선생님과 절친이셨다는 L선생님의 흥겨운 타령이 구성지게 이어진다. 문득, 하늘에서 선생님의 가야금소리가 들리는 듯하다. 사람은 떠나도 그 혼은 글과 노래, 연緣으로써 이어지는 게다.

스승의 약밥이 그리워지는 밤이다.

돌아온 병풍

40여 년 만에 내가 손수 만든 병풍이 돌아왔다. 병풍의 몸체는 이미 망가졌고 너덜너덜 화폭만 남아서 돌아다니는 걸 내가 거두어온 게다. 수를 놓은 바탕천은 이미 누렇게 퇴색된 채 여기저기 곰팡이가 슬어있고, 그 옛날 화사한 화폭의 모습은 흔적도 없다. 임종 전 바싹 마른 아버지 몸을 안던 그 순간처럼 가슴이 시리다. 긴 세월, 모진 풍상으로 망가지고 헤진 모습이 저나 나나 별반 다르지 않아서다.

여고시절 가사시간에 8폭 병풍을 수놓았다. 입시경쟁이 치열했던 시절에 무려 1년을 두고 틈틈이 시간과 정성을 들인 작품이다. 석류, 감, 대추, 밤, 무화과 등의 과일이 아름다운 도자기에 꽂혀있는 모습의 동양화풍의 작품이다. 섬세한 전통적 동양자수와 과감한 터치의 서양자수를 융합한 수예품이었다. 덤벙거리는 성격의 외모와는 딴판으로 손 땀이 섬세하고 고와 선생님께선 나의 작품을 언제나 비닐을 입혀 샘플로 들고 다니셨다. 지금 보아도 어떻게 이렇게 정교하게 수를 놓았는지 내 솜씨에 내가 감탄을 한다.

시골 빈농에서 자란 나에게서 병풍은 감히 근접하기조차 두려운 선망의 가보家寶였다. 가난한 할머니 댁엔 아예 병풍이 없었다. 명절날 안동 권씨 가문의 종손이었던 외갓집의 사랑방이나 부잣집이었던 우리 큰집 삼촌댁에 인사를 가면 화려하고 우아한 병풍 앞에서 세배를 하곤 했다. 앞면엔 목단이나 매화, 난초, 국화 등 아름다운 꽃들이, 뒷면에는 읽을 수도 없는 날렵한 서체의 한문들이 빼곡히 적힌 위풍당당한 병풍! 마치 자신이 주인의 품격을 알리는 호위병인 양 도도하게 나를 내려다보는 것이었다.

활짝 펼친 열두 폭의 병풍은 그 자체로 집 전체가 궁궐 분위기를 자아내고, 그 주인의 신분이 귀족처럼 느껴졌다. 병풍은 집안의 희로애락 심지어 돌아가신 조상들의 넋을 기리는 자리에도 묵묵히 뒤에 서서 지켜보는 존재로 가문의 동반자일 테다. 세상의 칼바람과 샛바람도 머리맡에 떡하니 버티고 서서 바람막이를 해 줄 것만 같았다. 어린 나이에도 언젠간 나도 이런 병풍 하나쯤을 우리 집에 모셔두고 싶은 게 나의 꿈이 되어버렸다.

병풍 한 폭마다 얼마나 많은 사연과 이야기들을 담고 있을까? 병풍을 한 폭으로 넓게 만들지 않는 것은 수많은 조상들의 족적과 가족들의 삶의 이야기들을 한 폭마다 고이 접어두기 위함이 아닐까? 눈물나게 기쁜 날도, 가슴 저린 순간들도, 지나고 보면 그리운 앨범의 한 페이지일 터. 다사다난한 세월, 궂은 날이나 비오는 날에도 병풍은 묵묵히 주인의 곁을 지키고 있었으리라.

병풍수를 놓으며 내 꿈을 한 땀씩 화폭에 심었다. 언젠간 결혼을 하고, 이 병풍을 치고 안방을 꾸미리라. 아들딸을 낳아 돌잔치를 하고, 명절엔 고운 한복을 입고 병풍 아래서 아이들 세배를 받겠지. 항상 앞치마를 두르고 베틀에서 삼베나 명주를 짜던 어머니의 모습이 아니라, 선녀 같은 한복을 입고 화사한 병풍 아래서 우아한 미소를 띠고 앉아 있던 큰집 숙모처럼 살리라. 세상이 아무리 숨이 막혀도 이 병풍으로 시원한 당산나무 그늘을 만들어 웃으며 살리라. 나는 어느덧 만들지도 않은 병풍을 나의 '가보家寶 1호'로 점찍고 있었다.

그런데 병풍수를 마무리한 다음 해, 언니가 결혼을 하게 되었다. 수를 놓을 때부터 언니는 내 작품을 탐내곤 했다. 딴은 명문여고인 K여고에 다니는 동생이 부럽기도 하거니와 멋지고 고상한 그 병풍을 언니네 가보로 가지고 싶었던 게다. 결혼식 며칠 전에 그 작품을 결혼선물로 자기에게 주면 안 되겠느냐고 했다. 나는 한 치의 망설임도 없이 거절했다. 하나뿐인 언니가 결혼을 하는데 무엇이 아까우랴만, 병풍은 줄 수가 없었다. 그건 나의 여고시절을 상징하는 유일한 기념품이거니와 한 땀마다 나의 꿈이 새겨진 성물聖物 그 자체였기 때문이었다.

말 실랑이는 결혼식 날 전날까지 계속되었다. 아버지가 실직 후 고혈압으로 쓰러져 자리에 눕고 어머니가 생업을 위해 나다니신 후부터 언니는 우리 5남매의 보호자 역할을 도맡아하였다. 어린 나이에 자리에 누운 아버지와 동생들에게 밥을 해 먹이고 빨래를 하고 살림을 살아 온 언니는 나에겐 어머니 같은 존재였다. 그런 언니에게 그까짓 수예품 하나를 아까워한다고 생각한 언니는 나름 매우 섭섭했을 터이다. 하지만 나더러 이기주의자라 자기밖에 모른다고 퇴박을 주는 바람에 머리채를 잡고 싸우는 형국까지 가버렸다. 결국, 결혼식 때 언니는 눈이 퉁퉁 부어서 예식을 올렸고, 그 후 나는 아쉽지만 내 가보 병풍을 언니 결혼 선물로 보냈다. 막상 피붙이 언니가 내 곁을 떠난다고 생각하니 까짓 병풍이 무엇이랴 싶었던 게다.

이런 우여곡절을 겪고 내가 만든 병풍은 언니의 가보가 되었다. 가보란 자신이 힘들게 쟁취해서 만드는 것! 나름 힘들게 언니 손에 들어간 병풍은 언제나 언니랑 함께 했다. 아이들 돌잔치나 시어른들 제사, 심지어 명절 때도 언니는 병풍을 펼치기를 좋아했다. 가난하고 지난했던 세월, 망각하고 싶던 아픈 날들을 화려한 병풍을 치며 잊었으리라. 겨울철 시골 논바닥에서 짚단을 세워 바람막이 집을 만들어 행복해 하던 어린 시절을 떠올렸을지도 모를 일이다.

언니는 병풍앞면엔 화폭을, 뒷면엔 유명한 스님의 말씀을 고서체로 담아 표구를 했다. 그리곤 병풍은 언니와 한 생을 보냈던 것이다. 언니가 힘든 세월을 보낼 때 병풍 또한 모서리가 닳고 화폭의 귀가 닳아져갔다. 어쩜 언니는 힘들 때마다 활짝 병풍을 펼치고 자신에게 주문을 걸었는지도 모른다. 병풍으로 바람벽을 치고 숨을 돌리며 자신을 추스르는 시간을 가졌으리라. 하지만 세계를 강타한 경제 쓰나미에 사업을 하던 언니도 된서리를 피할 수 없었다. 가정경제가 바닥을 칠 무렵, 언니의 가보 병풍도 몸체가 내려앉고 말았다. 자신이 아무리 아끼는 물건인들, 인간의 원초적 본능조차 해결하기 어려운 상황에 무슨 소용이 있으랴. 언니의 자존심처럼 곁을 지키던 병풍은 주인의 모습처럼 망가져 너덜거리는 화폭만이 여기저기 구석진 곳을 찾아 뒹구는 노숙자 신세가 되고 만 것이다.

쓰나미 후 시신을 거두듯, 병풍의 화폭 짝을 하나하나 찾아 집으로 안고 돌아왔다. 누렇게 찌든 바탕천, 닳아진 화폭의 귀퉁이가 우리들의 파란만장했던 날들을 상기시킨다. 꿈 많던 소녀시절에 헤어져 40여 년 만에 이산가족처럼 다시 안은 나의 가보! 거기에서 언니의 체취가 아스라이 스며 나온다.

어쩜 내가 그토록 애지중지하던 보물은 내가 만든 병풍이 아니라, 바로 언니였는지도 모르겠다. 나에게서 모진 세월, 세찬 비바람에 언제나 내 곁을 훈훈하게 지켜준 병풍, 바람막이는 바로 언니였던 것이다.

홀로 이승에 왔다가
해거름에 혼자
앉아 소주 한 잔과
해장국 한
그릇을 먹고 쓸쓸히
떠나는 게
인생인 것을

해장국

딸아이랑 분식집에 들렀다. 분식집은 적은 돈으로 입에 맞는 음식을 골라 먹을 수 있으니 허기진 서민들의 안식처다. 딸아이가 좋아하는 김밥이랑 냉면을 시켜서 먹고 있는데 말끔하게 차려입은 노인이 들어와 옆자리에 앉는다. 얼굴이 반질거리고 등산 색을 들고 있는 걸 보니 산을 타고 내려와 갓 목욕을 한 것 같다. 갈아입은 옷차림에 귀티가 묻어난다. 북어해장국을 시키더니 들고 온 가방에서 소주 한 병을 조심스레 꺼내어 물 컵에 따른다. 분식집에서 술을 마시는 게 주인의 눈치가 보이는 모양이다.

식사를 하면서 자꾸 노인에게 눈길이 간다. 무얼 하는 사람일까. 가족이나 친구도 없이 혼자 등산을 하고 식사를 때우기 위해 들어온 게다. 연세가 칠순은 넘어 보이는데 아직 등산을 하고 저렇게 반주를 드시는 걸 보면 건강엔 문제가 없는가 보다. 건강을 위해 혼자 산을 타고 식사를 해결하고 해장국을 안주로 자신에게 파이팅을 하고 있는 모습! 마치 얼마 후의 나의 모습을 보는 듯해서 눈을 뗄 수가 없다.

혼자 먹는 해장국! 해장국은 과음으로 피로한 위장을 푸는 것일진대, 저분은 아마도 해장국 한 그릇으로 한 생生의 고단함을 푸는 게 아닐까? 신이 명한 인생마라톤 한 코스를 완주하느라 단내 나는 세월, 행여 뒤처질까 용을 쓴 다리에 박힌 물집과 굳은살, 못볼 꼴 보느라 가 버린 시력, 튀각거리는 세상의 소음에 멀어져가는 귀. 어디 그뿐이랴. 쓴맛, 신맛 다 소화해내느라 속은 얼마나 내려앉았을꼬! 한 생生을 열심히 잘 뛰었노라고, 이젠 모든 짐 내려놓고 쉴 자격이 있다고 자신에게 건배를 하고 있는 게다.

10여 년 전의 일이다. 남미로 이민을 간 친지 한 분이 부인을 사별하고 한국에 나오셨다. 청운의 꿈을 품고 고국을 떠나 30여 년 동안 이방인생활을 하신 분이다. 함께 식사를 하고 노래방에 갔다. 순서가 되자 머리가 하얀 그분은 모 가수의 'TV를 보면서'라는 곡을 불렀다.

> TV를 보면서 눈물이 흐르네 / 사람들은 어디에 기대어 살까
>
> … (중략) …
>
> 혼자뿐인 식사는 이미 식어버렸네 / 텅 빈 아파트 불빛 / 외로운 나의 마음
>
> … (중략) …

노래를 부르는 그분의 몸에서 외로움이 물안개처럼 피어올랐다. 긴 세월, 타국에서의 떠돌이 삶이 그를 고독에 찌들게 한지도 모른다.

무대의 희미한 불빛은 마치 안개 낀 강변의 가로등 같았다. 그 모습이 라인강 강변에서 고독에 떨며 젊은 날에 세상을 등진 전혜린 작가를 연상케 했다. 어느덧 그분의 눈에 이슬이 맺혔다. 밥 대신 외로움을 먹고 살아온 그분은 바람 앞의 촛불처럼 사위어져가고 있었다.

다들 술 마시느라 정신이 없는데 나는 그분의 손끝 하나까지 주시하고 있었다. 젊은 날, 나 혼자 뚜벅뚜벅 걸어가야만 했던 어둡고 긴 내 삶의 터널에서 내가 가장 두려웠던 건 '혼자'라는 당혹감이었다. 질퍽거리는 개펄 속에서 허우적거리다 한 순간 조용히 가라앉아버려도 아무도 모를 것이며, 세상은 예전처럼 팽팽 돌아갈 것이라는 자괴감이 나를 암울하게 했다. 세상은 시시때때로 나를 내동댕이칠 태세로 벼르고 있었으니 말이다. 동병상련이라고 했던가. 지금 내 곁에서 혼자 해장국을 먹는 저 노인처럼 반찬에 고독을, 숭늉에는 눈물을 타서 마셨을 그분의 외로움이 신경올실을 타고 내 가슴으로 짜릿하게 전해졌다.

하느님이 인간을 창조할 때 처음엔 아담만 만들었으나 그가 하도 외로워하는 걸 보고는 안쓰러운 마음이 들어 그의 갈비뼈를 뽑아 그의 짝을 만들어주고, 하늘의 별과 바다의 모래보다 많은 후손을 약속하셨다고 한다. 그러니 많은 자손을 낳고 담쟁이덩굴처럼 얽히고설킨 인연으로 사랑하며 사는 것이 곧 하늘의 뜻일 게다. 하지만 인간은 언젠가는 자신에게 연결된 그 인간그물을 하나씩 끊고 저 노인처럼 다시 홀로서기를 해야 한다. 홀로 이 세상에 왔듯이, 일생을 마감할 때도 저렇게 홀로 섭생을 하다가 결국은 혼자서 쓸쓸히 가야 하는 존재가 바로 인간인 것이다.

인생의 해거름에 서서 혼자 먹는 멀건 해장국! 언젠간 우리가, 내가, 겪어내고 살아가야 할 단출하고 밋밋한 바로 그 삶이 아닐까. 노인은 뜨문뜨문 밥을 몇 술 해장국에 푼다. 그리곤 건더기도 별로 없는 국그릇을 휘휘 젓고, 또 젓는다. 문득, 망망한 바다를 건너다가 기진하여 날개를 퍼덕이는 새의 몸짓 같다. 너무 외롭다고, 혼자 건너기엔 힘에 부친다고 날갯짓을 하는 모습이다.

술은 조물주가 인간에게 특별히 선사한 무장해제 음료다. 지친 심신을 위로하고, 꼬이고 얽힌 인간 실타래를 풀어주는 명약이다. 술 한 잔으로, 세상을 향해 시퍼렇게 날을 세우던 마음도 무디어지고 마음속의 누런 앙금도 봄눈처럼 녹는다. 그 누구도 끓여주지 않을 해장국을 스스로 챙겨 술과 함께 마시는 저 노인! 하늘이 인간에게 내린 귀하디귀한 음식들을 즐기기는커녕, 분식집 구석자리에 앉아 과제처럼 해치우고 있는 저 노인은 아마도 자신에게 주문을 걸고 있으리라. 오늘 하루도 열심히 살았노라고, 그런대로 세상은 살만하다고, 개똥밭을 굴러도 저승보단 이승이 낫다고 말이다.

분식집을 나서 노란 은행잎이 휘날리는 보도를 걸어가는 노인의 등에 시월의 저녁 햇살이 서럽도록 붉다. 나도 슬슬 혼자서 해장국 먹는 연습을 해야 할까 보다.

트래펑

마취제가 혈관을 타고 들어온다. 와인을 한잔 한 듯 나른한 느낌이 나쁘지 않다. 모든 걸 내려놓고 조용히 눈을 감는다. 대장내시경 검진대 위, 엉덩이를 뒤로 내밀고 엉거주춤 옆으로 누운 자세가 영락없는 표본실의 청개구리다. 제자 앞에 2년마다 주기적으로 엉덩이를 까고 누워야 하는 내 모습이 목숨 보전을 위한 몸부림 같아 영 마땅찮다. 제자에게만은 고상하고 존경받는 스승의 이미지로 남고 싶은데 말이다.

여름을 타는지 두 달째 소화가 안 되고 우박을 맞은 시금치 마냥 몸이 축 늘어졌다. 보다 못한 딸아이가 사위랑 함께 장내시경 검진을 신청했다고 통보를 해왔다. 멀리 떨어져 있는 아들보단 곁에 있는 딸이 더 살갑게 군다. 검진은 항상 교직 초기에 내가 가르쳤던 나의 수제자, 나의 주치의병원에서 한다. 부산에선 대장내시경으로 꽤나 이름이 난 병원이다.

새벽 3시에 일어나 병원 간호사가 지시한 대로 장 청결제 약을 마셨다. 약은 예전보단 양도 절반으로 줄었고 맛도 음료수 포카리스웨이트처럼 상큼한 게 먹을 만하다. 하지만 2시간에 걸쳐 냉장고에 넣어둔 차가운 물로 2리터의 약물을 만들어 마시는 게 어디 그리 만만한 일이겠는가. 새벽부터 무려 네 시간 동안 혼자 약과의 전쟁을 치루었다. 남들이 곤히 자는 한밤에 이게 무슨 짓인가 싶었다. 살 만큼 살았는데 굳이 이런 고통을 감수하면서까지 낡은 엔진부속들을 손봐야하는가 말이다. 건넛방에서 쿨쿨 잠만 자고 있는 남편이 타인처럼 멀게 느껴졌다. 잠을 자지 않고 사위 약을 챙겨 먹인다고 부산을 떠는 신혼의 딸내미와는 너무도 대조가 되는 장면인 게다.

약을 마시고 30분이 지나자 변통이 일기 시작하더니 뱃속에 전쟁이 시작된다. 우르르 쾅쾅! 소리만 안났지 쓰나미가 따로 없다. 약을 조제하다가도 변기로 달려간다. 비우면 비울수록 시원해진다. 바로 쾌변이다. 좍좍 쏟아내는 오물이 마치 나의 모진 생의 침전물인 듯 악취가 나고 더럽다. 차마 눈을 뜨고 볼 수가 없다. 하수구가 막혔을 때 한 번씩 붓던 세정제 '트래펑' 생각이 난다. 긴 배수관 속에 스리스리 똬리를 틀고 쌓여있는 해묵은 찌꺼기와 오물을 깔끔히 뚫어주는 마술사 같은 세제다.

세상은 주기적으로 흔들고 씻어주고 순환시키는 '트래펑'이 있어 돌아가는 게 아닐까. 땅위에는 바람이 불고 주기적으로 태풍이 일어 대청소를 한다. 삶의 전쟁 속에 부대끼느라 미처 치우지 못하고 쌓여

버린 쓰레기더미와 오물은 물론, 부실한 지상의 것들을 한꺼번에 쓸어간다. 건물이건 살아있는 생명체건 밀어버리고 새 세상을 연다. 바다 밑은 주기적으로 풍랑과 쓰나미가 일어 생태계를 재정비하고 물질을 순환시킨다. 인간사회도 마찬가지다. 변화와 혁신이 없는 조직이나 사회는 발전이 없다. 고정관념을 타파하고 끊임없이 크고 작은 새바람과 풍랑을 일으켜 구조조정을 하고 정화를 시켜야 조직이 썩지 않기 때문이다.

구비구비 얼룩진 사연으로 지난했던 세월에 문드러지고 생채기가 난 나의 생애. 대장처럼 악취가 나고 용종이 돋은 내 긴 삶도 이런 트래펑으로 한 번쯤 씻어낼 수 있으면 좋겠다. 세월에 멱살 잡혀 앞만 보고 치닫느라 흘려버린 회색빛 젊은 날들. 웃자란 욕망으로 인간의 기본 도리도 못하고 가족과 동료와 이웃에게 입힌 상처와 허물을 지우개로 깨끗이 지우고 싶다. 그리고 소심하고 비겁하게 뒷걸음질 치다가 놓쳐버린 온갖 좋은 것들, 사랑과 친구와 꿈과 낭만……. 처음부터 다시 시작할 수 있으면 얼마나 좋을까.

가장 후회가 되는 것은 직장생활에 공부까지 욕심 부리느라 가족들이랑 오순도순 행복도토리를 줍지 못한 아쉬움이다. 더 큰 행복을 위해서라는 핑계로 나의 성취욕에 가족들의 작은 행복을 볼모로 잡은 셈이다. 자식들도 그렇지만 이미 세상을 떠나 후회해도 되갚을 수 없는 부모님들이다. 내가 자식을 낳아 어미가 되고 할미가 되고 보니, 그분들께 얼마나 불효를 저질렀는지 이제야 가슴으로 깨닫는 것이다.

나의 장기 중에 첫 번째로 청소하고 싶은 건 장이 아니라 머리다. 배움에 대한 과욕으로 보는 것, 듣는 것마다 보물처럼 채곡채곡 창고에 모아둔 쓸데없는 지식의 파편들로 이젠 머리가 무겁다. 진리도 아닌 것을 무속신앙처럼 떠받치고 살아온 고정관념들로 뇌는 이미 석고처럼 굳어버렸다. 중앙정보시스템이 이 모양이다 보니 그 명령으로 움직이는 몸뚱아리는 어떠하랴! 망각해야할 건 대뇌 깊이 새겨놓고 끙끙거리고, 꼭 기억해야할 건 잊어버리고 자꾸 실수를 한다. 날이 갈수록 머리가 옥수수 수염처럼 하얗게 바래는 느낌이다. 그리고 이젠 가슴이 시키는 대로 살고 싶은데 요놈의 관념화된 지식나부랭이들이 항상 태클을 걸어댄다. 게다가 태생 자체가 아날로그인데 디지털시대 옷을 입고 흉내를 내느라 엔진에 곧잘 부화가 걸리곤 한다. 컴퓨터는 물론, 남들 따라 구입한 스마트폰 하나를 가지고도 골머리를 앓고 있으니 말이다.

여고동창회 카페에서 전달하는 이메일을 못 받는 친구에게 바보라고 핀잔을 주었더니 '나는 머리 용량이 가득 차서 서른 살 이후에 나온 기기엔 관심이 없다. 있는 지식도 다 못 써먹고 죽을 판이다.'라고 하던 말이 생각이 난다. 천재 과학자 아인슈타인도 일생 동안 뇌의 1퍼센트밖에 사용하지 않았다고 하는데, 나 같은 보통 인간은 하드디스크의 몇 퍼센트를 쓰고 죽겠는가 생각하니 친구의 말에 수긍이 간다. 이 나이엔 지식을 탐할 게 아니라, 있는 지식을 지혜롭게 쓸 일이다. 이젠 몸도 마음도 자연으로, 아날로그로 돌아갈 나이인 것이다.

내가 만일 내 인생을 트래펑으로 씻고 다시 시작한다면 소박한 시골 아낙으로 살고 싶다. 자연의 순리에 따라 봄이 되면 씨를 뿌리고, 여름이면 익어가는 알곡과 푸르른 녹음에 가슴 부풀고, 가을이면 손수 키운 작은 알곡들을 거두면서 행복해하고, 흰 눈이 내리는 겨울엔 화롯불을 지피고 '백설부白雪賦'를 노래하며 세찬 바람 속에 태고의 음향을 듣고 싶다.

눈을 뜨니 낯선 침대에 옮겨져 있다. 나이 탓인지 수면마취로 거의 죽었다가 깨어난 게다. 몸이 가볍다. 몸을 짓누르던 바위 하나가 떨어져나간 느낌이다.

머리도 가슴도 가벼이 트래핑하며 살다가 민들레 홀씨처럼 떠나고 싶다.

엘리베이터 단상

엘리베이터를 탔다. 지하주차장에서 타서 5층 사무실로 올라가는데 덜컹거리는 소리가 나더니 되레 지하로 내려간다. 놀이동산에서 놀이기구를 탄 것도 아니고, 나의 뜻과는 달리 강제로 하강하는 기분! 무언가 써늘한 기운에 숨이 멎는 듯하다. 고개를 들어 보니, 층을 표시하는 표지판에 에러 표시가 뜬다. 승강기가 층 중간에 서서 갇힌 것 같다. 건물이 오래되어 이 승강기가 한 번씩 고장이 난다는 소릴 들었는데, 아뿔싸! 오늘은 내가 여기 갇힌 게다.

승강기에 탄 사람은 여덟 명. 남편과 나, 남편이 사무실로 초대한 60대의 아주머니와 그분의 조카인 청년, 그리고 공사장 인부로 보이는 나이 지긋한 아저씨 세 명과 젊은 아가씨 한 사람이다. 엘리베이터도 미니 사회인 게다. 극한 상황이 되자 사람들마다 대처하는 모습이 각기 다르다.

나는 밀폐공포증이 심해 승강기를 혼자 타기도 싫어하는 사람이다. 하지만 어쩌겠는가! 남편이 모시고 온 손님도 있어 애써 침착한 체하며, 두 분께 죄송하다고 사과를 한다. 고맙게도 아주머니는 "뭐. 이런 일이 있을 수도 있지요."라고 태연히 말하고, 같이 온 조카도 묵묵히 말이 없다. 나도 몰래 공무원 의식이 발동, 관리사무소와 지하주차장에 전화를 건다. 그리곤 일행에게 조금만 있으면 문이 열리니까 걱정 마시라고 안심을 시킨다. "그냥, 여기가 잠시 쉬는 별장이라고 생각하면 마음이 평화로워지지요."하며 생각지도 않은 소리까지 덧붙인다. 하지만 내 말은 귀에 들어오지도 않는 듯, 맨 앞에 선 공사판 아저씨 세 사람은 고래고래 고함을 지르고 욕을 하기 시작한다. 내 옆에 선 아가씨는 우리와는 다른 별개의 세상에 있는 듯, 줄곧 핸드폰으로 친구랑 문자채팅을 하고 있다. 시간이 제법 흘렀는데도 밖에서 아무런 기척이 없자 공사판 아저씨들은 길길이 뛴다. 그런데 그보다 더한 사람이 바로 남편이다. 자기가 손님을 모시고 왔다는 사실도 잊은 양, 얼굴이 포효하는 사자처럼 일그러져선 승강기 문을 손으로 밀며 "사람 살려요! 여기 사람이 갇혔소!" 고함을 질러댄다. 당신이 그러면 모두들 더 흥분하니까 조용히 있으라고 말려도 소용이 없다. 평소 겁이 많은 나더러 철이 없다며, 자신은 갑자기 죽어도 눈 하나 깜짝 안 한다고 으스대던 사람의 모습이다.

극한 상황이 되면 그 사람의 본색이 드러난다. 아가씨처럼 세상 돌아가는 것에 별로 관심이 없는 사람, 남편처럼 세상살이에 과민 반응하여 자신의 감정을 있는 대로 폭발시키는 사람, 그리고 나처럼 세상

눈치를 보느라 감정 표현 하나 제대로 못 하고 로버트처럼 행동하는 사람이다. 곰곰 생각해 보면, 나는 어린 시절부터 세상 파도에 휘말리며 살다 보니 필요 없이 눈치를 살피고 생각을 많이 하는 편이다. 그러다 보니 나 자신은 두꺼운 벽 속에 꽁꽁 가두고 점점 가면극 배우가 되어 가고 있는 것 같다. 어쩜, 조물주의 눈으로 볼 때, 죽음의 순간에도 의연한 체 연기를 하는 나보다는, 위기 순간에 저렇게 고함을 지르며 생존본능에 충실한 사람이 더 인간다운지도 모를 일이다.

조물주가 있을지도 모르는 하늘을 향해 바벨탑을 쌓고 싶은 욕망으로 인간이 만들어낸 게 엘리베이터다. '편리'와 '시간 단축'이라는 기기의 이점利點 뒷면에 인간의 몸은 기계가 나르는 짐짝으로 전락해 가고, 무작정 빨리 오르는 것만이 성공인 걸로 착각을 하게 되었다. 차근차근 땀 흘려 계단을 오르기보단 한순간 초고속 엘리베이터로 정상을 오르고, 노동의 대가 없이 어느 날 로또복권 당첨의 행운아가 되길 염원하는 인간이 되어버린 게다. 올라가는 길은 내려오는 길과 동일한 것! 하지만 인간은 쾌속으로 올라갈 때의 쾌감만 생각하지, 끝도 없는 나락으로 떨어질 때의 절망은 생각하지 않는다. 조금 전 우리처럼, 가슴이 써늘해지는 낙하의 공포를 맛본 사람도 내일이면 빠르게 올라가던 그 쾌감을 잊지 못해 또 엘리베이터를 찾는 것이다.

엘리베이터는 '밀폐'와 '상승'의 양면성을 지닌 게 우리네 인생을 닮았다. 인간사에서 무엇이든 상승을 위해선, 일정 시간 밀폐와 은둔의 자기 극복의 시간을 가져야 하기 때문이다. 더 넓고 높은 세상으로 오르기 위해선 밀폐의 공포증도 극복해야 할 테고, 세상과 단절된

극한 상황에서 나를 담금질해야 한다. 달려온 길에 잠시 쉼표를 찍고, 발자국을 돌아보며 재점검해야 한다. 컴컴한 누에고치 속에서 번데기가 탈피를 하듯, 혹독한 자기 인내와 사색을 거쳐야만 나를 성숙시키고 더 높이 올라갈 수가 있는 것이다.

시대가 변하면서 사람들은 빠르고 편한 것만 생각하고 그런 기계를 고안해 낸다. 그러니 체질 자체가 아날로그인 나로선 항상 몸도 마음도 부대낀다. 직장에서 밀려나지 않으려고 사무용 컴퓨터 도스 체계로 씨름을 하고 나니, 어느 날 마우스로 모든 걸 처리하는 윈도우 체계가 나와 나를 곤혹스럽게 했다. 어디 그뿐인가? 바바리코트 깃을 세우고 여행을 떠나 틈틈이 간이역에서 내려 우동을 먹고 여유를 부리던 낭만적인 기차는 이디로 가고, 정신없이 앞만 보고 질주하는 고속 열차가 나와 탈 때마다 멀미를 일으킨다. 내가 여행을 하는 게 아니라, 나는 기차가 수송하는 인간 택배인 게다. 나날이 진보되는 핸드폰은 밤에도 '카톡! 카톡!' 칭얼거려 잠을 깨운다. 그러나 어쩌랴! 디지털시대에 몸을 담고 있으니, 때에 따라선 KTX도 타야 하고, 엘리베이터도 타야 하는 게다.

다행히도 이젠 나도 엘리베이터 타는 걸 즐기는 경지에 이르렀다. 승강기에 오르면 짧은 순간이지만 나만의 성곽에 들어선 듯 편안하다. 가쁜 호흡을 고르기도 하고, 벽에 달린 거울로 얼굴 매무새도 고치고, 헝클어진 생각을 정리하기도 한다. 오늘 한 일들을 되새김질하고, 나 자신에게 파이팅 주문을 거는 여유도 부려본다. 어차피 우리네 인생 자체가 오르고 내리는 엘리베이터다. 때가 되면 싫어도 내려가야 하고, 원치 않아도 올라가야 하지 않겠는가. 어쩜 내가 승강기를 타고 내려야 할 시간 계획은 이미 조물주가 다 짜 놓은 게 아닐까? 그러니, 승강기가 잠시 정지한들 초조해할 필요도 없고, 그렇게 고함을 지를 이유가 없는 것이다. 생각하기에 따라 여기가 나의 작은 요람이요 사색 터인 것이다.

드디어 바깥에서 인기척이 난다. 안팎에서 같이 용을 쓰더니 승강기문이 끈끈하게 열린다. 고작 20분간의 드라마! 아직도 흥분이 가라앉지 않은 남편과 공사장 아저씨들은 지나치다 문을 열어 준 주차장 아저씨 멱살을 잡고 시비를 해 댄다. 어떤 이는 지옥을 다녀왔다고 저렇게 난리를 피우는데, 같이 탄 아가씬 여전히 핸드폰만 들여다보며 유유히 사라진다. 어차피 지나갈 시간인데 누구에겐 지옥이고 누구에겐 그냥 스쳐지나가는 바람이었나 보다. 나에겐 또 다른 사색공부를 한 교실이었다.

환승換乘

지하철에서 내려 마을버스를 탄다. 대중교통인 버스와 지하철을 타는 자체가 원점原點의 나를 찾은 듯 아늑하고 여유롭다. 생각자체가 아날로그로 돌아간다. 요금체크기에 교통카드를 대니 '환승입니다!'란 소리가 낭랑하게 들린다. 문득, 내 인생도 송두리째 환승하면 좋겠다는 생각이 든다.

생각해 보면 환승이 어디 교통수단에 한정되랴. 인생 자체가 수많은 사연과 추억을 지닌 간이역에서의 환승으로 이어지니 말이다. 핏덩이로 세상에 태어난 아기는 자라면서 자신이 의지할 보호자를 틈틈이 바꾸어야 하고, 성장하여 배우자를 만나면 함께 살 가족들이 바뀐다. 어디 그뿐이랴. 유치원부터 시작해서 대학에 가기까지 끊임없이 배움의 터를 갈아타야 하고, 거기에 따라 만나는 선생님들과 친구들도 바뀐다. 그리고 사회에 들어가선 생존경쟁에서 살아남기 위해 끊임없이 조직이나 단체를 갈아타야 하는 게 인생이다.

세상에 나와 첫 울음을 터뜨리며 만난 어머니는 아기에겐 보호자이자, 하늘일 터. 그러나 세월이 흐르면 그 하늘마저 떠나야 한다. 청년이 되어 연애를 하면 첫사랑에 성공하는 사람이 그리 흔치 않다. 그러니 사랑조차도 환승해야 하고, 심지어 부부인연으로 맺어진 짝도 백년해로를 하지 못하고 예사로이 바꾸는 시대가 되어버렸다. 그리고 적성과 수입이 마음에 드는 직장을 구하기가 하늘의 별따기이고 보니, 직장을 환승하는 건 당연지사다. 설령 어렵사리 들어간 직장도 어느 날 구조조정을 당해 환승을 강요당하게 되는 게 슬픈 현실이다.

인생은 원하든 원하지 않든 수많은 환승역을 통과해야 하는 긴 철로가 아닐까. 어쩜 환승 그 자체가 설렘이며 새로운 도전일지도 모른다. 정신없이 앞만 보며 달려온 여정에 잠시 쉼표를 찍고 뒤를 돌아볼 수 있는 것도 이 순간이다. 미지의 세계에 대한 호기심으로 가슴이 두근거리며 아울러 자신에게 파이팅을 외치는 시간이기도 하다. 더 나은 쪽으로 환승을 하든, 더 나쁜 쪽으로 자리를 옮기든, 환승 자체는 '변화'이며 하나의 작은 '바람(風)'이다. 틀에 박힌 지루한 일정을 탈바꿈할 수 있는 기회가 되기도 하고, 어쩜 더 멀리 뛰기 위한 준비과정이 될 수도 있다. 하지만 자기 스스로 인생의 노를 저어가지 못하는 사람은 억지로 떠밀려 환승을 해야 한다. 이런 사람에게서 환승은 두렵고 괴로운 난관일 게다.

나는 '환승' 자체를 싫어하는 편이다. 성격자체가 변화를 두려워하는 데다 새로운 환경에 나 자신을 적응시키는 게 귀찮고 성가신 게다. 뭐든지 한번 정하면 그쪽이 나를 떠나거나 지구에서 사라지지 않는 한, 나는 일편단심이다. 미장원이나 목욕탕, 심지어 옷가게까지도 한 번 단골로 정하면 그 집이 폐업할 때까지 찾아가는 편이다. 직장도 그렇고, 친구를 사귀는 것도 그렇고, 연애를 하는 것도 마찬가지다. 한번 마음을 주면 이게 인연이요, 운명이려니 하며 묵묵히 받아들인다. 그러니 '우물 안 개구리'요, '철 밥통'이라고 하는 교사나 공무원 직업이 내겐 안성맞춤이었는지도 모르겠다.

일곱 살 되던 해, 고향인 지리산 골짝을 떠나 도시로 이사를 했다. 내 인생의 첫 환승이었던 게다. 학교에 들어가 새 선생님과 친구를 사귀는 것은 어린 나에겐 커다란 시련이었다. 울타리가 쳐진 아늑한 둥지 속에 살다가 갑자기 맹수들이 우글거리는 들판으로 쫓겨난 느낌이었다. 게다가 고향에서 줄곧 동네 왕초노릇을 하던 내가 속을 알 수 없는 깍쟁이들 눈치를 보며 버티는 하루하루가 어린 마음에도 굴욕적이었다. 나의 첫 번째 환승은 이렇게 가슴에 퍼런 멍을 들게 하였다. 어쩜 내가 지금도 환승 자체를 두려워하는 것은 어린 시절의 상흔 때문인지도 모를 일이다.

급변하는 사회는 숨 돌릴 틈도 없이 우리를 몰아댄다. 몸과 사고 자체가 아날로그인 나로선 디지털시대 하루를 버티는 것도 힘에 부친다. 잠시 외출을 했다가도 건물마다 맞닥뜨리는 최첨단 장비들과 기기들 앞에선 버벅거리기 일쑤다. 핸드폰으로 음성과 문자나 겨우 주고받는 내 수준에, 듣지도 못한 외계인 용어들이 핸드폰으로 날아드니 종일 바보박스를 들고 있는 듯 멍하다. 밤낮을 가리지 않고 친구들이 '애니팡게임'을 하자고 카카오톡에 하트를 보내니 시끄러워 밤잠을 설쳐야 한다.

어디 그뿐이랴! 이제는 사고도 전환해야 한다. 사회를 주도하는 세대가 훌쩍 젊어져 개인 중심적 사고와 핵가족시대가 왔음을 슬프게 인정해야 한다. 며칠 전 어버이날이었다. 어버이날은 결혼한 딸이 손주를 데리고 올 걸 생각해서 하루 전날 친정어머니를 모시고 식사를 했다. 그런데 어버이날 다음 날, 어머니께 안부전화를 드렸더니 목소리까지 젖어있는 게 아닌가. 말씀인 즉, 어버이날에 당신이 손수 키운 손주녀석들이 안부전화도 한 통 없으니 못내 서글프다고 하셨다. 어머니 말씀이 틀린 게 아니다. 하지만 이젠 그런 걸로 서운해 할 시대가 아닌 걸 어쩌겠는가. 다들 바빠서 그러니 좋게 이해하시라고 위로해드렸지만, 내심 내 마음도 눅눅해지는 건 어쩔 수가 없었다.

어머니의 모습이 바로 얼마 후의 나의 모습이 아닐까. 그때가 되어 어머니처럼 가슴앓이를 하지 않기 위해선 이제라도 생각과 가치관의 환승을 해야 할 터이다. 젊은이들이 나랑 코드가 맞지 않는다고 서운해 하지도 말 것이며, 그들을 가르치려고도 말 것이며, 내가 그들의 사고에 들어가야 하리라. 생각해보면, 자식들이 둘씩 짝지어 배우자를 바꾸지 않고 잘 살아주는 것도 감사할 일이고, 내 피붙이 손주들을 잘 키워주니 이보다 더 고마운 일이 어디 있으랴.

이승의 종착점이 멀지 않았다. 끝없이 갈아타는 열차가 인생일진대, 환승을 할 바에는 떠밀리지 말고 나 스스로 여유롭게 환승을 하고 싶다. 그리고 어차피 끝날 길, 빠르고 편리한 고속열차만을 고집할 게 아니라 남은 길은 느림보 기차를 타고 주변을 살피며 여유롭게 가리라. 틈틈이 간이역에 내려 자판기 커피도 빼서 마시고, 들꽃 향기 휘날리는 시골길도 걸어보며, 달려온 여정에 쉼표를 찍으리라. 오늘처럼 사람 냄새 물씬 나는 마을버스나 생선비린내 나는 지하철도 타면서 말이다. 벌써 세상을 초탈한 척 할 게 아니라, 세상 속으로 들어가 생명의 에너지가 넘치는 이들과 기氣를 나누고 체온을 섞으며 살아보리라.

집 앞까지 버스가 친절히 모셔다 준다. 몸도 마음도 여유로운 하루 여행을 마치고 무사히 돌아온 것이다. 내 생의 간이역 하나가 산뜻하게 넘어간 게다.

뒷모습

오랜만에 대학 친구들과의 나들이다. 확 트인 남해고속도로를 달리다가 갑자기 흙내음 풀풀 나는 시골길로 접어든다. 꼬불꼬불 창녕 골짜기를 향해 차는 달리고 또 달린다. 푸릇푸릇 물이 오르기 시작한 보리가 봄 향기를 한껏 내뿜고 온갖 꽃들은 다투어 봄의 향연을 펼친다. 대학시절 절친이었던 친구를 만난다는 생각에 차진 약밥을 만들어 안고 가는 마음이 차보다 먼저 달려간다.

인적이 뜸해진 산으로 접어들자 논두렁, 밭두렁을 따라 아슬아슬 차가 간다. 산 중턱에 아담한 목조건물들이 그림처럼 나타난다. 갑자기 가슴 저 아래서 뭔가 울컥거리며 올라온다. 귀양을 온 것도 아니고 왜 이리 깊은 곳으로 피정을 온 것일까? 내 마음을 아는지, 친구가 저만치 뜰 앞에 나와 손을 내저으며 우리를 반기고 있다.

친구 K는 대학 1학년 때 부터 나와 가장 친하게 지내던 친구다. 성격도 소탈하고 낭만과 멋을 부릴 줄 아는 게 나와는 코드가 잘 맞았다. 국립대 사범대학교라 학점에 따라 교사발령이 나던 시절이었는데도 우린 우리의 신록을 놓치지 않았다. 친구는 세련미 넘치게 화장을 하고 옷도 멋스럽게 입었다. 게다가 나처럼 음악과 커피를 좋아하다 보니 음악다방을 찾아 좋아하는 곡을 시켜놓고 반나절을 죽치기도 했다. 생각해 보면, 남들보다 성적도 뒤지지 않으면서 느슨한 듯, 여유로운 대학시절을 보낸 것도 다 이 친구가 내 곁에 있어서였다.

세월이 흘러 친구들은 모두 교편을 잡고 나름 자신의 보금자리를 꾸렸고, 우린 이따금씩 모임을 통해 만나곤 했다. 그런데 언제부턴가, 이 친구가 계란은 물론 '꿈틀거리는 것'은 일체 먹지 않는다는 소문이 퍼졌다. 이상한 사이비종교에 빠졌다는 소문도 돌고, 그로 인해 부부가 이혼위기에까지 갔다는 말도 떠돌았다. 그러던 중, 생선이나 고기를 일체 먹지 않는 건 사실로 입증이 되었다. 몇 년 만에 대학친구들 모임에 K가 나타난 것이다. 친구가 풀밖에 못 먹는다고 하니 식당을 찾기가 어려웠다. 결국 중국집에 들어가서 친구는 야채만 넣은 자장면을 먹었던 것이다.

함께 식사를 나눈다는 건 깊은 마음과 정을 나눈다는 뜻이다. 그러니 친구라도 차나 마시는 친구가 있고, 만나면 꼭 식사를 함께 하고픈 친구가 있는 게다. 그런 절친이 식사자리에서마저 나랑은 다른 세계에 살고 있는 듯한 이질감! 내 신록의 앨범에 단짝이던 친구가 어느 날 이방인이 되어 나타난 것이다. 이미 이 세상에서 나와는 정감을 나눌 수 없을 것 같은 외계인이 되어서 말이다. 그날의 충격과 슬픔은 오랫동안 가슴에 지워지지 않는 문신으로 남아버렸다. 생각만 해도 가슴이 저며 오는 친구! 그 친구를 오늘 다시 만나러 온 것이다.

생각보단 그리 깊지 않은 산자락에 명상에 잠긴 듯 단아하게 자리를 잡은 다섯 채의 집. 이들이 모두 친구와 함께 명상을 하는 사람들이라고 한다. 그 중 친구 집은 맨 위에 자리 잡고 있었다. 검은 기와에 하얀 벽돌과 나무로 된 집이다. 마당 연못엔 물고기가 노닐고, 그 곁엔 음악을 들으며 커피나 차를 마실 수 있는 아담한 아고라가 한 채 있다. 여기서 친구는 글도 적고 명상도 하며, 물고기들과 이야기를 한다고 한다. 자연인으로 돌아가 제대로 웰빙생활을 하며 살아가는 표징인 듯, 크고 작은 옹기들이 자그마한 장독대에 모여 있다. 단아한 창문, 시골의 호얏불 모양으로 벽에 걸려있는 등불, 모두가 소탈하며 멋스런 친구의 기품이 묻어난다. 뜨락엔 각종 과실수와 화초들이 아기자기하게 심겨 있다. 그렇게 반대하던 남편도 요즘은 주말마다 와서 정원을 가꾸고 있다고 한다.

자그마한 방 3개에 널찍한 거실. 바닥은 나무로, 벽은 모두 흙으로 되어 있다. 흙과 나무속에 살고 있으니 이 자체가 자연인인 게다. 식탁 위엔 손수 씨를 뿌리고 가꾼 갖은 야채로 만든 웰빙식사가 풍성하게 차려져 있다. 그립던 벗들이 온다고 이틀간 장만한 레시피라고 한다. 음식마다 묵은 친구의 사랑과 향기가 물씬물씬 난다. 소문이란 한 치 혀를 건너면 효모반죽처럼 부풀고 변질되는 것. 그 동안 우리가 우려했던 모든 것이 허상이었음을 아는 순간, 친구에게 너무 미안했다. 교직생활 늘그막에 자신을 다스리기 위해 명상을 선택하게 되었고, 그러다 보니 생명이 있는 모든 것이 안쓰러워 동물성 식사를 싫어하게 되었다고 한다. 거기서 만난 동료들이 더 깊이 명상생활을 하기 위해 이곳으로 함께 이주를 했다고 한다.

친구의 하루 일과를 물어보았다. 새벽에 일어나 명상을 하고, 뜰에 나가 자연과 대화를 한다. 꽃과 나무와 새, 심지어 물고기들과도 아침인사를 나누고 살아가는 안부를 묻고 세상이야기를 한다. 조촐한 식사를 하곤 채소밭과 화초들을 관리하고 명상을 한다. 틈틈이 향기론 원두커피나 녹차를 우려서 마시며 음악을 듣고 영혼을 맑힌다고 한다. 살아있는 식물, 산과 들의 동물이 모두 가족이다 싶으니 외로울 겨를도 없을 터. 친구의 삶 자체가 바로 법정스님이 말씀하신 '텅 빈 충만'이 아닐까 싶다.

풍성한 점심식사를 한 후 뒷산으로 산책을 나갔다. 야트막한 산을 빙빙 돌아 산책로가 만들어져 있다. 길가에 노랗게 핀 민들레, 보랏빛 제비꽃이 지천으로 피어 우리를 반긴다. 산허리를 에두르고 있는 매실나무, 밤나무, 복숭아나무들이 미래를 기약하는 친구의 삶을 보여주고 있다. 산 위에 오르자 상큼한 봄바람이 뺨을 애무한다. 머리에 하얀 서리가 내려 우리의 봄날은 갔지만 마음만은 아직 20대 그때이다.

긴 세월, 나름 열심히 살아온 친구들의 뒷모습이 아름답다. 세상과 한판 샅바싸움을 벌일 때에는 그 사람의 앞모습만 보인다. 얼마나 잘 나가는 직장을 가졌는지, 남편은 무얼 하는 사람인지, 얼마나 큰 집에서 여유로운 생활을 하고 있는지, 자식들은 어느 대학을 나오고 어떤 배우자로 짝을 지었는지, 겉으로 드러나는 모습만이 눈에 들어온다. 하지만 한바탕 쓰나미를 치루며 한 생을 훌쩍 보내고 나니 내가 그토록 부러워했던 그 모든 것이 허상이며 거품이었음을 깨닫는다. 오히려 석양을 걸어가는 친구들의 뒷모습이 눈에 보이는 것이다. 삼십대에 남편을 교통사고로 잃고도 시어머니를 친어머니처럼 모시며 자식들을 훌륭하게 키운 친구, 수입도 없는 남편을 홀대하지 않고 일생동안 친구처럼 지내다가 수 년 전에 암 간병까지 하며 고이 보낸 친구, 여자의 몸으로 마라톤까지 하며 언제나 자긍심으로 세상에 도전장을 던지는 친구, 그리고 여기 한 포기 들꽃이 되어 여생을 물처럼 바람처럼 살아가고 있는 친구다. 새삼 세상과 사람을 앞모습 잣대로만 보고 살아온 날들이 부끄러워지는 순간이다.

문득, 나의 뒷모습이 어떨까 생각에 잠긴다. 거울 앞에 서서 화장하고 치장하는 데만 급급했고, 아홉에 하나를 더 채우려고 아등바등하며 살아온 날들이니 감히 뒷모습을 생각조차 해보지 못했던 게다. 학생들에게 가톨릭교리를 가르치며 모든 걸 양보하고 나누고 욕심을 버리라고 하면서, 정작 나는 뭔가를 채우는 데 정신이 팔려 달려왔다. 그리고 조금이라도 더 높은 곳, 겉으로 그럴 듯한 그 무엇을 쫓아서 달려오지 않았던가. 하지만 여기 친구는 나보다 많은 걸 가지고도 버리고 비우려고 애쓰며 느긋하게 명상을 하며 걸어가고 있는 것이다. 오늘 우리가 걷고 있는 작은 오솔길처럼 말이다.

저녁 해가 서산에 걸렸다. 친구들 어깨에 노을이 붉게 물든다. 뒷모습이 아름다운 여인들이다.

신호등

시원하게 뚫린 가로수 길을 달린다. 상쾌한 아침 바람이 폐포를 말끔히 씻어낸다. 새날이 시작되었다는 걸 인식이라도 시키듯 머리카락이 세차게 바람에 휘날린다. 벚꽃들이 꽃비 되어 우수수 떨어지고 파란 신호등이 활짝 웃으며 나를 반긴다. 덕분에 오늘도 풋풋한 하루를 연다.

구불구불 가로수 산길을 내려가 빌딩이 늘어선 신작로를 향해 달려간다. 빨간 신호등 앞에 차들이 개미떼처럼 줄을 이어 있다. 내 차가 접근하자 신호등이 기다렸다는 듯 파란불로 바뀐다. 먼저 온 차들이 어정정하니 출발하려는데 내가 먼저 횅하니 그들을 앞서간다. 이어지는 신호등도 마찬가지다. 연달아 다섯 번째 신호등이 파란불로 나를 맞는다. 마치 여왕님 행차에 교통순경이 신호등을 조작하고 있는 듯하다. 오늘은 아무래도 복권 한 장을 사야겠다.

세상은 인간이 만든 일련의 신호등으로 돌아간다. 교통을 원활하게 소통하기 위한 신호등뿐 아니라, 한 해를 돌리는 달력도 그렇다. 검은색의 평일은 부지런히 달리라는 신호이고, 붉은 색의 일요일이나 공휴일은 휴식을 하라는 표시다. 하루 일과를 돌리는 시간표 역시 마찬가지다. 일하거나 공부하는 시간은 파란불인 셈이고, 숨을 돌리는 휴식시간과 식사를 하는 점심시간은 빨간색 신호등인 것이다.

어쩜 우리네 일생도 보이지 않는 신호등으로 돌아가고 있는지도 모를 일이다. 앞만 보고 무작정 달려야 할 때가 있고, 틈틈이 숨고르기를 하며 에너지를 축적하고 피드 백해야 할 때가 있으니 말이다. 신호를 무시하고 쉬어야 할 때 무리해서 달리면 기계는 고장이 나며, 한창 가속을 내어 달려야 할 때 차를 세워놓고 빈둥거리면 엔진에 녹이 쓸어 차를 버리게 된다. 인생의 성공자들은 이 신호를 적절히 잘 활용하거나 심지어 신호등을 손수 조작하는 사람들이다.

빨간 신호등이라고 느긋하게 쉬다가 파란불이 와서야 페달을 밟는 차들은 결코 다른 차들을 앞서지 못한다. 감히 신호위반은 못하더라도 그 신호등의 시간차 공격을 잘해야 앞지를 수가 있기 때문이다. 신호의 길이가 얼마이며, 내 차가 어느 순간에 페달을 밟아야 다른 차를 앞지르면서도 신호에 걸리지 않을까를 끊임없이 궁리해야 할 것이다. 얼마나 지혜롭게 출발과 정지를 하며, 순발력 있게 시간차 공격을 하는가에 인생 마라톤의 승부가 달려 있다. 오늘 아침 나처럼 무심코 달리다가 요행히 파란불 신호만을 만난 것은 순간의 행운일 뿐이다.

한발 나아가, 인생 마라톤에서 큰 성공을 거둔 사람들은 스스로 신호등을 조작할 줄 아는 사람들이다. 남들이 안 된다고 할 때, 모두들 빨간 신호등을 켜고 무심히 쉬고 있을 때, 자신만의 파란 신호등을 켜고 '007 작전'으로 달리는 사람들만이 하늘나라별을 먼저 딸 수가 있는 것이다. 먼 훗날, 엔진이 낡아 달리기 힘들 때, 그래도 생존을 위해 파란불을 켜고 달려야만 할 때, 이들에겐 특별한 선물이 주어진다. 언제든 자신의 달력에 손수 빨간색의 휴일을 만들고, 원하는 휴식을 취할 수 있는 자유와 여유의 보상이다.

교직이라는 연자매에 고삐가 묶여 '우물 안 개구리'로 살아온 나로선 이러한 신호등 조작의 만용을 부릴 수가 없었다. 일 년의 신호등이 빼곡히 박힌 새해 달력을 받으면 나는 언제 빨간색이 표시되어 있는지부터 찾아본다. 공휴일이 일요일과 연결되어 연휴가 되면 더없이 기쁘지만, 반대로 공휴일이 일요일과 겹치는 날은 괜히 손해를 보는 듯 의기소침해지곤 한다.

어느 날 출장 간 딸아이가 난데없이 병원에 입원해 있다고 문자가 날아왔다. 놀란 가슴을 부둥켜안고 조퇴를 하고 달려갔더니, 보시시 웃으며 핸드백에서 수첩 달력을 꺼내서 보여주었다. 너무 과로해서 자신의 달력에 빨간 동그라미 5개를 무작정 그렸다고 했다. 검은 글자 위에 손수 그린 빨간 동그라미들! 비즈니스를 하고 있는 딸아이는 벌써 자신이 놀고 싶은 날을 휴일로 만드는 수준까지 성장해 있었던 것이다. 순간, 어미보단 지혜롭게 인생 신호등을 돌리고 있는 딸아이가 더없이 대견스럽고 부러웠다.

우리의 삶은 신호등의 연속이다. 디지털카메라의 인식 암호처럼 끊임없는 질주와 휴식의 1, 0, 1, 0 … 으로 점철되어 있다. 지혜롭게 달리고 쉴 줄 아는 사람이 인생을 잘 사는 사람이다. 젊어서 단거리 달리기를 할 때는 파란불만 보고 집중할 수 있어야 하고, 중년이 되어 장거리 마라톤을 달릴 때는 쉬엄쉬엄 산도 보고 들꽃도 보면서 달려야 한다. 그리고 노년엔 달리기보단 산책을 하며, 자주 빨간불을 켜고 멈춰 서서 걸어온 뒤안길을 돌아보는 여유를 가져야 할 터이다. 젊어서 집중하며 남들보다 더 많은 거리를 앞질러 두어야 하는 이유가 바로 인생의 해거름에 서서 아름다운 낙조를 맘껏 즐길 수 있음이 아니겠는가. 이 세상 떠나는 날, 이승의 소풍이 참으로 아름다웠다고 말하면서 말이다.

차를 멈추고 내가 주행해온 지도를 펼쳐본다. 이제껏 달려온 길들이 노란 형광으로 빛이 난다. 오색 무지개를 따라 무작정 달리던 푸른 들판, 녹음 향기 짙은 구불구불한 산길, 캄캄하고 막막하기만 하던 터널, 아슬아슬한 곡예를 하던 천길 절벽 길……, 달려온 길들이 참으로 다채롭고 길다. 하지만 아직도 내가 달려야 할 길이 많이 남아있다.

오늘은 시원하게 뚫린 고속도로를 맘껏 달리고 싶다. 푸르른 봄, 파란불 신호등을 받으며 말이다.

뿌리

오랜만에 고향을 찾았다. 이제껏 우리 가문의 뿌리처럼 고향을 지키던 큰집 삼촌이 어제 돌아가셨다. 작고 소식을 듣는 순간, 슬픔보다 먼저 내 고향이 완전히 사라지는 듯한 허전한 마음에 종일 우울했다. 읍내에 있는 장례식장으로 가기 전, 병석에 누워계신 숙모를 뵈러 큰집엘 들렀다.

엉성한 돌담에 양철 대문. 그 옛날, 내 눈에 별궁 같아 보이던 그 우아한 기와집은 어디로 가고 낡은 대문엔 붉은 녹이 슬고 있다. 문을 두드리자 숙모를 간병해주는 친척 아주머니가 우릴 반긴다. 숙모 방문을 열고 들어가자 지린내가 진동을 한다. 햇살이 은은히 들어오는 창문 아래 누워서 얼굴 표정으로만 우리를 반기는 숙모! 세월의 상흔이 빼곡히 박힌 주름투성이 얼굴, 바로 눕지도 못하고 새우처럼 휘어진 등을 동그마니 말고 옆으로 누워 있는 모습은 막 숨을 거두는 한 마리 벌레 같다. 하지만 표정은 이승의 모든 미련을 놓은 듯 평온하기 그지없다. 남편 따라 저승길도 함께하고픈 걸까. 퀭하니 허공을 바라보는 눈망울은 날개를 달고 아스라이 하늘을 날아갈 꿈을 꾸고 있는 것만 같다.

젊은 시절 숙모는 미모가 아주 뛰어났다. 갸름한 얼굴에 이목구비가 가지런해서 어린 내 눈에도 영화배우 같다고 생각했을 정도였다. 게다가 큰집은 우리 집에 비해 부자였다. 아직도 숙모를 연상하면 병풍을 두른 널따란 안방에 철따라 고운 한복을 입고 우아하게 앉아계시는 모습이다. 그렇게 화려하던 젊은 날은 일장춘몽인가! 그렇게 아름답던 한 여인이 여기 쓸쓸하게 조락해가고 있는 것이다. 문득 숙모 얼굴 위로 어머니 얼굴이 겹쳐진다. 어쩜 여기 고향을 떠나지 않고 살았다면 어머니 모습도 숙모와 별반 다르지 않으리라.

어머니께선 여기에서 50리쯤 되는 안동 권 씨 집안에서 이곳으로 시집을 오셨다. 외갓집은 조상대대로 양반가문에다 부유한 집안이었다. 그러다가 이곳 가난한 집으로 시집을 와선 고생을 많이 하셨다. 내가 기억하는 옛날 어머니 모습은 언제나 땀을 흘리며 앞치마를 두른 모습이다. 반면에 큰집은 집도 큰데다 집안에 머슴과 하녀들까지 거느리고 있었다. 어린 눈에도 숙모와 어머니는 숫제 뿌리와 출신이 다른 듯 보였다. 그런데 어느 날 아버지께선 큰 도시로 나가야 아이들 교육을 제대로 시킬 수가 있다며 쌀 한 말을 등에 지고 고향을 떠나셨다고 한다. 생각해보면, 아버지의 이 무모한 용기와 결단 덕분에 우리 형제들은 도시에서 학교를 다녔고, 결국 도시 사람이 된 것이다.

평온한 울타리 안에 있던 어린 양들이 갑자기 야수들이 우글거리는 들판에 내던져진 격이다. 하지만 그 치열한 생존 경쟁터에서 살아남으려고 바동거리다보니 모가 깎이고 연마되어 오늘의 우리가 있는 것이다.

도시에 와서 10여 년도 안 되어 아버지께서 공장장으로 있던 회사가 부도가 나고 아버지께선 급기야 고혈압으로 쓰러지셨다. 결국 투병생활을 하다가 우리들만을 험난한 세상에 남겨두고 먼저 저 세상으로 가셨다. 그러니 어머니께선 5남매를 키우고 교육시키느라 안 해 본 일이 없으시다. 자식들만은 제대로 공부를 시키고 가난을 세습시키고 싶지 않다는 어머니의 한恨 같은 결단과 꿈이 있었던 것이다. 그리곤 한 세월이 훌쩍 흐른 지금, 어머니께선 여유로운 노후를 즐기며 살고 계신다. 세상에서 당신이 가장 행복하다고 생각하는 탓에 마음도 얼굴도 팽팽하고 몸도 건강하시다. 남편 뒤에 숨어있는 아낙네가 아니라 몸소 세상과 부딪치며 열심히 살아온 결과다. 젊은 날, 그렇게 귀부인처럼 살다가 지금은 쓸쓸히 조락해가고 있는 큰집 숙모의 모습과는 대조적이다. 세상에 무슨 숟가락을 들고 태어나는 것이 중요한 게 아니라 어떻게 살아가는가가 더 중요한 게다. 남들 눈에 무모하게 보일 만큼의 야심과 억척같은 도전, 부모님의 그 뚝심과 용기가 나의 뿌리, 내가 받은 DNA유산이다.

하지만 가만히 생각해보면 어머니와 우리가 걸어온 길이 꼭 좋은 길일까 하는 생각도 든다. 평화롭고 살가운 둥지를 떠나 살벌한 전쟁터에서 새우잠을 자며 너무 먼 길, 힘든 길을 에돌아 여기까지 왔으니 말이다. 어쩜 여기서 조용히 고향을 지키며 오순도순 피붙이들과 정을 나누며 한 생을 보낸 큰집 숙모가 더 여유롭고 멋진 인생을 사신 분인지도 모른다. 어차피 이승을 떠날 때는 한 줌의 흙으로 돌아갈 것을 말이다.

큰집을 나와 성철스님 기념관으로 발길을 돌린다. 협천 이씨峽川李氏 가문이 옹기종기 모여 살던 내 고향 묵곡 마을. 우리 할머니 댁은 성철스님 생가 바로 옆집이었고, 그 옆집이 큰집 삼촌댁이었다. 그 옛날 큰집 숙모의 모습처럼 우아한 자목련이 기념관 입구에서 우리를 반긴다. 그 뒤쪽으로 수줍은 듯 서 있는 소담한 백목련은 그 시절 우리 어머닐 닮았다. 내가 태어난 곳 구석구석, 내 유년시절의 추억이 보물찾기 쪽지처럼 숨어있다. 오늘처럼 마음의 준비도 없이 불쑥 찾기엔 차마 불경不敬스러운 마음까지 드는 나의 뿌리, 원점原點인 것이다.

막내 고모와 삼촌까지 결혼을 하자 우리 집은 일찍이 도시로 이사를 했다. 친지들이 살던 고향 전체가 성철스님 기념관 부지 안으로 들어가면서 큰집은 기념관 옆쪽으로 이사를 했다. 비록 우리 집은 없어졌지만 이곳은 내 영혼의 뿌리다. 세상 파도에 정신없이 허우적거릴 때도 내 영혼의 배는 언제나 여기에 닻을 내렸다. '수구초심首丘初心'이라고 집하나 없이 떠돌던 들짐승들도 죽을 땐 자기가 태어난 쪽을 보며 누워 눈을 감는다고 하지 않던가. 고향은 일생 우리 모두가 그리워하며 해바라기하는 어머니의 자궁이요, 원점인 것이다.

기념관 안뜰에는 벚꽃, 살구꽃, 앵두꽃, 이제 푸른 잎이 초롱초롱

나기 시작하는 개나리가 다투어 봄의 향연을 펼치고 있다. 입구 안내소에 들르니 이곳에서 발간되는 월간지 「고경古鏡」이란 잡지를 준다. '항상 맑은 거울로 오늘을 비추는 거울'이란 뜻이다. 스님은 가셨지만 그분의 가르침과 말씀의 향기를 전하고자 이렇게 잡지까지 편찬되고 있는 것이다. 세삼 우리 뿌리, 핏줄이 자랑스럽다.

10년이면 강산도 변한다고 했던가. 기념관 앞 우리가 멱 감던 실개천, 논에 물을 대던 봇도랑은 흔적만 남아있다. 친구들이랑 진달래 따먹던 뒷동산은 고속도로가 사정없이 훑고 지나가버렸고, 커다란 괴물물고기가 살고 있다는 전설이 서려있는 못이 있던 옆 동산도 터널로 뻥 뚫려있다. 내 유년의 꿈도 분분이 흩어진 게다.

우리 집 터로 추정되는 곳은 성철스님의 생가 모습을 복원해둔 맨 뒤쪽 건물이다. 해인사 백련암에서 스님께서 쓰셨던 갓이며 책상과 나무의자가 더없이 살갑다. 금방이라도 너희들 왔느냐며 스님께서 나오실 것만 같다. 주인의 혼과 정령이 서려서인지 저 유품들마저 정진하고 있는 듯, 성스럽게 보인다.

툇마루에 앉아본다. 노을이 붉게 물들어가고 있는 저녁. 인생의 저물녘에 나는 여기 원점에 돌아와 앉아있다. 고향을 떠나 야무진 꿈을 좇아 이리 뛰고 저리 뛰며 아등바등 살아온 날들! 효모를 넣은 밀가루반죽처럼 부풀은 욕망으로 신기루 같은 물질과 명예를 따라 달려온 한 생生이다. 저기 텅 빈 의자처럼 나도 곧 떠날 텐데 말이다. 성철스님과 한 뿌리인데 나는 아홉에 열을 채우려고 바동거리며 살아왔고, 스님은 가장 낮은 자리에서 빈손으로 사시다가 홀연히 떠나셨다.

그런데 그분은 후손들의 영혼의 양식을 남기고 가셔서 오늘도 이렇게 추모객이 모여들고 있는 것이다.

거울에 나를 비추어본다. 쪼그라지고 볼품없이 고향에 돌아온 모습. 허상에 사로잡혀 가시덤불 속에 빠져 허우적거리다가 생채기가 나서 돌아온 탕자의 모습이다. 하지만 이제라도 '고경古鏡'에 나를 비추어볼 수 있으니 나의 뿌리, 성철스님 할아버지께 감사할 따름이다.

백조의 첫나들이

졸업 40주년 기념으로 여고동창들과의 여행을 떠난다. 35년간의 지루한 교직의 멍에를 벗은 후, 백조친구들과의 첫 나들이다. 여행은 인생의 휴식이요, 쉼표다. 목구멍까지 숨이 차서 달려온 내 인생에 오늘은 또 다른 의미의 큰 숨표 하나를 찍는다. 평생 빨리빨리를 외치며 달려온 나로선 아직 겉모습만 백조다. 하지만 살아온 삶이 억울해서라도, 이번엔 이들 백조무리에 들어가 진짜 백조가 되어볼 참이다.

이제 귀밑머리가 하얀 할머니들이지만 동창들끼리 모이면 세월의 시계바늘을 거꾸로 돌린다. 40년을 훌쩍 거슬러 말씨까지도 여고시절로 돌아간다. 버스에 타자마자 김밥부터 떡, 과일, 과자 등의 먹거리공세가 시작된다. 백조들 무리에선 훈훈한 정을 주는 것도 경쟁인지, 서로 뒤질세라 빨랑카로 내는 음식들이다.

버스 출발이 예정보다 늦다. 한 친구가 오지 않아 끝까지 기다려서 늦게 출발한 것이다. 공직생활의 습관이 몸에 배어있는 나로선 이해가 되지 않는다. 사적私的인 일로 단체에 해害가 가는 행동을 하다니……. 이것 역시 백조들의 특징이라면 기꺼이 받아들여야 하는 것인가. 동동걸음 치며 살아온 세월의 흔적을 DEL키로 지운다. 나도 이젠 백조답게 느릿느릿 늑장도 부려봐야 할까 보다.

동해안을 따라 버스는 끝없이 달린다. 푸르른 들판과 바다, 지평선 저 멀리서 솔솔 불어오는 봄바람이 백조들의 가슴을 두둥실 뜨게 한다. 시간에 멱살 잡혀 살아온 세월이 뼛속까지 문신으로 박혔던가. 백조가 된 지 두 달이 되었건만, 나는 몸도 마음도 결코 한가롭지 않았다. 시간이 많아 온갖 세상사에 참견을 하다 보니 몸이 바쁘고, 시간이 남아 여유로워도 어쩐지 불안했다. 이렇게 놀아도 되는 건지. 놀아도 입에 밥이 들어가고 어김없이 달마다 연금이 나오니 신기할 따름이다. 하지만, 내가 직장엘 가지 않아도 세상이 잘 돌아가는 게 서운하기도 하다. 내가 죽어 세상에서 사라져도 이 세상은 변함없이 팽팽 돌아갈 걸 생각하면 괜히 서글퍼진다. 백수도 체질을 타고 나야 되나보다.

이성적 동물로서 인간이 동물과 다른 게 오늘과는 다른 내일을 위해 뭔가를 배우고 미래를 위한 문화를 만들어가는 것일진대, 본능에 충실하게 먹고 놀고 자면서 하루하루를 때우며 살아도 된단 말인가. 배가 불러도 뭔가 허기가 진다. 백조가 되고 파도 결코 속까지 백조가 될 수 없는 미운 오리새끼의 슬픔인 게다.

버스 안은 시종일관 재잘대는 할머니들의 이야기 소리에 잠시도 눈을 붙일 수가 없다. 저렇게도 반갑고 살가운 이들인가! 동기들의 소곤대는 소리에 부러움마저 일렁거린다. 1년에 한두 번씩 정기모임에만 얼굴을 보이던 나는 어쩔 수 없이 백조들 속의 미운 오리새끼인 게다. 여고시절, 부유한 집 아이들 사이에 끼여 눈치를 보며 앉아있던 나의 모습이다. 그렇게 긴 세월이 지나서도 그 틈을 메우지 못했다니 한심한 노릇이 아닌가 말이다.

여고시절 나는 무척 힘든 나날을 보냈다. 아버지의 실직으로 가정형편이 어려워 학생 과외를 했던 것이다. 도시락을 싸서 학교에 오는 친구들, 부모를 잘 만나 호강을 하는 친구들이 그렇게 부러울 수가 없었다. 그러면서도 결코 저버릴 수 없는 꿈이 있었다. 교사이자 작가가 되는 꿈, 전 세계를 딸아이를 데리고 여행을 하는 꿈, 바다가 보이는 언덕 위에 큰 집을 짓고 까만 세단차로 아이들을 등교시키는 꿈 등이다. 이러한 꿈의 씨앗은 내가 휘청거릴 때마다 나를 부추기고 일으키는 불씨가 되었다.

과연 나는 열심히 살았고 한恨 같은 꿈의 퍼즐을 하나씩 찾아냈다. 어쩜 사람들이 가슴에 품은 꿈을 이루지 못하는 것은 나처럼 한恨이 없기 때문이 아닐까? 아등바등 살아온 덕에 나는 대학시절부터 오늘날까지 경제에 대한 개념이 없이 잘 살고 있다. 어차피 이승을 떠날 땐 빈손으로 갈 터, 눈높이를 낮추어 내가 행복할 수 있는 만큼의 돈이면 족하기 때문이다.

나이 오십이면 모든 것에 평준화라고 했던가. 잘난 사람과 못난 사람, 배운 이와 못 배운 이의 구별이 없어지는 건 물론, 가진 자와 못 가진 자에 대한 차별 또한 사라진다고들 한다. 하물며 곧 회갑을 맞이할 우리에게 더 귀한 것이 무엇이 있으랴. 곁에 있으면 그 자체로 편하고 행복한 벗! 그로써 족하지 않으랴.

여고시절 그렇게 싱그럽고 아름답던 얼굴들도 긴 세월 앞에선 모두들 풍상을 겪은 바위 모습이다. 모가 난 것도 깎이고 울퉁불퉁하던 모습도 다듬어져 둥글둥글하다. 부모덕에 목과 어깨에 깁스를 하고 건들거리던 친구들도, SKY대학 간판을 상표처럼 이마에 달고 우쭐대던 친구들도, 이젠 모두 소박하고 정겨운 소시민의 모습이다. 다만 지금 얼마나 생기 차게, 삶의 의미를 느끼며, 자기만족을 하며 살아가고 있는지가 중요할 뿐이다. 그러니 나를 주눅 들게 하는 건 이 친구들이 아니라, 바로 내 안의 자격지심과 그 회색빛 기억들인 게다.

오늘 저녁은 여행일정의 마지막 하이라이트, 크루즈 선상 파티다. 서울에서 참석한 친구들은 여행일정을 알아서인지 우아한 모습의 정장을 갖추어 입고 나타난다. 설악산을 간다고 하니 당연히 산책하기에 편한 복장을 하고 온 나로선 당혹스럽다. 언젠가 북유럽 여행을 갔을 때 한 실수가 떠올라서다. 오늘처럼 크루즈를 타고 밤에 나이트를 갔는데 드레스를 입고 하이힐을 신고 우아하게 춤을 추는 커플들 속을 누비며 우리는 무지랭이 종족인양 청바지차림으로 춤을 추었던 것이다. 상황에 맞추어 의상과 몸가짐을 갖추어야 하는 것! 나이든 백조가 갖추어야 하는 또 하나의 예절인 게다.

식사를 하고 와인이 돈다. 그리곤 특별 이벤트로 마술과 춤과 노래가 이어지더니 드디어 우리들 무대가 시작된다. 학창시절부터 끼가 있어 노래를 잘 뽑던 친구들이 서슴지 않고 무대에 선다. 분위기는 농주가 발효되어가듯 익어가고 모두가 하나가 되어 어깨동무를 하고 춤을 춘다. 우린 피붙이보다 훈훈한 정을 나누는 백조친구인 게다.

마지막 깜짝이벤트! 사회자가 우리 모두를 갑판 위로 불러낸다. 문득 하늘을 보니, 눈썹 같은 초승달이 달무리 속에서 웃고 있다. 아스라한 우리들의 작은 꿈이 하늘에 떠 있는 게다. 크루즈의 사장이란 분이 직접 나와, 이미 사그라져 재가 되어버린 우리들 꿈에 불을 지핀다. '지금이라도 꿈을 꾸자!' '꿈은 꼭 이루어진다!'라고 격려를 한다. 그리고는 하나, 둘, 우리의 구호에 맞추어 화려한 불꽃쇼가 하늘에 펼쳐진다. 폭죽소리와 함께 하늘에서 눈부시게 산화되어 우리들 머리 위로 떨어지는 불꽃! 어쩜 저 불꽃의 파편들은 우리들의 꿈의 조각들, 이제껏 가슴 속에 삭이며 채 이루지 못한 희망과 바램의 조각인지도 모른다.

지금 하늘 아래엔 가진 이, 못 가진 이의 구별이 없다. 잘난 이, 못난이의 차별도 없다. 우리 모두는 작은 연緣 하나 붙잡고 남은 세월 삭여가는 백조 친구들이다.

내 작은 꿈 하나가 막 이루어졌다고 축하하는 폭죽! 이 밤, 나는 드디어 이들과 함께 참 백조가 된 것이다.

국수 한 그릇

비가 부슬부슬 내린다. 겨울을 마감하며 봄을 재촉하는 비다. 그저께 세상을 하직한 사돈의 눈물인가? 라면 하나를 끓여 수저를 드는데 자꾸 눈에 김이 서린다. 산 사람은 이렇게 라면을 감아올리며 생을 연장해야하는 것. 라면이 퉁퉁 불어 국수처럼 미끈해진 가락을 꾸역꾸역 감아올린다.

바깥사돈인 딸내미 시아버지께서 간암 판정을 받은 건 채 1년도 안 된다. 작년 이맘때 함께 식사를 하는 자리에서도 아주 건강하고 밝은 얼굴로 내 생일을 축하해주시던 분이셨다. 삼남매를 건장하게 키우느라 등이 휘어져도 언제나 밝은 성품에 그늘진 얼굴을 하신 적이 없던 분이라고 한다. 하지만 세월은 거짓말을 안 하는 것! 맨몸으로 세월에 부대끼며 살아온 뼛속 상흔傷痕이 이제 몸의 곳곳에서 나타나는 것이리라.

종합검진을 하다가 사돈은 간암 2기로 판정이 났다. 하지만 본인도 우리도 곧 완쾌되리라 생각했다. 일생을 선하게 성실하게 살아온 사람에 대한 하늘의 배려를 의심치 않았던 것이다. 항암치료를 하면서도 전혀 고통도 없었고, 되레 삶에 대한 의욕과 생기가 넘쳐흘렀다. 그러던 분이 불과 3개월 전, 병원에 다시 입원해선 고통과의 전면전이 시작된 것이다. 이미 암세포가 다른 장기로 전이된 데다가 여러 합병증까지 겹쳐 막바지엔 소화를 시킬 수 없어 미음 링거를 맞으며 생명을 연장해야 했다. 그분이 누워서 하신 말이 지금도 가슴에 응어리져 꿈틀거린다. "국수 한 그릇 시원하게 말아서 먹었으면 원도 없겠다!"

입은 성한데 음식을 안 주니 얼마나 괴로웠으랴. 고문 중에 잠을 안 재우는 것도 괴롭다는 말은 들었지만, 사지가 멀쩡하고 입맛도 그대로인데 음식을 주지 않는 것만큼 심한 고통이 어디 있으랴. 간병을 하던 딸아이 말로는 국수를 드시고 싶을 때면 국수레시피를 읊조리셨다고 한다. 멸치를 넣고 시원한 다싯물을 우려내는 것부터 시작해서 국수를 삶아 찬물로 씻고 그 위에 가지가지 고명을 얹는 것까지를 찬찬히 읊조리시는 모습! 생각만 해도 눈시울이 젖어든다. 결혼 3년 동안 맏며느리로서 시원한 국수 한 그릇을 제대로 만들어올리지 못한 딸아이는 연신 눈물을 떨군다.

마지막 이승을 마감하며 세상에서 드시고 싶은 것이 고기도 생선도 산해진미도 아닌 것이, 고작 국수 한 그릇을 시원하게 말아 드시고 싶었단다. 보릿고개를 겪으며 어린 시절부터 싫건 좋건 먹어야 했던 게 국수가 아니었을까. 단내 나는 시절, 우리 서민들의 대표주식이 국수였으니 말이다. 어쩜 사돈은 국수가 그리운 게 아니라 소박하지만 국수를 삶아 나누어 먹던 그 시절, 함께 국수를 먹던 이들의 훈훈한 정이 그리웠는지도 모를 일이다. 그리고 국수를 먹으면서도 풋풋한 꿈이 있어 거침없이 하늘을 날 것 같던 생기발랄하던 그 젊은 날이 그리웠을 터이다.

생각해 보면, 사돈의 인품은 언제 대해도 부담이 없고 자꾸 찾게 되는 시골국수를 닮으셨다. 나처럼 일생의 목표를 화려한 감투나 내 욕심을 채우려 발버둥친 게 아니라 이웃과 잘 어울리며 놀고, 자식들 반듯하게고 잘 키우며, 부부가 백년해로하는 걸 행복으로 삼으셨던 것이다. 언젠가 면회를 하고 나오는데 환자의 얼굴에 사색이 짙은지라 안사돈의 어깨를 만지며 위로를 드렸더니, “내가 복이 없어서 그렇지요.”라고 하셨다. 순간, 가슴에 덜컹 돌멩이 하나가 박히는 것 같았다. 칠순이 되어 이별하는 남편을 저토록 애통해하며 자신이 복이 없어 그렇다고 가슴을 치시니 말이다. 별일 아닌 걸로 날마다 티격태격하는 우리 부부! 화가 날 때마다 둘 중 하나가 먼저 가는 게 복이라고 생각하던 나로선 사돈의 말씀 한마디가 두고두고 죽비처럼 나를 내리치는 것이었다.

국수는 서민음식이다. 경제적인 이유도 있지만 반찬 없는 밥보단 우선 목에 잘 넘어간다. 세상살이가 국수 한 그릇을 먹듯 술술 잘 풀리면 얼마나 좋을까. 하지만 국수 한 그릇의 맛은 천차만별이다. 생활수준에 따라서도 다르며 요리를 하는 이의 정성에 따라서도 그 맛이 다르다. 다시국물의 종류도 다르거니와 그 재료와 고명도 제각각이다. 보릿고개를 겨우 넘기는 서민들은 국수에 양념장 한술을 넣어 끼니를 때우지만, 부잣집 잔치국수에는 갖은 재료가 들어가고 보기에도 우아한 때깔이 난다.

어쩜 부부란 맛있는 국수 한 그릇을 만들어 오순도순 먹으며 한 생을 살아가는 벗인지도 모를 일이다. 국수는 대충 장만하면 그 맛이 밋밋하지만 정성을 들일수록 풍미가 깊어지기 때문이다. 시도 때도 없이 불어닥치는 북풍과 세파에도 대물림 받은 가문의 장맛 같은 그윽한 정을 서로 잃지 않도록 정성을 들여야 하고, 세월 따라 아들딸을 낳고 새 식구를 불리며 날로 새로운 고명을 얹어 맛깔스런 새 국수를 말아야 한다. 때로는 서로가 서로에게 지겹지 않도록 손수 맛깔스런 고명이 되어주고 장식도 되어주는 짝! 이 매력적인 부부며 얼마나 맛있는 삶이 될까 말이다.

우리네 한 생生 역시 국수 한 그릇 제대로 말아먹고 가는 게 아닐까? 세상이란 커다란 그릇에 나라는 존재가 빚어내는 맛국물에 따라 국수 맛은 달라질 터. 거기다가 옷깃을 스친 인연이 고명이 되고 내가 맞닥뜨린 세상사 모든 게 양념이 될 테니 말이다. 하지만 자신이 느끼는 포만감과 맛은 오로지 자신의 몫이다. 빈촌에서 태어나 간장국수를 먹고 자란 나로선 그 담백한 맛이 곧 행복이고 고향의 맛이다. 그런데 언젠가부터 나의 국수그릇에도 하나씩 고명이 늘어나더니 이젠 화려한 고명들로 장식까지 하게 되었다. 하지만 국수 위에 얹는 고명이 많아지면 그 맛이 탁해지는 법! 아마 사돈처럼 이승을 떠날 때는 나도 시원한 고향국수 한 그릇을 그리워하리라.

문득 어느 시인의 글이 봄비 속에 들린다.

사는 일은
밥처럼 물리지 않는 것이라지만
때로는 허름한 식당에서
어머니 같은 여자가 끓여주는
국수가 먹고 싶다
… (중략) …
세상은 큰 잔칫집 같아도
어느 곳에선가
늘 울고 싶은 사람들이 있어

마음의 문들은 닫히고
어둠이 허기 같은 저녁
눈물자국 때문에
속이 훤히 들여다보이는 사람들과
따뜻한 국수가 먹고 싶다.*

세상을 떠나신 사돈이랑 따끈한 국수 한 그릇을 하고픈 밤이다.

* 이상국 시 「국수가 먹고 싶다」 중에서

외투

흰 눈이 소복이 내렸다. 올해의 첫 눈이다. 연륜이 배인 외투를 입고, 목엔 체크빛 머플러를 친친 감고 집을 나선다. 주머니 속에 종이 한 장이 잡힌다. 첫눈 내리는 날 건네려던 첫사랑의 연서가 아직도 귀가 닳은 채 주머니 속에서 자고 있다. 어쩐지 오늘은 그리운 이를 만날 것만 같다.

나는 바바리코트와 외투를 좋아한다. 가을엔 갈색 바바리코트를 입고 낙엽 흩날리는 포도 위를 걷기를 좋아한다. 하지만 겨울은 외투의 계절이다. 넉넉한 외투를 입고 거기다가 목엔 포근한 울 머플러를 감고 머리에 모자라도 하나 눌러쓰면 완전무장이다. 하얀 거리엔 외투를 입은 사람들이 증기선처럼 뽀얀 입김을 날리며 종종걸음을 친다. 애완견조차 앙증스런 외투를 입고 뛰어다는 걸 보면 외투를 입어야 겨울이 오는 게다.

외투는 사랑과 낭만을 품고 다닌다. 품이 넉넉하고 깊은 포켓에 간밤에 읽은 시구를 적은 쪽지도 들어있고, 디제이(disk jockey)가 있는 카페에서 신청할 곡명을 적은 메모지도 고이 접혀 있다. 어디 그뿐이랴. 누군가를 위해 따스한 군밤을 사서 넣기도 하고, 연인에게 줄 손수건이며 머리핀을 넣어두기도 한다. 외투 주머니는 사랑과 정을 안고 다녀 더욱 훈훈한 옷인가 보다.

따뜻하고 넉넉한 외투를 입으면 세상 칼바람을 막아주는 단단한 바람막이를 걸친 것 같다. 바깥세상이 아무리 춥고 매워도 넉넉한 어머니 품에 안긴 듯 포근하고 행복하다. 추운 겨울, 벽난로 아래서 함박눈 내리는 창밖을 내다보듯 흐뭇하고 평화롭다. 몸이 따뜻하니 마음에 여유도 생긴다. 길거리에서 군고구마를 파는 아저씨가 입은 옷이 너무 얇지 않은가 신경이 쓰이고, 재래시장에 앉아 야채를 파는 할머니의 꽁꽁 언 손등이 자꾸 눈에 들어온다. 그러다간 화려한 네온사인 간판을 올려다보며 휘파람도 불어본다.

패션에도 유행이 있듯이 외투도 유행을 탄다. 대학시절엔 허리가 잘록하고 무릎 밑까지 오는, 몸이 날씬하게 보이는 코트가 유행했다. 언젠가는 발목까지 치렁치렁 내려와 마치 담요로 몸을 감싼 것 같은 차림새의 롱코트가 유행했다. 그런가 하면, 허리나 엉덩이를 겨우 덮는 삼빡한 가죽코트나 모피코트가 유행하기도 했다. 하지만 나는 유행과 관계없이 넉넉하고 길이가 긴 모직코트를 즐겨 입는다. 외투란 것이 따스하게 몸을 감싸고 바람막이가 되면 족하지 굳이 유행 따라 길이를 자르고 붙이고 할 필요가 있을까 하는 마음에서다. 장롱 속에 들쑥날쑥 걸려있는 외투를 들여다보고 있노라면 입가에 웃음이 새어나온다. 외투마다 입을 열어 저랑 있었던 사연을 소곤거리기 때문이다.

내가 외투를 좋아하는 이유는 특별하다. 두꺼운 옷으로 온기를 지켜주는 것도 있지만 옷 하나로 모든 걸 감싸주기 때문이다. 가난한 시절, 중학교 때 처음으로 외투가 생겼다. 어려운 살림에 생활비를 아껴 사 준 윤기가 자르르 흐르는 까만 모직코트! 깡마른 몸에 낡은 교복을 입고 언제나 마음에 한기를 느끼던 터라 외투 하나로 나 자신을 가뿐하게 포장할 수 있어 너무 행복했다. 속에 무얼 입었건, 몸의 자태가 어떠하든, 모든 걸 두루뭉술 덥고 가려주니 말이다. 이런 외투 하나로 나의 미천한 가문이나 혈통조차도 가리고 덮을 수 있다면 얼마나 좋을까 하는 생각조차 들었다.

어느 여고에 근무할 때였다. 1학년부장이면서 담임을 하고 있었는데 우리 반에서 외투 도난사건이 일어났다. 무용시간이 끝나고 돌아와 보니 코트가 무려 세 벌이나 없어진 것이다. 잃어버린 외투는 당시 학생들 코트 중에서도 가장 비싼 코트로, 맞춘 지 한 달도 안 된 옷들이었다. 세 벌이 한꺼번에 없어진 것은 필시 여러 명이 공범인 걸 직감했다. 학년부장으로서의 체면도 있거니와 학생을 바른 길로 인도해야겠다는 교육자의 소명감을 가지고 스스로 수사반장을 지원했다. 으르고 달래는 심리전과 함께 준엄한 '007 수사반장' 흉내를 내어가며 진상을 파헤친 결과, 학생 3명이 공범으로 코트를 훔친 것을 밝혀냈다. 범인으로 잡힌 학생들은 모두 결손가정으로, 찢어지게 가난한 집안의 아이들이었다. 거창하게 범죄동기 운운할 것이 없었다. 그냥 너무 추워 친구들 옷 좀 빌려 입는 마음으로 훔쳤다고 말하는 그들 앞에서 할 말을 잃은 건 되레 나였다. 죄의식 자체가 없는 학생들을 데리고 도덕심과 준법정신을 가르친다고 호령을 해보았자 그들에겐 귓전에 맴도는 매미소리였을 것이다. 시린 마음, 뼛속까지 파고드는 한기를 단번에 온기로 감쌀 수 있는 한 벌의 외투! 그것은 어릴 적 내가 그렇게 갖고 싶어 하던 바로 그 외투가 아니던가. 어쩜 그들은 매서운 삶의 현장에서 자신들을 감싸줄 따스한 사랑의 외투가 그리웠는지도 모를 일이다. 갑자기 내가 도둑질을 하다가 들킨 듯, 알몸으로 발가숭이가 된 듯, 그렇게 부끄러울 수가 없었다. 학년부장으로서의 나의 위신과 책임에만 급급했지, 스승으로서 그 동안 나는 이 아이들의 외투가 되어주질 못했던 것이다.

세상을 살아가면서 사람들은 시시때때로 다양한 외투를 갈아입는다. 핏덩이로 세상에 태어난 아기는 어머니의 품이 유일한 외투요, 바람막이다. 하등 짐승들도 본능적으로 태어난 제 새끼를 품에 안는 걸 보면 모성애는 하늘이 내린 외투인 게다. 성인이 되어 홀로서기를 하기까지 얼마나 많은 외투를 찾아 걸치는가 말이다. 배우자는 물론, 살아가면서 맞닥뜨리는 무수한 인연들이 바로 서로 따스한 외투가 될 터이다. 칼바람이 몰아치는 시베리아벌판에서 서로가 서로에게 외투가 되어주니 그래도 세상은 아직 온기가 있는 게 아닐까. 패션 유행이 바뀌어도 언제나 인류 태초의 모습 그대로의 외투, 그것이 바로 인간과 인간 사이의 사랑이 아닐까 싶다.

옷을 입는 품새는 바로 그 사람의 인격을 나타낸다. 날렵하고 몸에 꼭 맞는 옷을 즐겨 입는 사람은 대개 세련되고 깔끔한 성격이지 성품이 푸근한 사람은 드물다. 젊은 시절 나의 모습이다. 천천히 사고하고 행동하며 천천히 늙어가는 것이 오늘날의 웰빙요법이라고 한다. 여기에는 매일 흙을 밟고 고향집처럼 넉넉한 한옥에 살며, 헐렁하고 훈훈한 마음으로 누군가에게 넉넉한 외투가 되어주라는 의미까지 포함되어 있는 말일 터이다. 서로가 서로에게 넉넉한 외투가 되어주는 세상! 하느님이 보시기에도 참 좋은 세상이리라.

눈이 함박눈으로 바뀌었다. 흰 서리가 내린 머리를 하얀 눈이 가려준다. 군밤을 한 봉지 사서 외투주머니에 넣는다. 가슴까지 온기가 전해진다. 첫눈까지 내리니 오늘은 누군가 반가운 사람을 만날 것만 같다.

괴로운 데 있어
감사 숙제를
찾고. 거꾸로
보고 거꾸로
생각하면
세상이
넉넉해진다

거꾸로 보기

거꾸로 보기

KTX가 거꾸로 달린다. 나는 매주 월요일마다 부산에서 서울까지 '거꾸로여행'을 즐긴다. 역행逆行에다 패밀리 석席을 잡으면 이리저리 할인도 많이 되는데다, 재수가 좋으면 오늘처럼 테이블이 딸린 네 좌석을 혼자 차지하는 호강을 누리게 된다. 간밤에 눈이 내렸는지 순백의 설경이 동화처럼 펼쳐진다. 금방이라도 산타할아버지가 썰매를 끌고 나타날 것만 같다. 미리 앞을 내다보고 달리는 것보단 거꾸로 앉아 예측불허로 전개되는 풍광이 더 새롭다. 세상을 거꾸로 보는 묘미다.

나는 멀미를 많이 하는 편이다. 버스는 물론, 지하철이나 기차도 멀미를 하는 구제불능 체질이다. 그러니 어쩌다가 역행 석에 앉으면 쓸데없이 예민한 평형감각으로 인해 부산에서 서울까지 가는 동안 몸이 파김치가 되곤 했다. 굴러가는 기차에 몸을 맡기면 될 것을, 끝까지 깨어서 주변상황을 파악하려 하니 멀미를 하는 게다. 하지만 곰곰 생각해 보면 정방향, 역방향은 상대적인 개념으로, 인간이 편리상 정한 규칙일 따름이다. 기차는 앞으로 달려야 하고, 달리는 방향으로 앉아서 가는 게 바른 방향이라고 생각하는 것 자체가 어쩜 우리들의 고정관념일지도 모른다. 내 쪽에서 정방향이 건너편 사람에게선 역방향이기 때문이다.

이따금 세상을 거꾸로 보거나 다른 각도에서 보는 것은 참으로 재미있는 일이다. 영화 <인터스텔라>에서 본 '상대성원리'처럼 말이다. 우리가 정한 '시간'이란 것도 다른 행성에서 보면 엄청나게 빠르거나 늦을 수 있고, 지구에서의 날자나 세월이 행성에 따라 다를 수도 있는 것이다. 실제로 어떤 곤충류들은 우리가 보고 있는 형상形狀과는 다른 거꾸로 된 도립상을 본다. 그렇게 생각하면 우리가 보는 세상의 실체도 거꾸로 된 것인지도 모를 일이다.

창작에서 '거꾸로' 보고 생각하는 것은 매우 중요하다. 문학이나 예술에서 거꾸로 보고 생각하는 건 작품에 참신한 기氣를 불어넣어 작품성과 예술성을 고양시키기 때문이다. 같은 소재라도 구태의연한 시각이 아닌, '낯설게 보기'는 바로 작가의 창작능력으로서 작품 속에서 차별화된 품격으로 나타난다. 어쩜 이들의 눈으로 볼 때 죽음은 곧 생명의 시작이며, 이별 또한 또 다른 만남의 약속으로 볼 수도 있는 게다. 그런 의미에서 수도자나 성직자는 인생 자체를 거꾸로 보려고 노력하는 사람들이다. 그들은 세상의 악惡 또한 선善을 향한 몸부림으로 이해하기에 무작정 배척할 게 아니라 넉넉한 가슴으로 보듬는 것이다. 거꾸로 보고 거꾸로 생각하면 세상이 넉넉해지는 이유다.

자연도 순리를 벗어날 때 더 신비스러운 것 같다. 살을 에는 겨울에 느닷없이 내리쬐는 따사로운 햇살은 축복인 양 반갑고, 숨을 멎게 하는 한여름 폭염에 한차례 내리치는 소낙비는 더없이 시원하고 청량하다. 모험을 즐기는 여행자들은 거꾸로의 세상, 이국적인 세상을 체험하러 떠난다. 그들에게 있어 사하라사막의 뜨거운 열기와 갈증은 폭한으로 얼어붙은 고국을 생각하며 행복한 비명이 되고, 영하 20도의 살을 에는 시베리아 한기도 고국의 폭염 뉴스에 경이로운 체험으로 바뀌는 것이다. 여행은 세상을 거꾸로 보기 위해 떠나는 게다.

나의 생체리듬은 다른 사람들과는 거꾸로다. 낮에는 컴퓨터 앞에 앉아 글을 쓰려 해도 머리와 가슴이 서로 협조를 하지 않는다. 머리는 먹먹하고 생각은 제자리에서 허방만 친다. 문장 한 줄이 내려가지 않고 생미역을 잡은 듯 미끈거리기만 한다. 하지만 하루가 저물고 몸도 마음도 젓산이 농축되어 질척거리는 밤이 되면, 되레 생기가 오르고 오감의 감각세포가 살아난다. 머리카락 끝까지 신경이 통해 소재가 무엇이든 거머리처럼 스멀스멀 안으로 파고들어간다. 어쩜 나의 조상은 야행성 동물이었던 게다. 문제는 다른 사람들과 단체로 여행을 가면 나의 역행리듬으로 인해 나도 힘들고 주변인들도 힘들게 만든다. 적어도 인간그물 속에서 거꾸로 행동하는 건 아닌 듯하다.

하지만 세상을 살아가면서 한 번씩은 생각을 거꾸로 하는 게 필요한 것 같다. 모든 걸 내 중심으로 보고 달려온 레일에 잠시 숨표를 찍고, 상대편의 입장에서 보고 생각하는 것이다. 세상을 향해 날을 세우던 촉수를 말아 올리고 자기 아집의 껍질을 벗으려고 노력하는 게다. 세상을 전쟁터로 보는 시각을 거꾸로, 아름다운 눈으로 보고 세상 자체를 사랑하려는 마음밭을 가꾸는 일이다. 가족과 사회의 갈등 역시 상대의 입장에서 조금만 생각하면 삐걱거리는 톱니들을 맞추지 않을까 싶다.

'빨리 빨리'를 외치는 디지털시대에 역행해서 인생의 속도를 '슬로우slow'로 사는 아날로그 삶은 얼마나 멋진가! 디지털에는 기계 냄새가 나지만 아날로그엔 사람 향내가 난다. 이메일 대신 밤새워 손으로 편지를 쓰고, 재치로 톡톡 튀는 핸드폰 문자 메시지 대신 만나서 차를 마시며 얼굴을 마주보고 마음을 나누는 게다. 먹거리도 성급한 이들을 위해 생산된 인스턴트음식이 아니라 김치와 간장을 발효시키듯 천천히 조리해서 먹고, 초고속 엘리베이터로 거침없이 올라가는 빌딩 대신 매일 흙을 만지고 밟을 수 있는 채소밭이 딸린 한옥! 이게 바로 인생 해거름의 우리들이 누리고 싶은 아날로그 삶이 아니겠는가 말이다.

거꾸로 가는 것 중에서 세월을 거꾸로, 나이를 거꾸로 먹는 것만큼 복된 것이 있을까? 그런 의미에서 나는 '늙으면 어린애가 된다.'는 말을 좋아한다. 아이처럼 철이 없어지는 것도 좋고, 본능에 충실하고 단순해지는 것도 좋다. 그런데 정작 거울을 들여다보니 내 모습이 측은하다. 데이터에 부하가 걸릴 만큼 많은 걸 생각하느라 머리엔 이제 하얗게 서리가 내리고, 세월의 상흔으로 얼굴엔 잔주름이 골골이 패었다. 정신없이 가시밭길 달려오느라 온몸은 상처투성이고 손발에선

진물이 흐른다. 하지만 머리카락이 억새처럼 하얗게 세고, 할미꽃처럼 등이 꾸부정하게 될지언정 마음 하나만은 풋풋한 소녀로 남고 싶다. 나를 아프게 한 사람도, 내가 상처를 입힌 사람도 DEL키로 말끔히 지우고 싶다. 조물주에게서 처음 받은 하얀 백지 위에 나의 비망록을 새로이 곱게 써나가고 싶은 게다.

종착역이 가까워지고 있다. 이 밤, 나는 신비로운 '거꾸로 여행' 속으로 빠져든다. 거꾸로 앉아, 거꾸로 보고 생각하니 모든 게 새롭고 행복하다.

주문呪文

새까만 어둠 속으로 차를 몬다. 가드레일에 달린 등불이 구불구불한 도로를 따라 이어진다. 동화 속의 '은하철도 999'를 달리는 것 같다. 영원히 끝이 나질 않을 것만 같은 길, 어쩜 이 길이 저승의 길로 바로 연결되는 것은 아닐까? 오른쪽 백미러는 친친 테이프를 감아 접혀져있고, 구멍 난 앞 범퍼에선 쇳소리가 윙윙거린다. 주인을 잘못 만나 만신창이가 된 자가용의 앓는 소리에 가슴이 쓰린다.

매달 둘째 주말은 사업상 행사로 경주엘 간다. 행사장이 불국사 곁 호텔이라 그런지 이날은 일상을 떠나 피정을 가는 기분이 든다. 봄이면 벚꽃비가 차창 안으로 쏟아져 들어오고, 가을엔 곱게 물든 단풍이 오색향연을 펼친다. 하지만 난 지금처럼 겨울의 경주도 좋아한다. 삭풍이 몰아쳐 꽁꽁 언 보문단지는 조신하게 꽃눈을 안고 자신을 다스리고, 몸피가 가벼워진 나무들을 품에 안고 깊은 침묵 속에 휴식을 취하는 토함산이 더없이 여유롭고 평화롭다. 이따금씩 밥을 짓느라 굴뚝에서 나오는 연기며 낙엽 태우는 냄새는 고향에 온 듯 마음이 눅눅해진다. 겨울은 죽은 것이 아니라, 자연이나 사람이나 모두 자신을 다독이고 기氣를 재충전하는 쉼표인 게다.

아침에 경주를 가는데 고속도로에서 사고가 났다. 남편이 운전을 하고 나는 조수석에 앉아 있었다. 갑자기 도로에 떨어진 커다란 각목을 앞차가 들이받더니, 그것이 하늘로 치솟다가 우리 차를 덮친 것이다. 앗! 소릴 지를 여유도 없이 각목은 우리 차 앞 범퍼를 들이받고 오른쪽 백미러를 사정없이 부숴버렸다. 순간, 나 때문에 사고가 난 듯해서 나는 숨조차 쉴 수가 없었다. 이렇게 사고가 나고 사람이 죽을 수도 있구나! 시간이 지날수록 그 순간의 충격은 죽비로 가슴을 치는 것이었다.

집에서 나오면서부터 남편과 사소한 일로 실랑이를 벌였다. 나이가 들면서 자꾸 잔소리가 늘고 신경질을 부리는 남편이 못내 불만이었던 게다. 생각해 보면, 손뼉도 마주쳐야 소리가 나는 것. 나 역시 요즘엔 자꾸 짜증이 난다. 무얼 위해 아직도 동동거리며 사는가 싶기도 하고, 일생을 허송세월한 것 같아서다. 아마 세모를 보내며 해마다 앓는 가벼운 우울증일 수도 있으리라.

고속도로를 진입하면서부터 다시 실랑이가 시작되었다. 차선을 잘못타서 위험하게 고속도로로 진입하는 것부터 시작, 톨게이트에선 하이패스도 장착하지 않은 차를 하이패스차선으로 지나와버리는 남편에게 화가 났다. 컨디션이 안 좋은 것 같으면 운전은 내가 하겠다고 제안한 것이 화근이 되었다. 남편으로 봐서는 아내란 사람이 이제 운전하는 것까지 인정을 안 해준다고 생각한지도 모를 일이다. 더구나 동승자가 뒤에 앉아 있는데 말이다.

갑자기 운전이 거칠어지며 가속도가 붙기 시작했다. 마치 드라마에서 주인공이 사고를 내기 직전의 극적 장면이 연출된 것이었다. 뒤에 앉은 사장님은 차마 말은 못하고 손잡이를 꼭 잡고 있고, 나 역시 불안한 마음에 심장이 콩닥거렸다. 그 순간, 우리가 드라마의 진짜 주인공이 된 듯한 착각이 들기 시작, 나도 몰래 주문을 걸기 시작했다. '그래! 실컷 페달을 밟아라! 죽기밖에 더하겠냐? 사고가 나야 드라마가 끝이 나지.'라고 주문을 건지 불과 10분도 안되어 그 사고가 난 것이다.

십자가 아래서 하느님께 드리는 말이 기도라면, 간절한 바람을 자기 마음속으로 읊는 건 주문이 아닐까? 생각해 보니, 나는 기도만큼 주문을 곧잘 왼 것 같다. 그리고 그 주문은 언제나 효력을 발생했다. 무엇이든 프로가 되려면 극한 상황으로 자신을 몰아붙이라고 했던가. 어릴 적부터 잡초처럼 맨땅에 뿌리를 내려야했던 나로선 언제나 벼랑 위에 선 마음으로 나를 격려하는 주문을 외었던 것 같다. 아마도 위기 상황에서 간절하게 내가 왼 주문은 나를 지키는 마술이었던 셈이다. 대개 내가 왼 주문은 나와 내 가족, 혹은 나와 인연을 맺고 사는 이들을 위한 주문이었던 것 같다.

문득, 한 때 전 세계를 강타했던 론다 번의 저서, 『시크릿The Secret』이란 책이 생각난다. '자신이 원하는 것, 생각하는 것들은 자기磁氣신호를 전송하여 우주로 날아갔다가 끌어당김의 법칙으로 그와 유사한 것들이 되돌아오게 한다. 그러니 인생을 바꾸고 싶다면, 생각을 바꿔서 주파수와 채널을 바꿔라.'라는 요지의 책이다. 희망적이고 좋은 생각을 많이 하면 꿈도 이루어질 뿐 아니라 인생이 밝아지고, 비관적이고 나쁜 생각을 많이 하면 언젠간 어두운 날이 기다리고 있다는 무서운 말인 게다.

곰곰 생각해 보면, 나는 항상 무조건 잘될 것이라고 믿고 그런 전파를 은밀히 띄우며 살아왔다. 무작정 나를 격려하고 막무가내로 나를 밀어붙이며 말이다. 숨이 턱에 닿아 죽을 것 같아도, 숨표 하나 없는 내 삶의 악보는 나를 채근하고 몰아댔다. 하지만 어디를 향해 달리는지도 모른 채, 아직도 나는 달려가고 있다. 내 삶의 종점은 과연 어디일까? 이렇게 정신없이 달리다가 무심코 내가 띄운 주문으로 다치거나 아프게 한 사람은 없을까? 내 것도 아닌 것을 주문을 걸어 뺏은 것도 있을 터이고, 나의 마술로 자신의 자리를 빼앗기고 일생을 음지에서 산 사람도 없지 않을 테니 말이다.

이웃은 아랑곳하지 않고 오로지 자신만을 챙기며 달려온 사람을 세상은 아직도 '꿈을 이룬 자'라고 박수를 보내고 있다. 모두들 자신에게 유리한 전파만을 보내면 세상은 어떻게 될까? 필시 전파는 얽혀서 버그를 일으킬 테다. 생각한대로 정말 이루어진다면 모두들 자신만 일등하라고 염원할 게 아니라, 조금씩은 이웃이나 나 아닌 다른 사람을 위해 빌어준다면 세상은 얼마나 넉넉해질까? 자기나라만을 위해서가 아니라 아직도 기아와 전쟁으로 허덕이는 이웃나라를 위해 주문을 왼다면 세상은 얼마나 평화로워질까 말이다.

출발할 때 조금씩 색색거리던 자동차는 속도를 낼수록 신음소리가 커진다. 이젠 신음소리가 아니라, 슬피 운다. 쇳소리 같은 비명소리도 들리고, 나직한 곡소리도 들린다. 뻥 뚫린 가슴에 얼마나 세찬 바람이 들어서일까? 차가 아니라 내가 아프다. 주문을 걸어 다친 게 자동차가 아니라, 바로 나인 게다. 순간을 다스리지 못하고 좌충우돌 살아온 내 삶이 통째로 앓고 있음이리라.

이제 맨몸으로 진눈개비를 맞으며 차는 정처 없이 가고 있다. 한쪽 귀를 도려내고 가슴에 구멍이 뚫린 채, 끝도 없는 어둠의 은하철도를 달리고 달려야 한다. 내일 밝은 태양이 우리를 기다리고 있을 거란 주문을 나는 차마 걸지 못한다. 차가 아니라 내가 아파서다.

텃세 부리기

얼굴이 화끈거린다. 나이 탓인지 요즘 들어 이런 실수를 자주 한다. 하지만 남의 자리에 앉아서 감히 자리 텃세까지 부리다니. 이건 내 자존심이 용납하지 않는다. 차라리 쪼글쪼글한 할미 얼굴이라도 하고 있었으면 동정이나 받을 텐데, 열차 안에는 쥐구멍도 없다. 이런 내 심정을 아는지 모르는지, KTX는 휘파람을 불며 어두운 밤길을 신나게 달린다.

세월 앞에 장사가 없다고 했던가. 그렇게 야무지고 빈틈없다고 자타가 공인하던 나도 이젠 머리와 손이 따로 논다. 정신을 바짝 차리고 한 일도 곧잘 실수를 한다. 오늘의 에피소드는 무엇이든 미리미리 준비하는 나와는 달리, 매사에 느긋느긋한 아들 때문에 일어난 일이다. 며느리가 출산을 하고 조리원에서 나와 오늘은 서울 아들집에 갔다. 식사를 하고 손주를 보다가 천천히 놀다가 내려가라는 아들의 인정스런 말에 급히 기차표를 취소하고 늦은 시각의 기차를 다시 발권했다.

나중에 알고 보니, 방이동 아들 집에서 서울역까지는 지하철 운행 시간만도 40여분이 걸린다고 한다. 그런데 느긋한 아들은 나를 잡아 두다가 한 시간 전에야 배웅을 해준다. 객지 지하철에다 환승이 서툰 나로선 신경이 곤두설 수밖에 없다. 마지막 이 기차를 놓치면 숫제 자고 가야 할 판이니 말이다. 늦은 시간이라 지하철엔 빈자리가 많지만, 마음이 열차보다 먼저 달리니 선채로 창밖을 내다보며 시각을 잰다. 오늘따라 열차는 왜 이리 굼벵이처럼 움직이는지. 드디어 서울역에 도착. 이제부턴 단거리 달리기 선수가 된다. 나에게 아직도 이런 파워가 있었던가! 내 스스로에게 감탄을 하며 역사驛舍 위로 올라가는 에스컬레이터에서도 점프를 한다. 덕분에 출발시각 10분 전, 나는 가뿐히 기차에 올랐다.

9호차 8C, 패밀리 석 통로 쪽이 내 자리다. 그런데 이게 웬일인가! 50대중반쯤 되어 보이는 아주머니가 이미 내 자리에 앉아 건너편 의자 쪽으로 다리를 뻗고 졸고 있다. 내가 다가가 눈짓을 하자, 미안해 하며 벌떡 일어나 자기 좌석으로 돌아간다. 옆자리 패밀리 석엔 40대로 보이는 남자들이 벌써 술판을 벌여서 떠들고 있다. 회사동료들이 단체로 세미나를 다녀오는 모양이다. 문제는 그 일행 중 한 사람이 내 맞은편 좌석에 비스듬히 걸터앉아서 같이 술을 마시고 있는 것이다. 내가 흘깃 보며 언짢은 표정을 짓자, 좀 양해를 해달라는 듯이 되레 눈웃음을 짓는다.

하지만 이건 있을 수 없는 일! 저희들 어울려 놀자고 남에게 피해를 주는 행동을 해서 되겠는가? 몸에 베인 공무원 의식이 불끈 발동한다.

> "설마, 계속 이렇게 가자는 건 아니겠죠? 외간남자와 얼굴을 마주 보면서요. 제가 작업할 게 있어서 이 자리를 잡으려고 얼마나 애를 썼는데요…."

눈에 힘을 주어 조근조근 말했다. 순간, 건너편 남자는 용수철 튀듯 제자리로 돌아간다. 내가 너무 심했나? 하지만 어쩌랴! 기왕에 뱉은 말인 것을. 피로해서 눈꺼풀이 자꾸 내려오지만 억지로 노트와 책을 꺼내 뭔가를 하는 척한다. 양심상, 모두를 내쫓고 나서 눈 감고 잘 순 없지 않은가 말이다.

그런데 고작 10여분쯤 지났을까. 웬 젊은 남자가 내게 다가오더니 귀에 대고 "실례지만, 여긴 제 자린데요!"라고 하는 것이 아닌가! 하지만 나는 신중하게 기차표를 발권한 나를 믿기에 미소까지 짓는 여유를 부리며, "그래요? 그럼, 같이 확인해 볼까요?" 라고 하며 핸드폰을 열어 온라인 승차권을 찾았다. 23시 출발, 9호차 8C 승차권이 보란 듯이 환하게 웃는다. 그런데 그 남자가 내 폰을 한참 들여다보더니, 싱긋 웃으며 "이건, 내일 날짜잖아요!"라고 했다. 그랬다. 오늘이 아니라 내일의 같은 열차, 같은 좌석이었던 것이다. 순간, 큰일을 도모하다 들킨 죄인처럼 얼굴이 발갛게 달아올랐다. 열차 조명이 은은한 게 그렇게 고마울 수가 없었다. 하지만 나에게 쫓겨 간 건너편 여자도, 엉덩이 좀 걸치려다 퇴박맞은 남자도, 나만 쳐다보고 있는 듯해서 고개를 들 수가 없었다. 그런데 정작 내가 앉은 좌석의 주인 남자는 자기는 아무데나 앉으면 되니까 나더러 그냥 그 자리에 일하라고 한다. 다행히 지나가는 역무원이 있어 위기를 넘길 수 있었다. 사정 이야기를 하고 다시 좌석을 구해 앉은 것이다.

너무도 대조가 되는 두 인간 모델이 아닌가? 남의 자리에 앉아서도 큰 소릴 치며 자리 텃세를 부리는 사람과, 자기 자리이면서도 군말 없이 필요한 사람에게 기꺼이 자리를 양보해주는 사람! 바쁜 세상에 사사건건 남의 일엔 관심을 쏟지 않는 법. 다들 신경도 쓰지 않고 하던 일을 하고 있다. 하지만 곰곰 생각할수록 내 자리도 아닌 좌석에 앉아 기고만장, 안하무인격으로 한 치 혀를 휘두른 내 자신이 부끄러워 견딜 수가 없다. 우리네 인생 역시 잠시 탔다가 내리는 기차일진대, 하물며 고작 두세 시간 가는 열차 좌석을 두고 그렇게 텃세를 부렸으니 말이다.

어쩜 자기 자리와 영역을 지키려는 텃세는 모든 동물의 본능인지도 모른다. 정글에 사는 야생동물은 물론, 물에 사는 물고기들도 자기 영역을 두고 치열하게 자리다툼을 하고 텃세를 부린다. 먼저 자리를 잡은 개척자는 제 자리에 영역표시를 하고선 뒤에 들어오는 침입자들을 가차 없이 내쫓는다. 집에서 기르는 가축들도 마찬가지다. 수탉들도 처음에 한 둥지 속에 넣어두면 벼슬이 찢어지도록 으르렁거리며 싸운다. 집에 반려견을 기르는데 한 녀석이 하도 외로워하기에 친구하라고 또 한 놈을 데려왔더니 집이 매일 전쟁터가 되어버렸다. 서열이 정리될 때까지 집안 구석구석 오줌을 싸서 영역표시를 하고, 자리다툼에 털이 빠지고 피가 나도록 싸움을 했다. 만물의 영장이라고 하는 인간이라고 다를 게 무엇이랴.

어쩜 인간은 인생 자체가 자리 전쟁이 아닐까싶다. 어떻게 하면 조금 더 편하고 좋은 자리를 잡을지 전전긍긍하며, 그럴 듯하게 보이는 높은 자리와 힘 있는 자리를 갈취하려 일생 동안 새우잠을 잔다. 어릴 적부터 더 높고 우아한 자리를 꿈꾸며 인생자체를 자리에 저당 잡힌다. 잠시 보는 연극이나 운동경기 관람석도 기왕이면 좋은 자리, 앞자리를 차지하려고 기를 쓰는 게 인간인 게다. 하지만 돌고 도는 회전의자에 임자가 없듯, 자리는 한 순간 내 소유일 뿐이다. 잠시 앉았다가 가야할 자리에 목을 매는 인간이 조물주의 눈엔 얼마나 한심스러울까 말이다. 한 생을 자리다툼하며 만신창이 되어 살다가, 죽을 때도 명당자리에 묻히고 싶어 애를 태우는 걸 보면 인간의 자리 욕심은 저승까지 가나보다.

한 세월을 에돌아 이젠 나도 인생의 저물녘에 섰다. 이젠 높은 자리, 좋은 자리, 더 편한 자리를 탐할 나이가 아니다. 시선을 끄는 그런 자리가 되레 마음이 편치 않은 게 사실이다. 눈부신 높은 자리보단 있는 듯 없는 듯 세상의 시선을 벗어난, 조금은 눅눅하고 습기 찬 응달이 차라리 편하다. 그런데도 오늘처럼 일순 자리 욕심을 내고 텃세를 부리는 걸 보면 아직은 세상 속에서 담금질을 더 받아야할 것 같다.

어둠을 뚫고 기차는 묵묵히 달린다. 시계를 엎어도 시간은 가고, 머지않아 나의 종착역에 도달할 터. 조용히 내 자리를 비우고 내릴 차비를 해야겠다.

가래떡

가래떡을 굽는다. 지난 설에 썰다가 남긴 떡이다. 노르스름하게 몸피가 부풀어 오른다. 나른한 일상에 산들바람이 인다. 구수한 고향의 향에 움츠렸던 어깨가 펴지며 마음은 저만치 먼저 고향으로 종종걸음 친다.

가래떡은 내가 가장 좋아하는 떡이다. 원래 과자나 간식을 별로 좋아하지 않는 식성이다. 그러나 음식을 통한 행복지수는 단지 미각으로서의 만족감뿐 아니라, 자신이 살아온 삶의 역사와 추억이 함께 곁들어질 때 그 포만감은 더욱 커진다. 어릴 적 먹던 음식을 먹으면 잊고 있던 고향을 찾은 듯 마음이 포근해지고, 사랑하던 이와의 추억이 깃든 음식이라면 더욱 가슴을 눅눅하게 하는 게다.

이런 의미에서 볼 때 나에게서의 가래떡은 그 자체만으로도 잔잔한 행복을 일으키는 엔도르핀 음식인 듯하다. 내가 어릴 때 설날이 되면 할머니와 어머니께선 직접 가래떡을 만드셨다. 꼬들꼬들한 흰 쌀밥을 한 말씩 해서 절구통에 찧어선 떡 반죽을 만들고, 이것을 가래떡 기계에 밀어 넣으면 기다랗고 하얀 떡이 기계에서 꼬물거리며 나왔다. 그 모습은 갓 세상에 태어나는 아기같이 해맑고 신비스러웠다. 떡국으로 쓰기 위해선 이 가래떡을 이삼 일간 굳혔다간 도마 위에서 썰어야 한다.

먹는 것 자체보다는 다가오는 설 준비에 부산한 분위기가 어린 마음을 더없이 달뜨게 했다. 떡을 써는 우리 어머니 손놀림도 한석봉 어머니 못지않았다. 속도도 빠르거니와 떡의 크기도 기계로 썬 듯 골랐다. 옆에서 떡 써는 광경을 즐기면서도 나는 언제나 가슴을 졸였다. 행여 어머니가 무심코 가래떡을 다 썰어버릴까 해서다. 떡국용으로 썰다가 남긴 가래떡은 정월 대보름날 구워서 우리들 간식거리가 되었기 때문이다.

고향에선 정월 대보름이 되면 온 동네 사람들이 모두 마을 둥천에 모여 하늘에 닿을 만큼 웅장하고 큰 달집을 지었다. 대나무, 소나무 등 갖은 나무들을 엮어서 달집을 만들어 세우고는 달이 뜨길 기다려 달집 아래에 불을 붙였다. 대나무가 탁탁 터지는 소리와 함께 어린아이, 처녀 총각들이 모두 손을 잡고 강강술래 춤을 추고 누군가가 가지고 온 장구와 북이 동원되면서 잔치는 잘 발효된 막걸리처럼 무르익었다. 타는 불꽃을 보며 올해 풍년이 드는 것을 기원함은 물론, 자신의 소원을 빌었다.

달집이 탄다. 한 해의 땀과 서러움과 고단함을 불에 사른다. 시뻘

건 불꽃이 세상을 삼킬 듯 하늘로 치솟다가 서서히 사위어간다. 끓어오르던 욕정이 한 차례 성스러운 의식을 치른 후 사그라지듯 그렇게……. 어쩜 우리 부모님들은 자신의 밑동이 재가 되어 내려앉아도, 자식들만은 달집 저 끄트머리 위로 하늘을 향해 하염없이 치솟고 타오르기를 빌고 또 빌었을 게다.

불꽃이 잦아들 때면 매콤하고 그윽한 연기가 온 마을을 감싼다. 우리는 하나임을 각인시키는 달집연기다. 어느새 어른들은 멍석을 깔고 막걸리 술상을 차리고, 이 잔치는 새벽동이 틀 때까지 계속된다. 내가 좋아하는 것은 이때 가래떡을 굽는 일이다. 큰 보물이나 되듯 저마다 마루 위 시렁에 숨겨두었다가 가지고 온 가래떡을 달집이 스러진 숯불 위에 노르스름하게 굽는다. 고소한 향내를 맡으며 아이들도, 동네 강아지들도 모두 나와서 함께 뛰어다닌다. 달집 연기와 가래떡 굽는 향으로 인간과 동물들이 하나가 되어 즐기는 마을의 축제인 게다.

어쩜 부풀어 오르는 하얀 떡가래는 언젠간 일어설 그들의 꿈의 상징이요, 모진 세파에도 오늘을 기억하라는 원점의 하얀 인호였는지도 모를 일이다. 긴 세월이 흘렀지만 지금도 가래떡 굽는 향은 나의 고향 달집 연기 속에서 아련히 나를 끌어당기니 말이다. 태어난 고향의 향을 그리며 어기차게 회유하는 한 마리 연어처럼…….

나에게는 또 하나의 가래떡 추억이 있다. 시골에서 도시로 이사 와서 아버지께선 외국계 화장품 회사에 다니셨다. 회사가 잘 돌아갔던지 공장장을 하시던 아버지께서는 거의 매일 야근을 하셨다. 늦은 밤까지 잔업을 하고나면 사원들은 밤참으로 가래떡을 받았다. 넉넉지 않은 살림에 간식도 제대로 못 먹던 우리 5남매는 아버지의 귀가를 졸리는 눈을 깜빡거리며 기다렸다. 늦은 밤에 아버지가 들고 오신 도시락 속에 가지런히 누워있는 가래떡을 보는 것만으로도 나는 행복했다. 어릴 적 고향의 달집이 그 속에서 타고 있었던 게다. 올망졸망 모여앉아 길쭉한 가래떡을 하나씩 물고 있는 우리들을 보며 흐뭇해 하시던 아버지의 얼굴! 눈에 밟히는 자식새끼들의 얼굴이 떠올라 차마 한입도 못 먹고 그대로 가지고 오셨을 그 마음이 지금도 아릿하다.

하얀 가래떡은 출신부터가 한민족의 맥을 그대로 이은 토종음식이다. 우리 민족의 주식인 쌀로 만든 음식이니 그렇고, 생긴 모습이 소박하고 하얀 소복을 단아하게 차려입은 백의민족이 연상되니 말이다. 갖은 화학조미료가 우리의 입맛을 현혹하는 이 시대를 거부하듯, 가래떡 맛은 생김새처럼 수더분하고 담백하며 쫄깃하다. 그리고 가래떡을 만들 때 흰 쌀밥을 절구통에 넣어 이리 치고 저리 쳐도 그 겉모습은 순간순간 바뀔지언정 정갈하고 차진 그 기질은 매를 맞을수록 더욱 강해진다. 생각해 보니, 한민족의 은근과 끈기가 바로 이 가래떡으로부터 나온 게 아닐까 싶다.

가래떡은 다른 음식과도 궁합이 잘 맞는다. 우아한 품격의 궁중요리는 물론이고, 평범한 어린아이들이 잘 먹는 떡볶이요리까지 모두와도 잘 어울린다. 자신이 수수하니 어떤 음식과도 잘 융합이 되면서 정작 가래떡 한두 개가 들어가면 요리 자체를 우아한 모습으로 격상시키니 이 또한 놀랍지 않은가. 가래떡을 들여다보고 있노라면 흰 모시차림의 어진 선비가 연상되는 이유도 바로 이런 가래떡의 소탈함에서 연유하는 것이리라.

세상은 화려한 떡이 판을 친다. 그러나 암팡진 세월, 서릿발 서는 현장에서 이리 치이고 저리 치여 한 번쯤 숨을 돌리고 싶을 때, 나는 하얀 가래떡 생각이 절로 난다. 내 삶의 원점, 고향이 그 속에 녹아있기 때문이다. 가래떡이 부풀어 오른다. 구수한 향이 온 집안을 감싼다. 고향의 향기, 달집연기다.

주차위반 스티커

모처럼 나들이를 나왔다. L아파트 내에 주차를 하고 잠시 근처에서 일을 보고 돌아왔다. 그런데 이게 웬일인가! 정면 유리창에 시험지만한 크기의 노란 경고장이 붙어있다. 그것도 밥풀도 아닌 강력 접착용풀로 붙인 것이었다. 갑자기 살벌한 인심에 가슴이 싸늘해온다. 이 아파트는 부산에서 가장 오래된 부촌 아파트인데 왠지 외부인들을 철저히 배격한다는 느낌이 든다. 그래도 어쩌랴. 주민도 아닌 주제에 무단침입을 한 내가 죄인이니 말이다.

시대가 각박해진 탓에 아파트의 보안시설은 나날이 진화하는 것 같다. 요즘 짓는 아파트엔 특별보안장치가 설치되어 있어 한번 방문을 하려면 마음 자체를 무장해야 한다. 아파트 입구에서부터 길다란 바리게이트가 앞을 가로막아 기분이 언짢아진다. 누구 집에 무슨 볼일이 있는지, 오래 주차할 것인지 금방 나올 것인지도 보고를 해야

통과를 한다. 주차장에 차를 파킹하고도 기계에 둔한 나 같은 사람은 또 당황한다. 엘리베이터로 들어가는 문이 닫혀있기 때문이다. 거기서 다시 시키는 대로 아파트 호수 버턴을 눌려서 주인이 문을 열어줘야 겨우 승강기를 탈 수 있다. 내가 자주 가는 남미 과테말라는 개발도상국에다 치안이 안 좋아 무장을 한 경찰이 보초를 서고 있는 바리게이트를 몇 차례 통과해야 동네로 들어간다. 선진국이며 자유민주주의 국가라 자부하는 대한민국도 시스템만 달랐지 사람을 의심하고 경계하는 건 그런 나라와 다름이 없지 않은가 말이다.

어제부터 붉은 사선까지 그어진 노란 스티커를 붙이고 돌아다녔더니 모두들 내 차만 쳐다보는 것 같아 얼굴이 화끈거렸다. '나는 무단침입자!'라고 광고를 하고 다니는 꼴이다. 오늘은 결단코 이놈을 제거하기로 마음을 먹었다. 몸살기가 있어 병원을 다녀오던 중, 한적한 길가에 차를 대어놓고 제거 작업을 시작했다.

상표에 붙은 접착 스티커는 잘 으르고 달래면서 살살 떼면 줄줄이 연결되어 떨어지는데 이건 만만찮다. 인간은 도구를 쓸 줄 아는 동물! 먼저 플라스틱 교통카드를 꺼내서 긁어본다. 하지만 하루 만에 완전 접착이 되어, 이젠 이놈이 차의 일부가 되어버린 것 같다. 씩씩거리며 유리창을 문지르고 있으려니 지나가는 웬 남자가 다가온다. 늙은 아줌마가 혼자 끙끙거리는 걸 보니 안쓰러웠던가 보다. 스티커 위에 냅다 물을 붓더니 자기 명함을 꺼내 유리표면을 긁기 시작한다. 스티커는 날 보라는 듯 꿈쩍도 않는다. 아무래도 전문 세차장에 가지고 가는 게 낫겠다며 그 착한 남자도 자리를 뜬다.

할 수 없는 노릇이 아닌가. 이제 스티커와 나와의 고독한 전투를 시작할 수밖에. 전투엔 무기가 필요할 터, 콘솔박스에서 스위스 맥가이버 칼을 꺼내온다. 칼을 손에 잡으니 괜스레 비장한 마음이 든다. 뾰족한 칼 대신 납작하게 생긴 쇠칼을 뽑아선 스티커를 윽박지른다. 네가 이기나, 내가 이기나 어디 보자! 늦겨울 바람은 감기기운을 부추기는지 머리가 띵해오고, 손끝에 얼마나 힘을 주었던지 손목이 얼얼해온다.

끈적끈적한 접착풀이 누군가의 고집, 내가 싸워서 이겨내야 할 대상인 것처럼 승부심이 불타오른다. 당신네들이 잘 사면 얼마나 잘 살아? 그래! 그렇게 벽을 치고 살아봐라! 잠깐 너희들 울타리 안으로 들어갔다고 요렇게 모진 벌을 주다니. 내가 오늘 너희들을 이기고 말리라! 내가 싸우는 대상이 스티커가 아니라 마치 벽을 치고 사는 세상 사람들인 양 투덜거리며 한 시간 동안 내가 한 것은 고작 겉에 붙은 노란종이를 떼 낸 것뿐. 오히려 덕지덕지 남은 접착풀과 하얀 스티커 잔해들로 차창은 더 흉물이 되어버렸다. 결국 내가 지고 만 것이다.

언제부터였을까? 인간이 이렇게 정이 메마르고 서로를 경계하며 담을 치기 시작한 게 말이다. 내가 어릴 때 시골에선 대문이 없었다. 집과 집 사이 경계도 탱자나무나 대나무, 아니면 엉성한 싸리문이 고작이었다. 그러니 내 집, 네 집, 구별이 없이 떼를 지어 몰려다니며 놀았다. 옆집에서 맛있는 별식을 만들면 그 냄새가 울타리를 넘어왔다. 그러니 동네 어린 것들은 침을 흘렸다. 옆집에 제사를 지내는 날은 밤잠을 자지 않고 기다렸다. 그런 우리를 실망시키지 않고 어김없이 제삿밥은 울타리를 넘어왔다. 산타클로스 할아버지처럼!

인간도 동물인 이상, 살아남기 위한 자기방어는 하나의 본능인 게다. 자신과 가족을 챙기는 것은 물론, 자신들의 소유물을 뺏기지 않으려고 기를 쓰는 건 조물주도 허락한 생존전략인지도 모른다. 하물며, 대낮에도 코를 베어간다고 생각하는 대도시 사람들은 행여 제 것을 도둑맞지 않을까, 행여 자신의 보금자리에 타인이 들어와 휘젓지는 않을까, 조바심을 할 수밖에 없을 것이다. 가진 게 많은 사람은 잃을 것이 많다는 의미일 터. 많이 가진 사람일수록 더욱 배타적으로 높은 벽을 쌓는다. 마치 자신은 뭇사람들과는 다른 종족이라는 걸 인정하라는 듯이 말이다.

인간은 어쩔 수 없이 사회적 동물이다. 태어나서 어머니 자궁을 빠져나오는 순간부터 혼자선 생존할 수가 없는 연약한 존재다. 경쟁을 하든 서로 돕든 태어나서 죽을 때까지 서로 얽히고설켜서 살아가는 존재다. 하나씩 둘씩 자신이 만든 인간그물 속에서 좋은 일 궂은일을 겪으면서 삶의 지혜를 얻고 나이에 맞게 성숙해 가는 것이 아닐까?

철문과 보안장치로 아파트 벽을 굳게 칠수록 어쩜 인간은 인간이 되길 거부하는 것인지도 모른다. 영화 '인터스텔라'에서처럼, 가슴이 싸늘한 로버트가 되어 언젠간 인간별들 무리에서 떨어져나가 우주에서 혼자 떠도는 미아가 될 수밖에 없으리라. 이 세상 끝날 때까지 자신을 지켜 주리라고 믿는 허상을 집안 깊숙이 모시고 자가 도취에 빠져 겹겹이 벽을 치며 사는 인간! 이 얼마나 외롭고 가여운 존재인가 말이다.

돌이켜 보면, 나 역시 육십 줄을 살아오면서 세상을 향해 얼마나 벽을 치고 살았던가? 행여 내 치즈를 누가 훔쳐갈까 걱정하며 새우잠을 자고, 내 가족을 감히 세상이 넘볼 수 없게 위풍당당한 성곽을 짓고 싶어 얼마나 안달을 부렸던가 말이다. 퇴직 후 내 인생의 마지막 집을 구하러 다니면서도 높은 담벼락 집만을 고집한 것도 내심 그런 심리였던 걸 부인하지 못한다. 지워지지 않는 접착풀을 때면서 그렇게 가슴이 쓰리고 아려온 것도 어쩜 내 안의 아집을 칼로 긁어내는 작업이었기 때문이 아닐까? 내가 이 스티커 한 장으로 그렇게 분개한 것은 내 안에 묻어두고 결코 밝히고 싶지 않던 나의 치부를 고스란히 들켰기 때문인지도 모를 일이다.

이젠 나이 탓인지 마음도 몸도 한기를 느낄 때가 많다. 곰곰 생각해 보면, 외롭다고 투정할 게 아니라 내가 친 벽을 스스로 헐어야 세상이 내게 와서 안길 것이 아닌가 싶다. 오늘은 우리 집 강아지들을 데리고 대문 없는 이웃 초등학교에 산책이나 갈까보다.

포장과 광고

친구가 핸드폰으로 보내준 카카오톡 메시지가 뜬다. '광고는 인간의 지성을 마비시켜 돈을 빼앗는 기술이다.'라는 어느 경제학자의 말을 시작으로, 우유가 우리가 아는 것처럼 건강음료가 아니라는 것을 증명하는 내용의 동영상이 숨 가쁘게 펼쳐진다. 순간, 내 몸처럼 사랑하던 연인이 한마디 말도 없이 나를 떠난 듯 가슴이 횅해진다. 그리고 알 수 없는 배신감과 분노가 가슴 저 밑바닥에서 스멀거리고 올라온다.

동영상의 내용인 즉, 우유는 액체고기로서 포화지방산과 콜레스테롤이 많아 심장병 유발의 원인이 되고 칼슘의 흡수를 방해해서 되레 골다공증을 유발한다는 것이다. 생각해 보면 성인이 된 인간이 사람의 젖도 아닌, 소의 젖을 계속 먹을 필요가 없는 것은 자명한 일이다. 우유를 많이 짜기 위해 어미 소에게는 무리하게 호르몬 주사를 놓을 터. 그 결과, 어미 소는 유선염을 일으키며 우리가 마시는 우유 속엔 엄청난 백혈구와 소의 고름이 들어있다는 내용이다. 게다가 송아지 성장을 위해 어미 소의 우유 속에 들어있는 성장호르몬이 우리 몸을 돌아다니다가 '비자기 세포'나 암세포를 만나면 필요 없이 과대성장을 촉진시켜 암을 유발하기도 한다고 한다. 그런데 놀라운 건, 한 강대국의 축산업과 경제적 이윤추구를 위해 이 사실을 일부러 은폐하고 되레 우유가 건강음료라는 걸 세계적으로 광고한 나머지 우리들 교과서에도 실리게 되었다는 것이다.

그렇지 않아도 요즘 일본의 원전사고로 인해 바다에서 나는 모든 생선과 해조류가 오염되었다는 뉴스로 먹거리에 비상이 걸렸다. 모처럼 가족들과 외식을 나가도 해산물을 제외하고 나면 먹을 것이 마땅찮아 곤혹스럽던 차에 매일 마시는 우유조차 건강음료가 아니라 유해 음료라는 정보는 설상가상으로 더욱 암울하다. 무엇보다 새로 태어날 우리 손주는 무엇을 먹고 살아야 하나, 생각하면 가슴이 답답해 온다.

전 세계의 초등학교 교과서에서부터 대학의 전문서적에까지 우유는 성장을 촉진시키고 뼈를 튼튼하게 하는 건강음료로 나온다. 30여 년 동안 교단에서 생물학을 가르쳐 온 나로선 실로 충격을 금할 수가 없다. 하늘을 우러러 부끄럽지 않은 스승은 못되더라도, 거짓을 진실로 둔갑시킨 음모에 나도 한 몫을 톡톡히 했다는 사실이 부끄럽기 짝이 없다.

유제품 뉴스의 사실 여부를 떠나 '광고'는 인간의 이성을 흐리게 해서 돈을 버는 상술임에 틀림없다. 광고를 얼마나 효과적으로 하느냐에 따라 기업의 흥망이 좌우된다고 해도 과언이 아니다. 1분짜리 광고에 수억 원의 몸값을 지불하는 탑 스타를 모델로 쓰는 이유가 바로 여기에 있다. 물건이 안 좋아도 탑 스타가 광고를 때려주면 소비자들이 떼를 지어 몰려드니 어쩌겠는가. 결국 그렇게 낭비한 과대 광고비는 소비자인 우리가 고스란히 덮어쓰고 있는데 말이다.

광고는 하나의 언어포장이다. 안의 내용물이 무엇이든, 금박지 포장을 멋지게 해서 일류 백화점 쇼 윈도우에 진열해 놓으면 명품으로 둔갑하듯이 말이다. 인간의 두뇌가 발달하고 물질문명이 발달하면서 인간은 포장을 하기 시작했을 터. 자연 속에 살던 원시인들은 눈으로 보는 것이 바로 사실이고 진리였다. 원시림에서 모든 인간들은 벌거벗고 살았으니 인간이 자연이요, 자연이 곧 인간이었던 것이다. 자신의 몸 하나도 가리지 않는데 무얼 감추려고 포장을 하였으랴. 그러니 살아가는 방식이 자연을 닮고 거짓 없이 하늘의 법칙을 따르는 인간은 성서의 표현대로 '하느님이 보시기에도 참 좋은' 인간이었음에 틀림없다.

현대사회는 포장과 광고로 돌아간다. 사람을 포장하고, 물건을 포장하고, 심지어 사건과 역사를 포장한다. 어쩜 세상은 진실을 숨긴 가면극이요, 사기극인지도 모를 일이다. 같은 조물주의 손으로 만든 인간이 잘나면 얼마나 잘났으며 모자라면 얼마나 모자랄까. 하지만 사람은 깜찍하게 자신만이 조물주가 제작한 특등급인 양 가면을 쓰고, 자신과 얽혀있는 사람과 사건을 허위로 조작하고 그럴싸하게 포장을 한다. 자신과 연계된 크고 작은 일들을 멋지게 포장하고, 진실을 왜곡시키는 일을 서슴지 않고 한다. 장관 임명을 놓고 우리나라 정치판에서 벌이는 청문회는 후보로 나온 사람의 가면과 포장을 하나씩 벗겨 당사자를 알몸으로 청중 앞에 세우는 공적인 유희가 아닐까싶다.

과대포장은 언제나 불씨를 안고 있다. 사회가 인간관계의 그물로 이루어질진대, 자신을 과대 포장하는 것은 상대적으로 그와 고리로 연결된 많은 사람들에게 악영향을 끼친다. 가슴에 생채기를 내고 주눅이 들게 하여 사회적 성장을 억제시키며, 숫제 사회적으로 생매장을 시키는 일을 거침없이 한다. 그리고 정당의 이익을 위해 자행하는 정치적 사건의 포장은 종국적으로 국가의 역사를 왜곡시키는 대역죄를 범하게 되는 것이다.

개인의 삶도 마찬가지가 아닐까. 세상에 발을 디디고부터 죽기까지 창조주만이 알고 있는, 나 자신도 잘 모르는 나를 그럴싸하게 포장을 하고 자신이 좋아하는 가면을 골라 쓰고 살아가고 있으니 말이다. 험난한 세상에서 살아남기 위한 몸부림이란 핑계로 사건을 왜곡시키는 한편, 시시때때로 자신을 성형하고 새 가면을 바꿔 쓰는 걸 당연하게 생각한다. 우스운 것은 오랜 세월 한 가면을 쓰고 그 배역을 하다 보면 자신의 원 바탕을 잊어버린다는 사실이다. 마치 태어나면서부터 자기가 연극 속의 그 캐릭터인 것처럼 착각하고 으스대며 살아간다.

돌아보면 나 역시도 예외가 아니다. 지리산 산골짜기에서 태어나고 자라서 그런지 어릴 적부터 나는 성격이 소박한 반면, 내성적이고 겁이 많았다. 도시에선 눈 감으면 코도 베어간다는 할머니의 말씀에 부산으로 이사를 와서는 친구들과 어울리는 것조차 주눅이 들었다. 삶의 전쟁터에서 살아남기 위해 나는 어린 나이에 나를 포장하고 가면을 쓰는 걸 배웠다. 지레 용감한 척, 없어도 있는 척, 통이 큰 척 어깨에 힘을 주며 '왕초' 배역을 연기했다. 그럴싸한 내 연기 덕에 내 뒤엔 친구들이 떼를 지어 따라다녔고, 어느 모임에 가든 내 어깨에는 무거운 감투가 씌어졌다. 이 가면극은 그대로 이어져 성인이 되어서도 직장이나 사회에서 나는 언제나 힘든 일을 맡아야 했다. 가정에서도 마찬가지다. 몸도 약하면서 본능적 모성애로 시작한 당차고 어기찬 어머니역과 주부 연기! 그 슬픈 가면놀이를 귀밑머리가 하얗게 된 지금까지 계속하고 있으니 얼마나 한심한 노릇인지 모르겠다.

나이 탓인지 스스로 만든 나의 포장, 나의 가면이 때때로 나를 숨차게 한다. 이젠 나도 연약한 여자이고 싶고, 앉아서 대접을 받고 싶고, 어딘가에 기대어 응석도 부리고 싶다. 하지만 아직도 세상은 나를 거침없이 잘 나가는 씩씩한 여자 용사로 밀어붙이니 이를 어쩌랴. 능력도 없이 덮어쓴 직책이며 감투로 이젠 머리와 어깨가 무겁다. 치렁치렁 얽힌 인간그물마저 힘에 부친다. 몸에 맞지 않게 걸친 온갖 무대 의상들, 억지로 끼어 신은 신데렐라 구두도 벗어던지고 싶다. 언젠간 화장도 안한 주름투성이 얼굴과 알몸으로 이승을 떠날 텐데 말이다.

보도 위에 샛노란 은행잎이 흩날린다. 오늘은 '생얼'*로 정처 없이 낙엽처럼 떠나고 싶다. 뼛속이 비어 가벼이 창공을 날아가는 저 새들처럼 황금빛 노을 속을 훨훨 날아가고 싶다.

* 생얼 : '화장 안 한 얼굴'의 은어隱語

바이러스

한낮이 겨운 시간, 봄볕도 졸고 있는 나른한 오후다. 육신거리는 늑골을 안고 해바라기를 하고 누워 있다. 푸석한 육신 위로 햇살이 잘게 저민다. 갈비뼈 마디마디에 얼얼하게 기어오르는 고통을 하나하나 음미한다. 고즈넉한 평화를 시샘이라도 하듯 내 몸속에선 고통의 향연이 펼쳐진다. 신경을 따라 수두바이러스가 온몸을 벌집 쑤시듯 돌아다니고 있는 게다. 실로 오랜만에 세상을 떠나서 가지는 피정避靜, 육체적 휴식이다. 그러니 이 순간, 이 고통마저 살뜰하고 귀하게 즐겨야 하리.

'중년신고식'이라고 하는 대상포진帶狀疱疹! 어릴 적에 앓은 수두바이러스가 신경절에 숨어 있다가 과로나 노쇠현상으로 몸이 허약해지고 면역성이 저하될 때 다시 나타나는 병이다. 바이러스가 나타나는 부위에 따라 그 증세도 다양하다. 바이러스가 뇌신경을 타고 올라가

뇌염을 유발하기도 하고, 시신경을 타고 올라가 각막을 손상시켜 실명을 하기도 한다. 대개는 나처럼 한쪽 옆구리나 어깨 쪽에서 시작해서 온몸에 띠 모양의 포진이 생기며 근육이나 뼈 속까지 통증을 유발한다.

곰곰 생각해 보니, 늑골 신경절 하나하나를 옥죄며 파고드는 바이러스가 나를 닮았다. 시간에 멱살을 잡혀 동동거리며 달려온 긴 날들, 어디를 향해 가는지도 모르면서 바람 부는 대로 등 떠밀며 달려온 옴팡진 세월, 담쟁이덩굴처럼 뭐든지 잡았다 하면 닥치는 대로 물고 늘어져 기어오르던 내 독선과 아집의 선물로 받은 게 대상포진이니 말이다. 그러니 이놈의 바이러스도 나를 그대로 복제한 듯 끈질기게 내 신경을 물고 늘어진다. 늑골신경에 경련이 인다. 허옇게 삭은 실밥이 터지듯 신경매듭이 톡톡 맥없이 풀린다. 눈이 절로 감긴다.

그래도 오늘은 이놈의 바이러스 덕에 호강을 하고 있다. 남편은 한 달 전부터 벼르던 친구들과의 산행을 취소하고, 출가한 딸아이도 서울에 출장을 갔다가 일정을 당겨서 부랴부랴 내려온다고 부산을 떤다. 죽을병도 아닌데 호들갑을 떠는 모습들이 우습지만 싫지만은 않다. 아직은 내가 누군가에 성가시고 귀찮은 존재만은 아닌 게다. 남편이 팔다리 근육을 주무른다. 문득, 박경리 작가의 묘지 앞에서 본 비문이 떠오른다.

늙어서 참 편안하다. 버릴 것만 남아서 참 홀가분하다.

대상포진은 언제나 몸보다는 욕심으로 분기충천憤氣衝天해서 앞으로 치닫는 나의 오랜 습성이 자초한 병이다. 원래 수학적 계산이나 논리적 이론에 약해 앞뒤를 가름할 줄 모르는 터이지만, 내 몸이 기계가 아니라 어느 한계에선 삐거덕거리고 부서지는 유기체라는 사실조차 망각하며 일생을 달려온 미련곰탱이다. 무슨 일이든 손에 잡으면 끝을 보는 성격, 일 중독증이 낳은 당연한 결과인 게다.

어쩜 나는 근본적으로 바이러스를 닮았는지도 모르겠다. 태어날 적부터 가진 것도 내세울 것도 없는 미미한 존재, 바이러스 같은 미물微物이었으니 말이다. 그러니 단내 나는 세상에 살아남고 견디어내기 위해선 바이러스처럼 악착과 배짱으로 세상을 파고들어야 했다. 담쟁이덩굴처럼 닥치는 것은 죽기로 기어오르고 매달려야 했다. 한 뼘씩 내 영역이 넓어지는 것이 보람이고 기쁨이었다. 그리곤 끊임없이 하늘을 향해 드높이 달집을 지어 올렸다. 집안의 대들보가 썩어서 내려앉는 것도 알아차리지 못하고서 말이다.

바이러스는 그런 의미에서 나보다는 훨씬 지혜롭고 조직적인 삶을 살아가는 것 같다. 세균에 기생하는 박테리오파지가 대장균에 접근, 침투 시에는 은근슬쩍 자신의 핵심인 유전정보 핵산만을 대장균 속으로 집어넣는다. 어느 조직에 들어갈 때 처음부터 나를 그대로 받아달라고 정면도전하며 피를 흘리는 나와는 다르다. 숙주의 몸속으로 들어간 DNA는 시간을 두고 이를 복제, 증식하고 느긋하게 자신의 유전정보에 따라 바깥에 벗어두고 온 단백질껍질을 다시 만들어 입는다. 그리곤 아균이 증식해서 때가 무르익었을 때 대장균을 폭파하고 새로운 숙주를 구해서 떠난다. 마치 간첩 침투작전처럼 조직적이고 빈틈이 없다.

세상은 피식자와 포식자, 기생생물과 숙주와의 엎치락뒤치락 신명나는 샅바싸움이다. 이제 천적이라고 항상 피식자를 잡아먹는 강자의 위치가 아니고, 숙주라고 바이러스를 완전히 소멸시킬 수도 없는 것이다. 바이러스는 생물과 무생물과의 중간적 존재로 인간이 지구에 태어나면서부터 우리와 함께 살아왔다. 이렇게 볼 때 인간 역사는 다양한 바이러스의 공격을 끊임없이 받으며 싸우고, 때로는 이를 이용해 난치병을 치료하기도 하는 투쟁과 공생의 시나리오가 아닐까 싶다. 오죽하면 이제는 '행복바이러스', '기쁨바이러스' 등으로 바이러스를 우리들 친구처럼 부를까 말이다. 그렇다면, 지금 내 신경을 갉아먹고 있는 이 대상포진 바이러스에게 내 몸을 조금은 내어주어도 괜찮지 않을까?

바이러스가 저 위에서 나를 비웃으며 묻는다.

"고작 나의 밥이 되려고 그렇게 죽기로 기를 쓰며 달려왔느냐?"

인생의 해거름, 바이러스에 멱살을 잡혀 한 수를 배운다. 한번 뿐인 인생마라톤, 그렇게 무작정 앞만 보고 내달리지 말고, 숲도 보고 들꽃도 보며 달리라고 한다.

움켜잡는 억척보단 손에서 놓고 여유를 가지며 인간의 마음을 파고드는 바이러스가 되라고 한다. 행복바이러스, 기쁨바이러스처럼…….

설국열차

오랜만에 감동적인 영화를 한편 감상했다. 봉준호 감독이 제작한 <설국열차>다. 감독이 사회학을 전공해서인지 영화 전편에 철학적이고 심미적이면서도 인간사회의 구석진 곳을 묵시적으로 고발하고, 생태계보존 의식까지 가지게 하는 작품이다. 생태학을 전공한 나로선 더없이 공감이 가는 영화다. 생태계의 파괴로 시작해서 생태계의 복원으로 영화가 끝나기 때문이다.

지구온난화현상으로 기상이변이 일어나, 모든 것이 꽁꽁 얼어붙은 지구. 지구온난화에 심각성을 느낀 인류는 CW-7 가스를 대량 살포해 이를 극복하고자 한다. 그러나 자연 속의 인간개입은 오히려 생태계를 파괴해서 인위적 빙하기를 불러일으킨다. 여기서 살아남은 일부 생존자만을 태운 기차 한 대가 끝없이 궤도를 달린다.

지구상의 모든 생명체가 멸절되고, 오로지 끝없이 설원을 달리는 설국열차! 열차는 끊임없이 달려가야 한다. 하지만 결국 제자리로 돌아오는 레일을 타야 한다. 언제 일어날지 모르는 '죽음'을 배경으로 기차는 돌고 돈다. 새해마다 아무 일 없는 듯, 해피 뉴이어 행사를 하며 1년 주기로 세계를 돈다. 어쩜 설국열차는 극한상황에서 살아가는, 마음의 빙하기에서 살고 있는 오늘날 우리 시대가 아닐까 싶다. '세월호사건'으로 꽃송이 같은 젊은이들을 바다에 수장시킨 우리 모두의 마음처럼…….

설국열차는 인간세상의 축소판이다. 그 속에 울고 웃고 슬퍼하며 기뻐하는 인간들의 삶이 있고 탄생과 죽음도 있다. 사회에서 보는 경쟁과 싸움, 땀과 투쟁을 통해 얻어지는 계급이 있다. 춥고 배고픈 사람들이 바글대는 빈민굴 같은 꼬리칸, 그리고 선택된 사람들이 술과 마약까지 즐기며 호화로운 객실을 뒹굴고 있는 머리칸이 있다.

꼬리칸 사람들은 기본생존권마저 박탈당하고 바퀴벌레를 갈아서 만든 단백질 양갱을 먹고 배가 고파 인육까지 먹으며 어둠 속에 살아간다. 어쩜 이들은 우리 사회구성원의 대부분을 차지하는 하층민들이요, 언제나 권력에 억압 받는 존재들인 게다. 반면에 상류층은 여유롭게 독서를 하고, 진료를 받고, 뷰티살롱에서 한가롭게 몸을 가꾸고, 클럽에서 광란의 밤을 보낸다. 하지만 꼬리칸에 사는 주인공 커티스는 이러한 구조를 바꾸기 위해 끊임없이 반란을 일으키며, 결국은 머리칸의 수장首長 윌포드가 있는 곳까지 점령하고 만다.

기차 안의 사람들이 마지막 남은 인류임을 감안하면 기차는 작은 지구요, 폐쇄생태계인 셈이다. 우주선처럼 폐쇄된 생태계는 그 속의 물질과 에너지가 순환되어야 하고 그 양이 항상 평형이 되어야만 한다. 따라서 우주인이 쉬고 싶다고 쉴 수가 없으며 자고 싶다고 잘 수가 없다. 섭취하는 에너지와 소모하는 에너지가 같아야 우주선의 무게 중심이 잡히기 때문이다. 그런 이유로 영양가가 풍부하고 번식력이 좋은 클로렐라, 스피루리나, 부화가 가능한 닭이나 열대어 구피가 우주식품으로 사용된다. 영화에서 특정시기에만 수족관 물고기를 먹어야 되는 이유, 기차 안의 인구를 일정하게 유지하기 위해 주기적으로 반란을 일으키도록 유도하는 것도 다 생태계 평형을 위한 조치인 것이다.

생태학적 견해로 보면, 영화에서 악역으로 나오는 윌포드를 무작정 나무랄 수만은 없다. 인류의 실수로 지구가 빙하기로 접어들어 생명체가 몰살될 때 그나마 이 기차가 있어 소수의 인간이나마 구출을 받게 되었기 때문이다. 결국 기차는 폭발되고 전복되었지만 두 명의 인간 씨앗을 지구에 남겼으니 그는 인류를 구하고 지구생태계를 보존한 사람인 게다. 어쩜 세상을 돌리고 발전시키는 것은 이처럼 무모한 듯한 꿈과 야망을 가진 극소수의 인간들이 아닐까싶다. 변화를 싫어하고 현재에 안주하기를 좋아하는 인간만 있다면 우리에게 내일은 없다. 전기의 발견이나 컴퓨터의 발전, 우주정복이니 하는 말은 동화 속 이야기로 끝나고 말 테니 말이다. 윌포드는 자신이 그렇게 아끼던 기차와 그 기차를 돌릴 운영권마저도 언젠간 꼬리칸 리더에게 넘겨줄 것을 미리 계획한 통이 큰 거인이었던 것이다.

영화에서 알 수 없는 두 얼굴의 사나이, 길리엄도 마찬가지다. 머리칸의 수장인 윌포드와 타협해서 꼬리칸 사람들을 괴롭히고 착취를 당하게 하고, 반란을 일으키게 조절을 하는 이중첩자다. 하지만 먹을 게 없어 아기까지 잡아먹으려는 사람에게 자신의 팔을 과감하게 잘라서 준 의인이기도 하다. 우리 사회에서도 이러한 악역을 하는 사람이 있어 세상이 평형을 잡는 것이다. 누군가는 비난을 받으면서 그 역할을 해야 하는 자리가 있으니 말이다. 어쩔 수 없이 나쁜 배역을 맡아서 살아가지만 그가 있어 세상이 바로 돌아가는 직업들이 얼마나 많은가. 죄인들을 다루는 간수들이 그렇고, 죄를 청하는 검사, 사형집행자, 교통위반차량을 잡는 경찰 또한 예외가 아니다. 이들이 받는 수모와 욕지거리 덕분에 사회는 밝아지는 것이다.

기차가 달리기 시작한 17년째, 꼬리칸의 지도자 커티스는 꼬리칸을 해방시키고 앞으로 나아가 기차 전체를 해방시키기 위해 절대권력자 윌포드가 도사리고 있는 엔진칸을 장악한다. 꼬리칸 현실을 불평만 하고 있어선 내일이 없다. 용기 있는 이들의 희생이 있어야 참혹한 현실을 극복할 수 있는 게다. 결국 열차는 폭파되고 열차에서 태어나 한 번도 땅의 세계를 밟아본 적이 없는 소녀 요나와 흑인 남자아이가 살아남아 하얀 눈을 밟는다. 그 앞에 나타나는 건강한 생명체 북극곰! 어쩜 이 동물은 하늘에서 항상 제자리를 지키며 인류에게 방향을 제시해주는 북극성을 상징하는지도 모른다. 17년이란 세월이 지나면서 이제 생태계는 다시 생명체가 살 수 있는 환경이 되었고, 지구는 이 공간으로 돌아온 것이다. 죽음에서 부활한 생명! 아담과 이브로부터 출발하는 인류역사의 새 시작인 셈이다. 북극곰이 아직 살아있다는 건 지구의 희망이요, 우리의 희망이다.

오늘도 기차는 달린다. 이제 나도 멀미가 난다. 내가 타고 있는 이 기차에서 나는 어떤 존재일까? 조물주의 눈으로 볼 때 달리는 기차에 몸을 맡기고 그냥 궤적이나 찍는 꼬리칸 사람일까? 아니면, 세상 속 부조리를 방관하며 고통에 허덕이는 이들에게 고작 바퀴벌레 양갱이나 던져주며 임무를 다 한 듯 자위하는 머리칸 사람이 아닐까?

운석로또

일전에 고향 가까이에 운석이 3개나 떨어졌다. 고향에 들렀더니 만나는 사람마다 온통 돈 이야기였다. 운석이 떨어진 지점의 땅주인은 물론 운석을 발견한 사람들의 소유권 비율에도 관심이 많았다. 어릴 때 고향 마당에 덕석을 깔고 누워 밤하늘의 별을 헤아리며 공주의 꿈을 꾸는데 어디선가 은백색 금을 그으며 떨어지던 별들! 불가사의한 우주의 신비에 나를 전율케 하던 그 별똥별은 이제 '운석로또'로 추락하고 만 것일까?

과학적으로 운석은 소행성에서 떨어져 나온 티끌이나 태양계를 떠돌던 먼지가 중력에 이끌려 지구에 떨어진 것으로, 지구 대기권 안으로 들어오면서 공기와의 마찰로 불에 타는 모습이 아름다운 별똥별로 보인다. 이때 타고 남은 시커먼 돌멩이가 바로 운석인 것이다. 운석은 우주에서 날아온 돌덩이인 만큼 행성을 연구하는 좋은 자료요,

보배인 것은 자명하다. 머지않아 운석의 성분을 분석하여 행성의 구성물질은 물론, 생명의 존재 여부도 밝힐 수 있으리라.

지구에 떨어진 이 작은 돌멩이 앞에 몰려들어 광분하는 인간들! 우주를 창조하고 다스리는 신의 눈으로 볼 때 얼마나 귀여운 동물들일까? 신기한 장난감을 하나 던져주면 이리저리 살피며 짖어대고 물어뜯는 우리 집 강아지와 다를 바가 없다. 심지어 운석이 떨어진 콩밭 웅덩이조차 경외의 대상이 되어 그 앞에 돈을 놓고 절을 하는 인간의 모습은 측은지심마저 들게 한다. 어쩜 이게 만물의 영장이라며 으스대던 인간의 가장 나약한 모습이 아닐까 싶다.

땀 흘려 논밭을 일구고 노동의 대가로 살아가는 것보단 어느 날 벼락처럼 이런 '운석로또'를 꿈꾸는 인간의 속성 또한 이런 본성과 무관하지 않다. 계산상 로또번호 6개가 모두 맞아 1등을 할 확률이 814만분의 1이라고 한다. 대로변에서 벼락 맞을 확률이 60만분의 1이라고 하니 로또 1등 당첨이 얼마나 어려운 일인가 짐작할 수 있다. 그런데 벼락 맞을 확률보다 10배 이상 당첨확률이 낮은 로또 한 장을 사고는 빌딩을 세우는 꿈을 꾸는 게 바로 인간이다. 이런 확률을 통과한 이는 자신이 마치 신으로부터 선택받은 듯한, 신과는 무척 가까운 존재인 듯한 우월감 자체로도 무척 행복해 하는 것이다.

인생은 태어나면서부터 생존경쟁이다. 어릴 적 5남매 형제들 속에서 자란 나는 부모님의 사랑을 받는 것에 무척이나 연연해했다. 남아우월사상이 강한 시절에 첫째도 아닌 둘째 딸로 태어난 것부터가 실망스런 존재였던 것이다. 하지만 나에게서 아버지, 어머니는 곧 하늘이었고 그들의 사랑은 따스한 햇살이었다. 첫딸은 어머니의 대화상대로, 막내여동생은 귀염둥이로, 그리고 하나뿐인 아들은 존재 자체가 온 가족의 보물단지였다. 어쩜 내가 그리 좋아하지 않는 책을 들고 공부를 파고든 것도 따지고 보면 부모님의 사랑과 관심을 끌기 위한 애달픈 몸부림이었는지도 모를 일이다.

우리 5남매는 단칸방에서 짐승들 우리처럼 지지고 볶고 살았다. 근사한 옷은 고사하고 도시락 하나 제대로 싸가지 못하고 학교에서 주는 강냉이빵을 점심으로 받아먹어야 했다. 보리밥도 제대로 못 먹는 우리 집에 비해, 하얀 쌀밥에 계란말이나 소시자를 넣은 도시락을 싸들고 오는 친구들은 내 눈엔 별나라에서 온 공주들 같았다. 태어나면서 하늘로부터 기찬 1등 로또를 선물로 가지고 태어난 애들로 보였던 것이다.

일전에 행운의 꿈을 꾸었다. 길에 떨어져 있는 금반지와 목걸이를 주섬주섬 줍는 꿈이었다. 한 개도 아니고, 다이아몬드와 루비, 사파이어, 에메랄드로 세팅된 갖가지 반지와 목걸이가 여기저기 흩어져 있었다. 보석들을 주우며 나는 이 불로소득을 어디에 쓸까 생각하느라 머리에 쥐가 났다. 세계일주 크루즈여행을 떠날까, 아님 시골에 텃밭이 딸린 전원주택을 살까 궁리를 했다. 그런데 내가 아는 지인이 혼수용 패물을 몽땅 잃어버렸다는 이야길 뒤늦게 들었다. 어처구니가 없는 것은, 내가 주운 그 패물들이 그 사람 것이 아니길 바라며 주인에게 말할까 말까를 고민하는 것이었다. 볼수록 탐이 나고 아쉬운 보석들! 그 앞에서 내가 일생을 학생들에게 가르쳐온 '양심'이란 윤리는 어디론가 사라져버렸던 것이다. 어쩜 내 생에 다시 오지 않을 그 행운을 아무렇지도 않게 떨쳐버릴 용기가 차마 없었던 게다. 갈등을 하다가 겨우 일어나 보니, 모두가 일장춘몽, 꿈인 것을 말이다.

부산에 유명한 로또복권집이 있다. 그곳에서 복권을 산 사람이 당첨된 횟수가 많다는 게 소문이 나다 보니, 주말이 가까워오면 사람들이 그 집 앞에 줄을 선다. 그들의 모습이 궁금해 나도 따라 줄을 서 본 적이 있다. 형색이 누추한 게 생활이 어려워 보이는 사람도 있지만 번질거리는 양복이나 명품 가방을 든 여자들도 있었다. 이들을 보며 인간을 창조한 신은 어떻게 생각하실까? 땀 흘리며 땅을 일구고 가을엔 추수를 하며 감사의 제사를 올리길 바라고 계실 테니 말이다. 인간이 로또에 애착을 가지는 것은 자신의 신분을 높게 상승시키고 싶은 마음이요, 분골쇄신하여 새 세상에 태어나고픈 헛된 꿈인지도 모른다.

생각해 보면 사회 곳곳에 로또 같은 비극이 일어나고 있지 않은가. 초고속 엘리베이터를 타고 순간적으로 신분을 상승하려고 발버둥치는 사람, 동료나 피붙이까지 모함하고 배신하며 일확천금을 노리는 사람도 로또를 사려고 줄을 서는 사람이나 진배가 없다. 정치적 소양이나 신념도 없으면서 그럴듯한 눈가리개 정책을 걸어 정계진출만을 목적으로 날뛰는 예비정치인들도 예외가 아니다. 생각해 보면 '빨리빨리'를 외치며 단숨에 정상을 탈환하고 싶어 하던 젊은 날의 나 역시, 벼락 치듯 일순에 모든 걸 이루고 싶어 하는 '로또 근성'의 DNA를 물려받은 듯하다. 그 순간엔 나로 인해 주변 사람들이 받을 상처나 고통은 눈에 들어오지도, 들리지도 않았던 것이다. 오로지 높이 오르고, 많이 가지고, 일등을 하면, 모든 건 '성공'이란 이름으로 면죄부를 받으려니 하고 생각한 게다. 그런 의미에서 자신의 처지에 맞지 않는 '허황된 꿈'은 '로또'의 다른 미명美名일지도 모를 일이다.

어쩜 진정한 로또는 눈에 보이는 것이 아니라, 삶 속에 숨어있는 게 아닐까? 가진 것에 비례하는 것이 아니라 나의 그릇에 따라 모양과 크기가 달라지는 행복지수! 현재에 만족하지 못하고 시선을 무작정 산 너머 무지개를 쫓아만 갈 게 아니라, 눈높이를 낮추어 내 주변을 살펴보면 로또나 운석보다 더 소중하고 귀한 것들이 얼마나 많은가 말이다. 눈에 넣어도 아프지 않을 자식들이며, 피를 나눈 부모형제들, 그리고 내가 가르쳐온 소중한 제자들, 나만의 작은 탤런트, 내가 소중히 지켜온 믿음과 신앙……. 등잔 밑이 어둡다고 이런 보석들을 한 아름 끼고서도 남의 재물이나 로또를 탐한다는 건 나 스스로 불행을 자초하는 일이 아니겠는가 말이다.

뚜뚜뚜, 문자메시지가 뜬다. 나의 로또한테서 온 편지다.

"엄마, 저녁엔 우리 집에서 식사해요! 내가 맛있는 청국장 끓일게요!"

자리

비행기에 탑승한다. 안락한 의자와 컴퓨터까지 딸린 비즈니스석을 지나, 길고 좁은 통로의 이코노믹석으로 들어가 내 자리를 찾는다. 다행히 오늘은 창가에다 비행기 날개가 있는 곳을 피했다. 작지만 하늘에서 나의 지정석이 있다는 게 얼마나 신기하고 고마운 일인가! 그것도 다람쥐 쳇바퀴 굴리는 일상을 떠나 해외여행을 가면서 말이다.

비행기가 하늘을 난다. 새들처럼 하늘을 마음껏 날아보고 싶은 게 나의 소녀적 꿈이었다. 나는 이제 한 마리 새다. 하늘 위에 앉아 휴식을 취할 수 있는 내 자리가 있다는 게 참으로 포근하다. 어딘가에 내 자리가 있다는 건 나의 존재를 인정받는 것이 다. 아웅다웅하면서도 가정에서도 사회에서도 내 자리가 있다는 건 세상이 나의 역할과 가치를 인정한다는 뜻이기 때문이다.

생각해 보면, 인생은 끝임 없이 자리를 바꿔 타는 기차고 세상은 자리다툼의 전쟁터다. 태어나면서부터 가족이란 조직에서 내 자리가 정해진다. 자식의 자리, 어머니의 자리, 그리고 할머니의 자리가 있듯이 말이다. 그리고는 성장하여 조직이나 사회에 들어가면서 상황에 따라 끊임없이 자리가 바뀐다. 사회에선 자리만 정해지는 게 아니라 그 자리에서 자신이 취해야 할 자세까지도 바뀐다. 설 자리, 앉을 자리, 납작 엎드려야 할 자리가 있는 게다.

생태계에서도 마찬가지다. 먹이사슬에 따라 자신의 생태적 지위와 자리가 있다. 먹고 먹히는 일련의 사슬에 따라 순간순간 자신의 지위가 달라지는 건 우리네 인생과 다를 바가 없다. 생태계에서 살아남기 위해 처절한 자리다툼이 있듯, 사회에서도 인간은 숨 가쁘게 경쟁을 하며 자리다툼을 벌인다. 다들 남들보다 높고 그럴싸한 자리에 앉고 싶어 하기 때문에 경쟁은 필연적이다. 하지만 내가 있을 내 자리는 정해져 있다.

영국에 연수를 갔을 때다. 주말에 수업이 끝나고 스코틀랜드 행 열차를 타기위해 초를 재며 이동을 하던 중이었다. 일행과 함께 버스를 기다리던 중 마음이 급한 김에 내가 슬쩍 새치기를 했다. 이 버스를 못타면 우리 일행이 기차를 놓칠 것 같아서였다. 그때 누군가 다정한 목소리로 "Keep your seat!"하는 소리가 어깨 너머로 들려왔다. 순간, 나는 도둑질을 하다가 들킨 양 얼굴이 새빨개졌다.

그 후로 '네 자리를 지켜!'란 말은 성급하게 마음이 앞설 때마다 두고두고 죽비처럼 나를 후려쳤다. 운전을 하더라도 정해진 차선을 지키기보다는 잘 빠지는 차선에 끼어들기를 하고, 내 자리를 지키기보단 조금은 편한 자리, 안락한 자리를 엿보는 습관이 있기 때문이다. 공직에 오래 머물면서 한두 사람이 제자리를 이탈한 결과 조직이나 단체가 위태로운 상황으로 내몰리는 걸 그렇게 많이 보아왔는데도 말이다.

다들 앞자리, 높은 자리를 꿈꾸지만 자신의 능력과 노력에 합당하게 주어진 자리가 '내 자리'이고 '제자리'다. 사회나 조직에서 각자가 제자리를 성실히 지킬 때 조직과 사회는 순탄하게 돌아간다. 자식의 자리, 어머니의 자리를 망각하면 가정은 파탄날 것이며, 직장에서도 자기 자리를 지키며 묵묵히 일할 때 그 조직은 톱니가 제대로 돌아갈 것이다. 생각해 보면, 배를 운항하는 선장이 제자리만 잘 지켰어도 '세월호 참사' 같은 불행을 면할 수가 있었던 것이다.

자리의 고하를 막론하고 인간은 있어야 할 제자리에 있을 때 가장 아름답고 행복한 게 아닐까. 들판의 야생화를 화려한 꽃병에 옮겨놓은들 흙속에서 솔바람 향기를 맡으며 살 때보다 아름답지도 않거니와 행복할 리가 없을 터이다. 그러니 높은 자리, 앞자리에 있다고 다 행복한 게 아니다. 행복지수는 자신의 눈높이에 따라 결정되기 때문이다. 전체 수석을 놓친 학생이 왜 목숨을 끊고, 재벌의 2세가 왜 자살을 하겠는가 말이다. 갑자기 추락한 자신의 위치와 자리를 인정하지 못하기 때문이 아니겠는가. 제자리에서 만족을 하지 못하고 남의 자리를 넘보기 때문에 불행의 씨앗이 싹트는 것이다.

살다 보면 자리는 언제든 바뀔 수 있다. 성서에도 첫째가 꼴찌가 되고 꼴지가 첫째가 된다고 했다. 내 운명을 내 맘대로 좌우할 수 없듯, 이 순간 나에게 주어진 내 순서와 자리는 지정석이 아니라 입석 기차표와 같은 것이다. 누군가 새 주인이 오면 언제든 내어줄 준비를 해야 하는 임시자리일 뿐이다. 순간순간 제비를 뽑은 듯, 변화된 자신의 자리를 인정하고 빨리 적응하는 게 행복의 엘리베이터를 먼저 타는 게 아닐까싶다.

엎치락뒤치락 자리다툼으로 한 세월을 보내고 보니, 이제 내 머리엔 하얀 서리가 내리기 시작했다. 돌아보니 가장 낮은 자리, 누군가의 보호를 받을 수 있는 자리가 얼마나 행복했던가? 강보에 싸여 어머니의 따뜻한 품에 안겨있던 그 자리가 가장 아늑한 자리였다. 자라면서 부모나 선생님 보호를 마음껏 받을 수 있는 어릴 적 내 자리도 얼마나 포근했던가 말이다. 성인이 되어 사회나 조직에 들어가고부터는 어리광을 부릴 수도 없거니와 모르는 걸 묻는 것조차 눈치가 보이고 자존심이 상한다. 어른 노릇한다고 진이 빠지고, 상관 노릇하느라 어깨는 '오십견'으로 굳어버렸다. 능력도 없는 게 이마에 붙은 직책 때문에 목에 목디스크까지 와버린 게다.

인생은 한 편의 연극이라고 했던가! 새로운 막이 오를 때마다 내가 맡은 배역으로 그 자리에서 충실하게 연기를 했다. 언젠가 내 삶의 무대에 마지막 막이 내리면 이 세상에서 내가 앉았던 자리도 비워줘야 한다. 이 비행기가 목적지에 착륙하면 내 자리를 미련 없이 비워줘야 하듯이. 한 줌의 흙으로 돌아가면 내 몸보다도 작은 자리만 있으면 될 터. 넓은 자리를 탐할 게 아니라, 마음을 넓혀야 하리라.

와인이 나오고 식사가 나오면서 이제 천상의 향연이 시작된다. 나는 지금 천상파티에 초대된 왕비다. 내 좁은 자리에서 행복의 기쁨은 은하수만큼이나 넓고 크다. 발 아래 히말라야산맥이 내려다보인다.

죽

딸아이를 위해 잣죽을 끓인다. 쌀을 불리고 잣을 씻어 믹스기에 간다. 뽀얀 액에서 벌써 고소한 향이 피어오른다. 딸아이를 향한 내 마음의 향기다.

나는 죽을 별로 좋아하지 않는 편이다. 성한 이빨로 뭔가를 씹고 물어뜯고 갈아야 음식을 먹는 맛이 난다. 내가 특히 죽을 좋아하지 않는 것은 어릴 적의 아픈 기억 때문일지도 모른다. 양식이 넉넉지 못한 시골 고향에선 철따라 죽을 먹었다. '씨래기 죽3년만 먹으면 부자가 된다.'는 말이 있듯이 적은 양의 양식으로 식솔들이 배를 채울 수 있는 것이 죽이었던 것이다. 보리죽, 무죽, 겨울이면 무청을 말린 우거지 씨래기죽이 차례차례 등장했다. 이따금씩 별미라고 하는 누런둥이 호박죽도 내 입엔 그냥 흔한 죽일 뿐이었다.

내가 좋아하는 죽은 잣죽이다. 내가 잣죽을 좋아하는 이유는 아마도 대뇌에 각인된 아름다운 기억 때문이지 싶다. 고소한 맛도 좋아하지 않는 터라 나는 참기름도 싫어한다. 그런데 잣죽은 어릴 때 귀하게 맛보던 보얀 쌀뜨물의 숭늉맛과 흡사하다. 가마솥에 밥을 펴고 나면 어머니께선 하얀 쌀뜨물을 넣어 숭늉을 만드셨다. 밥이 서너 숟가락 남았을 때 거기다가 구수한 뜨물숭늉을 부어서 먹는 그 맛! 게다가 어른들이 아이들은 먹으면 머리가 나빠진다는 핑계로 우리를 다 돌리고 먹던 바로 그 숭늉의 맛이 잣죽을 닮았다. 하지만 진짜 잣죽은 결혼하고 나서 내가 아플 때 남편이 많이 끓여줬다. 내가 잣죽을 먹을 때 곁에 앉아 한술이라도 더 먹이고 싶어 하는 남편의 사랑을 느끼게 해 준 것도 바로 잣죽이다.

어제 남편과 둘이서 이야기를 하다가 딸아이가 온다는데 잣죽이라도 끓여줘야겠다고 했더니 잣죽 끓이는데 시간이 많이 걸린다고 걱정을 했다. 무슨 곰탕을 끓이는 것도 아니고 고작 이삼십 분이면 족하다고 했더니 남편은 서너 시간은 족히 걸린다고 계속 우기는 것이었다. 오늘 아침 남편에게 짐짓 보여주려고 딸아이를 위해 같이 잣죽을 끓였다. 쌀을 씻어 불려서 잣과 함께 갈아서 죽을 끓이는 시간은 고작 30분이었다. 그러자 남편이 "당신이 아플 땐 마지못해 끓이는 죽이라 그렇게 지루하게 느껴졌는가 보다."라고 어쭙잖은 변명을 하는 것이었다. 순간, 정신이 번쩍 들었다. 남편이 지극정성으로 끓여서 먹여주던 그 잣죽에 대한 애틋한 이미지가 산산조각이 났다. 하지만 시간이 지나 곰곰 생각해 보니 이해가 간다. 처음엔 정성을 쏟았겠지만 끝도 없이 병치레를 하는 아내 곁에서 자신의 신세가 한스럽기도 하고 죽을 끓이는 자체가 성가신 마음이 생긴 건 인지상정이 아닐까싶다.

그렇다. 죽은 사랑과 정성이 깃들어야 제대로 끓여진다. 특히 타인을 위해 죽을 쑬 때는 더욱 그렇다. 진정으로 사랑하는 마음이 없으면 죽 끓이는 작업은 인내의 시간이요, 고문의 시간인 게다. 정신을 바짝 차리지 않으면 태우거나 죽이 넘쳐버리기 때문이다. 긴 병에 효자 없다고, 아내의 잦은 병으로 억지로 죽을 끓여야 하는 남편에게서 잣죽은 그 자체가 고행의 화두였으리라.

죽을 끓이는데도 레시피가 있고 정도定道가 있다. 우선 환자의 식성이나 건강상태에 따라 죽의 종류도 달라야함은 물론, 죽의 묽기도 달라야 한다. 소화기 장애가 있는 사람에겐 멀건 미음이나 호박죽이 제격이지 건더기가 많거나 기름기 있는 죽은 피해야 한다. 하지만 영양이 부족한 사람에겐 고단백의 전복죽이나 삼계죽이 제격이다. 그리고 불조절도 중요하다. 귀찮거나 성급한 마음에 화력을 세게 했다가는 국물이 넘치거나 타서 죽을 망쳐버리기 때문이다. 문득 돌아가신 우리 할머니 생각이 난다.

오십도 안 되어 남편을 먼저 저 세상으로 보내고 나서도 어머니께선 20여 년을 할머니와 함께 사셨다. 고부간이라곤 보이지 않을 만큼 어머니께선 할머니를 친어머니처럼 섬기고 의지하셨다. 어쩌다가 할머니께서 편찮으시면 어머니께선 갖은 죽을 끓여 할머니의 입맛을 돋우어주셨다. 죽을 끓이는 어머니의 모습을 보면 마치 하늘에 기도를 드리는 사람 같았다. 잠시도 자리를 뜨지 않고 죽을 젓고 저으며 정성을 드리셨다. 당신 역시 그리 부러운 팔자는 아니면서 항상 할머니를 안쓰럽게 보셨던 게다. 스리스리 죽을 저으며 어머니께선 무슨 생각을 하셨을까?

어머니의 그 마음을 훗날에야 어렴풋하게 알 수가 있었다. 시어머니께서 갑자기 돌아가신 후, 병석에 누우신 시아버지를 위해 죽을 쑨 적이 있다. 내가 잘 끓이는 죽이 잣죽이라 오늘처럼 잣죽을 끓였다. 고소한 잣의 향이 오르는데 갑자기 눈시울이 뜨거워졌다. 좀 더 젊고 건강하실 때 이런 죽을 새참으로 끓여드렸으면 얼마나 좋으련만, 이제 연로하셔서 고소한 미각마저 가버린 마당에 이런 죽이 무슨 대단한 보양식이랴 하는 자책감이었다. 이 죽 한 그릇으로 원기를 회복할 수만 있다면 앞으론 무엇이든 다하겠노라고 기도하며 주걱으로 죽을 젓고 또 저었다. 우리 어머니께서 할머니 죽을 쑬 때의 마음이 이런 것이리라 생각하면서.

죽을 쑬 때 나는 조신하게 나를 가다듬는다. 딱딱한 쌀과 잣을 가는 순간부터 마음을 추스른다. 그 옛날 어머니처럼 맷돌로 갈지는 못하지만 돌아가는 믹스기 소리에 흐트러진 기氣와 혼을 한곳에 모은다. 쌀과 잣이 뽀얗게 갈려서 물과 섞인다. 오로지 나만의 색깔과 모양을 고집하던 내가 깎이고 녹아서 세상과 어울리는 게다. 재료의 원모습은 그 어디에도 없다. 원래 둘이 결코 어울리는 사이가 아니지만 나를 버리고 너와 어울릴 때 또 다른 우리가 탄생되는 것과 같은 이치다.

나를 갈고, 너와의 소원했던 마음도 간다. 가슴 저 아래 남은 앙금과 볼멘소리도 모두 간다. 그리곤 사랑과 정을 한 주먹 넣어 부글부글 끓여 한 그릇의 죽이 완성될 때 너와 나는 하나가 되는 것이다. 너무 무르지도 차지지도 않는 부드러운 죽! 모두가 서로에게 이런 죽이 되어준다면, 죽을 만드는 마음으로 세상 속에 자신을 융화시킨다면, 세상은 얼마나 부드럽게 돌아갈까 말이다.

인간은 탯줄을 끊고 세상에 태어나서부터 음식을 먹고 살아간다. 그런데 사람이 먹는 음식의 종류와 성향은 그 사람의 성격과 연륜에 따라 다르다. 하지만 한 가지 분명한 것은 인생은 죽으로부터 시작, 죽으로 끝을 맺는다는 사실이다. 아기가 태어나서 맨 처음 먹는 모유 역시 멀건 죽의 시작일 터. 조금씩 세상에 적응해가며 아기는 이유식을 먹고 밥을 먹기 시작한다. 패기와 열정이 넘치는 젊은 날은 세상을 벼르는 날카로운 시선과 이빨로 질기고 딱딱한 음식은 물론, 돌이라도 소화를 시킬 것만 같다. 그러니 음식도 화끈하고 매운 걸 즐긴다. 하지만 차츰 나이가 들어 세상을 보는 눈이 부드러워지고 유순해지면서 단백하고 부드러운 음식의 맛을 알아가는 게다. 그러다가 이빨도 성글어지고 무디어져갈 때쯤이면 차츰 죽을 좋아하게 된다. 어쩜 죽은 삶이 무르익은 자, 아님 남아있는 생이 그리 많지 않은 이들이 즐기는 담백과 여유의 음식인지도 모를 일이다. 먼 훗날, 죽조차 소화하지 못하고 생존을 위해 멀건 미음을 마실 날을 생각하면 죽은 그나마도 여유로운 특식일 테니 말이다.

잣죽이 완성되었다. 뽀얀 쌀과 고소한 잣이 어울려 만들어진 예술

품이다. 자신을 버리고, 함께 부대끼며 갈리고, 한소끔 열기에 우뭉하게 서로를 껴안은 맛! 너도 나도 아닌 서로의 향기와 맛이 어울려 새로이 창조된 진미의 음식, 죽인 게다.

애니팡게임에서 인생을

늦은 밤, 딸아이에게서 카카오톡 메시지가 날아온다. 모바일 게임 '애니팡'에 도전장을 보낸 것이다. 둘 다 초보인지라 애니팡 점수순위는 수시로 바뀐다. 낮에는 딸아이 순위가 나보다 한 등수 아래이더니 방금 나를 추월했다고 기세가 하늘을 찌른다. 야밤에 나는 타임머신을 타고 소녀로 돌아가, 딸아이랑 게임을 하고 논다.

스마트폰이 상용화되면서 모바일게임이 쏟아져 나왔다. 그 중에서 가장 만만하고 쉬운 애니팡게임은 남녀노소 모두에게 인기가 높다. 무심코 카카오톡을 열면 친구들이 곧잘 애니팡 도전장을 보내오곤 했다. 원래 '기계치'에다 하릴없이 휴대폰으로 게임이나 하며 노닥거릴 마음의 여유가 없는 나로선 항상 성가신 요구일 뿐이었다. 그런데 친구들 모임에 가면 곧잘 애니팡 순위를 자랑하기도 하고, 누군가가 하트를 보내줘서 고맙다고 저희들끼리 인사를 하는 걸 보면서 슬그머니 호기심이 일어났다. 그래! 글을 쓰더라도 남들이 하는 건 다 해봐야지 하는 오기가 발동해 딸아이를 시켜 바탕화면에 애니팡게임을 다운받았던 것이다.

애니팡(Ani Pang) 게임은 같은 모양의 동물이 3개 이상 모이면 터져서 점수를 올리는 퍼즐게임이다. 이름 자체가 '동물(animal)이 팡 터진다.'는 뜻이니 의미를 곱씹어보면 사뭇 잔인한 놀이다. 하지만 나는 나름 그 의미를 좋게 이해하기로 했다. 역마살이 끼인 나만의 해석일지도 모르지만, '유유상종으로 3명만 모이면 지구 밖으로 팡팡 여행을 떠나자!'고 생각한 것이다. 그러지 않고서야 어찌 온전한 정신으로 이렇게 귀여운 동물들을 폭파시킬 수가 있을까 말이다.

애니팡을 시작하고도 처음엔 별 재미를 못 느꼈다. 고작 이런 놀이를 한다고 모두들 그렇게 호들갑을 떨었던가 싶었다. 동작 자체가 단순한 게임이니 빨리 흥미를 잃은 것도 있지만, 실은 아무리 애를 써도 점수가 고만고만하니 나 자신이 무능한 것 같아서다. 내가 아는 지인이나 친구는 이십만, 삼십만 점을 올려 순위가 항상 5등 안을 달리는데 나는 이름이 부끄럽게도 항상 꼴찌를 하고 있으니 말이다. 무엇이든 일등을 해야 속이 시원한 내 성미로선 자존심을 깎는 놀이에 불과한 것이다.

언젠가 은행에 가서 오랫동안 순번을 기다리고 있을 때였다. 옆에 앉은 학생이 휴대폰으로 열심히 모바일게임을 하는 게 눈에 띄었다. 지루한 시간을 매워주는 시간차 공격형의 게임! 바로 이것이 모바일게임의 매력이구나 싶었다. 나도 슬그머니 휴대폰을 꺼내어 얼마나 게임에 몰두하였던지 내 순번이 지나고도 몰랐던 것이다. 그날 이후로 애니팡게임은 지루한 일상에 쉼표를 찍고 바짝 죈 목줄을 느슨하게 하는 반짝 게임으로 자리 잡기 시작했다.

늦게 배운 도둑질, 날 새는 줄 모른다고 나는 서서히 애니팡게임에 빠져들었다. 생체리듬 상, 머리를 쓰는 작업은 주로 밤에 하는 편인지라 늦은 밤이나 새벽이 되어야 일을 마치고 침대에 들어간다. 그런데 애니팡은 이 순간을 놓치지 않고 하트 5개로 나를 유혹한다. 출석체크라도 해서 포인트를 올려놓자는 핑계로 일단 휴대폰을 연다. 그런데 친구들 이름 앞에 훈장처럼 붙어있는 등수를 보면 슬그머니 오기가 치솟는다. 얘들이 하는데 나라고 못할 이유가 있으랴. 결국은 가득 찬 하트를 다 날리고 토파즈를 써서 하트를 다시 구입해서 씨름을 하다가 새벽을 맞기도 한다. 오죽하면 꿈에서도 이놈들이 팡 팡 터지며 잠을 설치게 하니 마약보다 더 무서운 놈들인 게다. 이러다간 저승길도 이놈들과 놀면서 가는 게 아닐까 슬그머니 걱정이 된다.

게임을 시작할 때 기본으로 주는 하트 5개는 늘 아쉽다. 불과 60초! 한 경기마다 하트가 한 개씩 날아가니 아끼며 진중하게 가지고 놀아야 한다. 소모한 하트 하나를 얻기 위해선 8분이란 긴 시간을 기다리든지, 아니면 별도로 토파즈나 돈을 주고 하트를 구입해야 한다. 이런 때 친구가 보내준 하트 하나가 얼마나 소중하고 고마운지 모른다. '하트'의 의미 그대로 훈훈한 사랑이 가슴으로 느껴진다. 홀애비 심정은 과부가 안다고, 이제는 나도 틈틈이 친구들에게 하트를 쏘아주곤 한다. 어쩜 애니팡의 가장 큰 매력은 바로 이 하트를 나누는 작은 정이 아닐까 싶다. 늦은 밤, 평소엔 그렇게 친하지도 않던 친구가 보내준 하트 하나는 또 다른 인연의 끈을 찐득하게 이어주는 느낌이니 말이다.

애니팡이 인기가 좋은 것은 과로와 스트레스로 지친 현대인들에게 가볍게 스트레스를 풀어 주기 때문이 아닐까 싶다. 세월의 더께에 따라 세면대에 쌓인 해묵은 찌꺼기들을 시원하게 뚫어주는 액체세제 '트래펑'이나 꿀 먹은 벙어리 노릇을 하며 쌓인 울체를 시원하게 풀어주는 소화제 '까스명수'처럼 말이다. 속이 상해서 길을 걷다가 도깨비방망이 게임장에 들어가 도깨비들을 실컷 두들겨주었을 때의 시원함이 이런 것이리라. 게다가 숨이 턱에 닿도록 기어올라도 결코 오를 수 없는 고지에 대한 미련을 보상하기라도 하듯, 내가 원하는 레벨을 달성하고 나면 일순이나마 성취의 기쁨을 만끽할 수 있으니 이 얼마나 고마운 힐링 시스템인가 말이다. 게임 둔치인 나도 시간 따라 레벨이 올라가는 걸 보면, 열심히 출석하고 성실히 노력만 하면 결코 신의를 저버리지 않고 그에 맞는 점수와 레벨을 착착 올려주는 정직한 시스템이 애니팡게임이다. 애니팡에 한번 손을 대면 쉽게 헤어나지 못하는 이유가 바로 이런 보상심리가 깔려 있기 때문이 아닐까 싶다.

애니팡게임을 분석해 보면 이 게임이 인간사회 시스템을 많이 닮았다는 생각이 든다. 우리 사회의 질서가 이 안에 다 들어있기 때문이다. 출석성적이 좋을수록 자주 접속할수록 추가로 주는 보너스 포인트제도는 바로 우리 사회와 직장 체제를 연상케 한다. 결근을 하지 않고 근면함은 물론, 회사나 직장을 자신의 일처럼 생각하고 밤낮없이 업무에 몰두하는 사원이 우대를 받는 것은 당연한 일이니 말이다. 학교나 공공기관에서 성과금에 차등을 주는 것도 다 이런 이유에서다. 더욱이 레벨에 따라 주어지는 보너스점수의 비율도 레벨이 높아지면서 점차로 증가한다. 그러지 않아도 손놀림이 빠른 상수上手들에게 보너스 팁까지 듬뿍 주니 왕초보인 나로선 따라잡기가 어려운 게다.

서당 개 3년에 풍월을 읊는다고, 날이 갈수록 나도 애니팡게임에 능숙해져 이젠 대충 해도 10만 점은 거뜬히 나온다. 게다가 나름 고득점의 비결도 터득하게 되었다. 달리기 경기에서 총을 쏘기 직전에 달려 나가듯 게임 시작령이 울리기 전에 한 두 블록을 미리 터뜨리는 잔 꽤도 부리고, 나타난 폭탄을 함부로 터뜨리지 않고 속도를 최고조로 높인 후에 터뜨리는 비법도 알게 되었다. 그리고 점수의 순위를 올리기 위해 쌓인 포인트로 게임을 도와주는 아이템을 구입하기도 한다. 빠른 속도로 힌트를 주는 빨간 돼지 아이템, 화면 위에서 대기하고 있다가 긴급 상황 시 나타나는 긴급폭탄 아이템, 게임시간을 연장시켜 주는 시간보너스 아이템도 적절히 활용한다. 우물 안 개구리마냥 세상물정에 어둡고 다람쥐 쳇바퀴를 굴리며 살아온 나의 삶을 돌아볼 때 대단한 발전이 아닌가 싶다.

경기가 잘 풀려 폭탄이 팡팡 터질 땐 마치 내가 승승장구하는 듯 희열을 느낀다. 팡팡 터지는 소리가 마치 나에게 쏘아주는 축하의 폭죽 같다. 나는 어느덧 타임머신을 타고 소녀시절, 무지개 꿈을 가슴에 품고 거침없이 달려갈 때로 돌아간다. 하늘을 찌를 듯한 열정과

기氣로 내 앞을 가로막는 태산을 뛰어넘고, 발에 걸리는 장애물은 폭탄으로 가차 없이 쳐부수고 앞만 보고 질주하는 '마징가제트'가 된다. 절벽을 뛰어내리고 사막을 가로 지르고 히말라야산맥을 독수리처럼 넘고 싶던 나의 꿈이 여기서 펼쳐지고 있는 것이다.

그런가하면 잘못 들어온 화투 패처럼 아무리 애를 써도 풀리지 않는 때는 나를 슬프게 한다. 가난이란 어둡고 긴 터널 속에 갇혀있던 그 옛날의 내 모습이다. 어떤 버튼을 누를까 고민하다가 정해진 60초를 알리는 종료음이 '삐삐' 하며 나를 협박한다. 아무리 머리를 싸잡아 봐도 메워지지 않던 시험답안지처럼 갑갑하다. 마지막으로 어떤 버튼을 눌려야 하나, 어느 것이 이 순간 최선의 선택일까? 아직도 터뜨려야할 것들이 너무도 많은데……. 인생의 해거름, 해는 서산으로 뉘엿뉘엿 지고 있는데 말이다.

아무도 침범할 수 없는 우리들만의 시간과 공간! 시공을 연결하는 끈끈한 신경올실을 풀어헤치고 딸아이와 나는 애니팡 놀이로 밤을 지샌다.

숨어 향이
세다고
연약한 강아지
풀에게 무지하게
DDT를 살포하는
인간! 강아지가
아니라
인간인게 괴로운
마음이다.

동물사랑 식물사랑

DDT

마루에 반려견伴侶犬 두 마리가 축 늘어져 있다. 오늘 목욕을 시킨 데다 독한 약에 취해 자고 있는 것이다. 강아지들의 심장에 서식하는 심장사상충을 죽이기 위해 발라주는 '에드보킷' 약이다. 봄, 가을에 한 번씩 병원에 가면 조심스레 발라주던 약을 애견미용실에서 제초제 DDT처럼 몸에다 마구잡이로 발라놓은 게다.

결혼한 딸내미가 기르던 강아지 두 마리가 외손자가 태어나면서부터 우리 집으로 이사를 왔다. 나는 원래 강아지를 싫어한다. 굳이 개를 싫어한다고 하기보단 동물을 키우면서 생기는 비위생적인 환경이 질색이다. 하지만 어쩌겠는가? 자식을 위해선 맹수에게도 달려드는 게 거룩한 모성애가 아니던가. 외손자를 건강히 키우자면 내가 희생을 하리라는 마음에 이놈들을 마지못해 집으로 데려오게 된 것이다.

하지만 날이 갈수록 정이 들어 이젠 이놈들은 나의 어엿한 가족이 되어버렸다. 오늘은 목욕을 시키는 날! 이놈들을 데리고 비송 캐널에 갔다. 목욕을 하는 동안 커피숍에서 기다리다가 강아지들을 찾으러 갔다. 그런데 이놈들을 차에 싣는데 소독약 냄새가 진동을 했다. 놀라서 물어본즉, 시키지도 않았는데 강아지들에게 쓰다 남은 심장사상충 약을 듬뿍 발라줬다는 것이다. 되레, 특별서비스를 했다는 듯이 의기양양한 미소까지 짓는 게 아닌가. 이 약은 독해서 병원에서도 강아지 체중에 맞춰 용량을 정밀하게 재어서 발라준다. 그런데 한낱 애견미용실에서 그런 살충제를 마치 DDT를 뿌리듯 살포해대었으니 어처구니가 없는 노릇이 아닌가. 그러니 어린 것들이 지금도 약에 취해 헛구역질을 하며 저렇게 늘어져있는 게다.

초등학교 시절이었다. 당시는 모두들 머리나 옷에 이가 들끓는 시절이라 월요일마다 용의검사를 했다. 머리에 이가 있는 아이들이 줄을 서서 교탁 앞으로 가면, 담임선생님께서 물통에 담긴 하얀 DDT가루를 차례대로 머리에 쓱쓱 문질러주셨다. 그게 귀하디귀한 약품이란 생각에 욕심이 나서 옷 속에도 한 움큼씩 넣는 친구들도 있었다. 살충제나 제초제에 대한 정보나 지식이 별로 알려지지 않았던 터라, 학교에서조차 그런 극약을 어린이들에게 마구잡이로 살포한 것이다. 그런 맹독성 약을 몸에다 바르며 자란 우리들의 몸에 생길 치명적인 결과는 과연 누가 책임을 져야 한단 말인가! 월남전에 다녀온 전사들이 앓고 있는 고엽제징후처럼 서서히 우리 몸에 나타날 DDT후유증은 도대체 어디서 배상을 받는단 말인가.

농작물 해충을 싹쓸이로 잡기 위해 인간이 개발해서 전 세계에 유포한 살충제 DDT! 그러나 DDT는 농약이나 수은, 카드뮴 등의 중금속처럼 생체에 들어가면 분해가 안 되거니와 배설도 되지 않기 때문에 체내에 그대로 축적이 된다. 따라서 가볍게 벼에 뿌린 농약이 먹이연쇄에 따라 점차 농축이 되는 이른바 '생물농축현상'이 일어난다. 농약을 친 벼를 먹은 메뚜기, 메뚜기를 포식한 참새, 그리고 이것을 먹은 독수리 등, 최종소비자로 갈수록 몸속의 독성은 점점 진해진다. 강물에 씻겨서 내려간 농약은 물고기를 오염시키고 최종소비자인 인간의 몸 안에선 수백 배, 수천 배로 농축이 되는 것이다. 인간이 자랑스레 개발해서 뿌려댄 농약이 이제 생태계를 파괴시키고 되레 인간의 목을 죄고 있는 것이다. 눈앞의 이익에만 급급해서 자연을 생각하지 않고 '공업화', '산업화'의 깃발을 걸고 무작정 달려온 '만물의 영장'의 종말인 게다.

인간은 머리가 좋아 편리한 것을 찾고, 단숨에 만사를 해결하려는 경향이 있다. 그러니 자신에게 거슬리는 존재는 DDT를 쳐서 깡그리 없애버려야 직성이 풀린다. 정치적 야심을 채우기 위해 자기의 행보에 방해가 되는 정적政敵 수십만 명을 사이클론B 가스실에 몰아넣고는, 에프킬라 약으로 모기를 잡듯 대량학살을 자행한 폭군이 바로 인간이 아니던가.

문득, 어릴 적 문지방으로 슬금슬금 들어오는 달팽이가 징그러워 소금을 한 움큼 가져다 뿌린 기억이 난다. 나에게 아무런 해를 끼치지도 않는 미물을 단지 징그럽다는 이유 하나로 이들을 단숨에 극형에 처한 나의 처사 역시 아우슈비츠수용소의 비극을 태연하게 자행한 히틀러와 다를 바가 없는 게다.

그러고 보니 세상은 온통 DDT 천국이다. 정치판에선 국가의 장래에는 관심도 없이 오로지 자신과 정당의 이윤 추구를 위해서 갖은 술수를 펼치고 상대를 죽이는 헛소문을 DDT처럼 살포해댄다. 사회에선 생존경쟁이란 핑계로 자신의 라이벌에게 음모성 DDT를 무차별로 뿌려댄다. 또한, 타인의 생명과 건강에는 관심도 없이 돈에만 눈이 어두워 불량음식을 만들고 음식에 독소를 마구 뿌려대는 사람들로 인해 사람들은 점점 병들어가고 있다. 학교에서도 '교육개혁'과 '교사평가'라는 명분하에 교사가 제자들에게, 그리고 제자가 스승에게 악취 나는 독성의 언어와 행동의 DDT를 마구 뿌려댄다. 하지만 어린 시절, 우리가 머리에 발랐던 DDT가루처럼 그 누구도 이 독극물의 결과에 대해선 책임을 지지 않는다. 더 슬픈 것은, 자신이 맹독성 DDT를 뿌리며 살아가고 있다는 사실조차 모르고 있다는 사실이다.

일전에 출가한 딸아이가 쓰러져 병원에 실려 갔다. 병명은 '갑상선기능항진증'이라고 했다. 과로와 스트레스가 병의 원인이라는 말을 듣는 순간, 모두가 어미 탓이란 생각이 들어 가슴을 쳤다. 나는 딸이 어린 시절은 물론 출가를 하고나서도 살아가면서 힘든 일들을 언제나 딸아이에게 의논하고 하소연을 했던 것이다. 만만한 게 딸이라고 세상이나 가족에 대한 원망뿐 아니라 딸아이에 대한 서운함과 질책 등 무심코 내가 쏟아낸 눅눅한 말들이 DDT처럼 긴 세월 동안 쌓이고 쌓여 딸을 병들게 한 것이리라 싶었다. 가슴 저 깊은 곳에 박혀 분해도 망각도 되지 않는 언어파편들이 독이 되어 결국 딸아이를 쓰러지게 한 건 아닐까 하는 자책감에 잠을 이룰 수가 없었다. 하지만 돌이켜보면, 내가 뿌린 DDT의 피해자가 어디 딸뿐이겠는가?

생존경쟁이란 미명으로 서로에게 독을 품고 엎치락뒤치락 몸싸움을 하던 날들. 내가 무심히 던진 말과 선불리 한 행동이 독이 되어 상처를 입힌 이들이 얼마나 많으랴. 그 중에는 나로 인해 가슴에 멍이 든 이들도 있을 것이고, 그 의혈을 채 풀지도 못하고 이승을 떠난 이들도 있으리라. 그 대가로 나 또한 가슴에 생채기가 나고 병들어가고 있지만, 이것으로 이승에서의 내 죄에 대한 보속으로는 당치도 않을 테다. 아마도 이 업보는 저승에까지 지고 가야할 것 같다.

닭 가슴살을 삶아 곱게 저민다. 사람이나 강아지나 독한 약을 빨리 배출하기 위해선 잘 먹여야 할 터. 좀 더 힘이 세다는 이유로, 연약한 강아지들에게 무지하게 DDT를 살포한 인간을 대표해서 사죄하는 마음이다.

지금 이 순간, 강아지가 아니라 인간인 게 참으로 죄스러운 마음이 든다.

개 같은 인간이 그립다

시집간 딸아이한테서 전화가 왔다. 부부동반 여행을 가니 반려견, '삼식이'를 좀 맡아달라고 한다. 시집간 지 1년이 지났는데 기다리는 손주를 안겨줄 생각은 않고 강아지나 봐달라고 하니 기가 찰 노릇이다. 그런데도 손주를 보듯 내 마음은 벌써 저만치 종종걸음을 치고 달려간다.

딸아이가 기르는 삼식이는 '비숑 프리제'종種으로, 매스컴의 광고 모델로 곧잘 나오는 머리가 하얀 공 모양의 강아지다. 인형처럼 이쁘고 이국적인 강아지의 모습에 '삼식이'란 이름이 생뚱맞다. 세 끼를 잘 찾아먹고 건강하라는 의미와 함께, 귀한 아이일수록 천한 이름으로 부른다는 말을 듣고 사위가 지은 이름이다.

개는 학명이 Canis familiaris, Linné로 학명 자체가 인간과 친숙한 동물이다. 지능도 높고 진화상 인간과 유연관계가 깊은 동물이다 보니 개를 가족처럼 일생을 함께 사는 사람이 많다. 개는 애완견으로 주인의 기쁨조 역할뿐 아니라, 종의 특성을 살려 여러 가지 일을 수행한다. 집을 지키는 파수꾼, 먹이를 쫓는 사냥개, 수사에 동원되어 마약이나 독극물을 찾아내는 수색견도 있다. 그런가 하면 싸움을 잘하는 투견도 있고, 묘기를 부리는 서커스 개도 있다. 불행히도 한국에 태어난 토종개는 한 여름 보양식으로 희생재물이 되니 참으로 안쓰러운 운명이 아닐 수 없다.

개의 눈높이에서 인간을 보면 참으로 한심스러울 테다. 저들은 성장속도가 빨라 태어나자마자 걸어 다니며 어미젖을 스스로 찾아먹고, 몇 달만 지나면 짝짓기까지 하는데 반해 인간은 일 년이 지나도 걸음마도 제대로 못하고 똥오줌을 싸며 어미의 보호를 받아야만 생존할 수 있으니 말이다. 개는 윤리적으로도 인간보다 나은 것 같다. 개는 저들끼리 차별대우를 하지도 않거니와, 인간을 대할 때도 똑같이 좋아한다. 젊거나 늙었거나, 잘났거나 못 낫거나를 따지지 않는다. 순수하게 그 존재 자체만으로 상대를 따르고 꼬리를 친다. 그리고 한 번 인연을 맺은 주인에겐 목숨을 걸고 충성을 다하며 의리를 지키는 동물이 바로 개라는 종족이다.

얼마 전 TV프로에서 특수훈련을 한 개가 주인을 지키는 실험을 보여준 적이 있다. 주인이 물에 빠져 허우적거리자 헤엄도 못 치는 개가 막무가내 물속으로 뛰어드는가 하면, 불이 난 현장에 주인이 밧줄에 묶여 있는 걸 보더니 스스럼없이 불 속으로 달려드는 것이었다. 주변에서 온갖 먹거리랑 장난감으로 개를 유혹하는데도 한 치의 망설임도 없이 말이다. 자신의 부富와 명예를 위해 부모나 형제에게까지 칼을 들이대며 혈연의 정과 의리를 헌신짝처럼 버리는 인간이 아니더냐! 인간이라는 이유 하나만으로 나 자신이 실로 부끄러워지는 순간이었다.

일전에 삼식이는 중성화수술을 받았다. 조그만 것이 수면마취를 하고 수술을 한 탓에 녀석은 종일 비실거렸다. 게다가 입으로 아랫도리를 건드리지 못하게 머리엔 커다란 플라스틱 갓을 씌어두었다. 그런데도 딸내미 집을 방문한 나를 화들짝 반기며 그 몸으로 팔딱팔딱 뛰고 뒤로 발랑 누워 뒹구는 것이었다. 아직도 아랫도리, 실을 꿰맨 자리에선 피고름이 흐르고 있는데 말이다. 자신의 아픔도 아랑곳하지 않고 좋아하는 이를 반기는 마음을 온몸으로 보여주는 그 모습에서 뭔가 가슴이 뭉클해졌다.

삼식이가 집에 있으면 나는 외롭지 않다. 부엌에서 일을 하면 내 발밑에 앉아있고, 화장대에 앉으면 쪼르륵 달려와 내가 화장하는 모습을 올려다본다. 호기심과 사랑이 가득 찬 눈빛이다. 엄마가 외출하기 전 지레 걱정이 되어 엄마 눈치를 살피던 어린 시절의 내 모습이다. 내가 샤워를 하러 들어간 사이에도 녀석은 욕실 밖에 앉아서 묵묵히 나를 기다린다. '사랑은 기다리는 것'이라는 걸 벌써 터득한 녀석인 게다.

또한, 내가 외출했다가 돌아와 현관 앞에서 제 이름을 부르면 삼식인 거의 혼절하다시피 나를 반긴다. 높이뛰기 선수인 양 내 허리춤까지 팔딱 뛰어오르다가는, 다시 내 앞에서 배를 발랑 뒤집어 누워 무방비상태로 애정표현을 한다. 안아주면 내 손가락을 입에 넣고 질겅질겅 씹으며 사랑의 애무를 해댄다. 숫제 오줌을 지르기도 한다. 비록 강아지지만, 이 순간 나는 늘 감동한다. 세상에 이토록 나를 진심으로, 온몸으로 반기는 이가 있을까 말이다. 젊은 시절 남편의 뜨거운 사랑도 세월 따라 사그라져 이젠 사랑이라기 보단 연민과 동지애로 살고 있고, 이제 제짝을 찾아 어미 품을 떠난 자식들 역시 내가 이토록 살가운 존재는 아닐 테다. 내가 아직도 이렇게 귀하게 사랑받고 있다는 기쁨, 누군가에게 내가 아직도 필요한 존재라는 뿌듯함이 나를 더없이 행복하게 한다.

인간의 눈으로 볼 때 개 팔자는 부럽기 그지없다. 주인만 잘 만나면 일생 동안 걱정 없이 먹고 놀며 지낼 수 있으니 말이다. 인간처럼 목에 건 '가족부양'이라는 책임과 연자매도 그들에겐 없다. '개'라는 이유로 먹고 놀고 어질러놓고 돌아다녀도 모두들 눈감아 준다. 그런데 인간들은 돼먹지 않은 인간을 말할 때 '개 같은 인간'이라고 빈정거린다. 부러운 존재를 보면 뒤에서 시기하고 험담하고픈 심리일까? 아니면, 자신이 누리지 못하는 백수의 삶이 내심 부러운 걸까?

생각해 보면, '개 같은 인간'이라면 조물주가 보기에도 멋진 인간이 아닐까 싶다. 창조주가 갓 빚었을 때의 순수한 본성을 그대로 지니고 있는 존재! 일신의 이익과 안위를 위하여 지금처럼 으르렁거리며 서로를 모함하고 싸우지도 않을 것이고, 의리로써 서로에게 충직할 테니 말이다, 그리고 우리가 만든 잣대로 인간을 차별대우하지도 않으며, 무엇보다 희로애락의 감정을 꾸밈없이 표현하며 살아갈 것이 아니겠는가 말이다.

인간은 '보다 나은 내일을 위해서!'라는 명목으로 교육을 받고 문화를 발달시킨다. 사회나 학교에선 직감적이고 본능적인 충동에 따르기보다는 매사에 이성적으로 사고하고 행동하기를 끊임없이 세뇌시킨다. 교육의 최종목표인 '노블noble한' 인간을 만들기 위해 인간의 심장은 금속의 장막으로 겹겹이 둘러싸인다. 심장의 열기와 박동소리를 죽이고, 가슴에서 솟구치는 뜨거운 열정과 감정은 싸늘한 방패로 차단시킨다. 그 결과 성형외과에서 빚어내는 쌍둥이 성형미인처럼 겉으로 행동이 미끈하고 세련된 윤리적 모델이 대량생산되고 있는 게다. 우리 모두가 너나없이 가슴이 싸늘한 마네킹이 되어가고 있는 게 사실이다.

나이가 들수록 오감은 무디어져간다. 그런데도 되레 정에 목이 마르고, 가슴에는 눈물이 자주 고인다. 나는 죽는 순간 눈을 감을 때까지 사랑하는 사람들을 곁에 두고 한껏 애정을 표현하며 살고 싶다. 그리고 아직은 이승을 살아갈 가치가 있다는 징표로서, 내가 사랑받고 있는 존재란 걸 오감으로 느끼며 살고 싶다. 개 같은 인간이 그리운 이유다.

눈높이

반려견 삼식이가 나를 깨운다. 배가 고픈데 할미가 자고 있으니 침대에 올라와 얼굴을 핥고 짖어댄다. 요즘 들어 딸아이가 출장이 잦아 이놈이 거의 나와 함께 지내다 보니 겁이 없는 게다. 간식으로 과일이나 주라고 하는 말에 사료를 먹인 후 디저트로 사과를 깎는다. 지난 달 아들의 혼례 시 이바지음식에 들어있던 귀하디귀한 사과다. 손주 대신 기르는 강아지니 무엇이 아까우랴 싶어서다.

할미가 무얼 주는가 싶어 목을 쭉 빼고 위를 올려다보고 있는 녀석이 여간 귀엽지 않다. 달다란 사과 속을 잘라 입에 넣어주는데 거들떠보지도 않는다. 그러더니 갑자기 옆에 있는 음식쓰레기 통으로 다가가 방금 깎은 사과껍질을 질질 끌고 나온다. 내가 말릴 틈도 없이 녀석은 사과껍질을 아삭아삭 소리를 내며 맛있게 먹는 것이 아닌가. 삼식이의 눈높이! 삼식이에겐 사과 속살보다 버린 사과껍질이 더 맛있는 게다. 네 발로 다니는 녀석이니 눈높이가 낮을 수밖에 없을 테지만 할미가 애지중지 챙겨주는 정성도 모르는 한심한 놈이 아닌가. 조상대대로 땅바닥을 기어 다니며 사람들이 흘리는 음식을 주워 먹던 조상의 피를 숨길 수가 없는가보다.

어디 삼식이만 그러하겠는가. 모든 동물은 자신이 좋아하는 것에 눈높이가 있을 테고 먹고 싶은 것에도 눈높이가 있을 것이다. 그러니 채식을 하는 토끼는 맛있는 쇠고기나 돼지 삼겹살을 구워 코앞에 들이대어도 군침 하나 흘리지 않을 것이며, 육식을 하는 사자에게 비싼 키위나 바나나는 돌멩이에 불과할 것이다. 생각해 보면, 같은 인간인데도 모든 것에 자신만의 눈높이가 있지 않은가 말이다. 삼식이가 사과속살을 마다하고 굳이 껍질을 고집하는 것이나, 내가 고기를 마다하고 보리밥을 더 선호하는 것은 같은 이치다. 찢어지게 가난했지만 내가 어릴 때 즐겨먹던 음식, 그건 바로 나에게 세상 그 무엇보다 맛있고 행복호르몬을 분비시키는 음식이기 때문이다.

어쩜 세상은 '눈높이 시스템'으로 돌아간다고도 할 수 있다. 지구상에 있는 수많은 국가와 사회가 최고정점으로 지향하는 가치관의 눈높이가 다르고, 그 하부조직을 구성원들의 눈높이가 차별화 되어 있으니 말이다. 동양과 서양의 문화가 다르고 민족마다 제각기 지향하는 종교적 가치와 예술이 다른 것도 다 이 때문이다. 국가와 민족이 이처럼 다양한 개성과 눈높이로 되어 있어 세상은 참으로 재미있고 살맛나는 게 아닐까? 게다가 빈자와 부자, 배운 자와 무지렁이의 눈높이와 지향하는 가치관이 다 달라 각기 제 위치에서 저만의 고유한 문화를 창출하고 있는 게다. 만일 자신의 위치에 만족하지 않고 모두가 남의 역할을 탐한다면 사회가 어떻게 될지는 불 보듯 뻔하다.

교육에서는 최적의 눈높이가 특히 중요한다. 교육에서 학생들의 눈높이를 고려하는 것은 바로 교육의 효율성과 통하기 때문이다. 최근 들어 학교 현장에서 학생들의 수준과 능력을 고려한 소위, '수준별 수업'을 시도하는 것도 바로 이러한 눈높이 교육의 효율성을 고려한 정책이다. 아무리 좋은 교육 프로그램이라도, 아무리 교사가 잘 가르쳐도, 학생들의 눈높이가 맞지 않으면 '소 앞에 경 읽기' 수업이 되어버린다. 반면에, 자신의 수준에 맞는 반과 프로그램을 선택해서 능력이 비슷한 친구들과 수업을 하면 학습 효과가 최대치로 올라가는 것이다.

땅바닥을 기면서 인간들이 흘리는 음식을 주워 먹으며 행복의 포만감을 느끼는 강아지 종족! 사과껍질을 맛있게 먹고 있는 삼식이를 보며 문득 어린 시절의 내가 떠오른다. 아버지의 실직으로 찢어지게 가난한 시절, 세상의 바닥을 기었지만 나는 더없이 행복했다. 눈을 뜨면 소박한 반찬이지만 사랑하는 가족들과 함께 오손도손 밥을 먹고, 언니 동생들과 소꿉장난을 하고, 학교에 가면 글을 가르쳐주는 선생님과 어깨동무하고 놀 수 있는 친구들이 있다는 것만도 나에겐 무지갯빛 행복이었던 것이다.

인간의 행복은 자신이 보고 듣고 경험해서 설정한 눈높이, 곧 행복지수에 달려있는 게 아닐까싶다. 일생을 돌아보면 내가 가장 행복했던 시절은 지금처럼 많은 것을 소유하고 남들보다 기득권을 획득했을 때가 아니라 오히려 가장 가난하고 가진 게 없던 때였으니 말이다.

진흙탕 속에서 허우적거리면서도 앞을 알 수 없는 칠흑 같은 어둠 속에서도 내가 행복할 수 있었던 것은 바로 내 눈높이 안에 소담한 꿈이 들어 있었기 때문이다. 머지않아 어둠의 터널이 끝나고 나의 작은 세상이 열릴 것이라는 희망이 결코 나를 주눅 들게 하지 않았던 게다.

내가 가장 아끼는 수녀 친구가 있다. 모처럼 만나서 그녀에게 무얼 먹겠느냐고 물으면 그녀는 매번 자장면을 사달라고 한다. 화려한 뷔페음식도 마다하고, 구수한 스테이크도 싫다고 한다. 중국집 자장면 한 그릇을 앞에 놓고 하느님께 감사의 기도를 올리며 맛있게 먹는 그녀를 보면 나는 늘 머쓱해지곤 한다. 내가 설정한 눈높이가 수녀 친구에 비해 턱없이 높아서다. 단팥빵 하나와 자판기 커피 한잔을 빼들고 바닷가에서 마냥 행복해하는 그녀를 보면 더욱 그렇다. 그런 수녀 친구 앞에서 나는 늘 소금기 머금은 달팽이처럼 위축되는 걸 느낀다. 나의 눈으론 그 깊이를 가늠할 수조차 없는 그녀의 해맑은 영혼의 호수에 주눅이 드는 게다.

에덴동산에서 인간은 벌거벗고 살았다. 그리고 지구 위의 최초의 우리 조상들도 빈 몸에 고작 나뭇잎을 걸치고 살았다. 비가 내려 나무들이 무성하게 자라서 시원한 그늘을 만들어주면 그들은 하늘에 감사를 드렸을 테고, 폭염과 뜨거운 햇살로 과일들이 풍성하게 달리면 그 역시 하늘에 찬미의 기도를 올렸을 게다. 그들에겐 맹수들의 위협을 피해 가족들이 안전하게 살 수 있는 동굴만도 더없는 행복의 보금자리였을 테니 말이다. 그들은 짐승처럼 네 발로 기어 다니면서 행복의 눈높이를 땅바닥에 그려놓았던 것이다.

문명이 발달함에 따라 인간은 하늘을 향해 욕심과 야망의 바벨탑을 쌓아올렸다. 하늘을 오르고 우주를 정복하고 마침내는 조물주와 절대자 신에게 대항하여 행복의 승부수를 띄운 것이다. 하지만 인간이 쌓아올린 고층빌딩만큼 높아져버린 행복지수로 인해 이제 인간은 전처럼 행복할 수가 없다. 나 역시도 마찬가지다. 물질과 명예의 노예가 되어 눈높이가 높아져가면서 욕심과 아집의 늪에 빠져 한시도 마음 편할 날이 없었다. 타임머신으로 인간 역사를 다시 되돌릴 수 있다면, 아니 그 속도를 조절할 수라도 있다면, 우리 모두가 오늘보단 더 행복해지지 않을까 싶다.

나이가 듦에 따라 척추가 휘어지고 키가 줄어든다. 그 덕에 눈높이라도 낮아지면 얼마나 좋을까? 법정스님의 '무소유'의 철학까진 흉내 내지 못하더라도 이제는 못 가진 것에 연연해하지 않았으면 좋겠다. 품 안의 자식들까지 모두 출가시키고 세상에 태어나 내가 해야 할 과제를 다 했는데 무얼 더 바라랴! 이제 친구들이 우스개로 말하듯, 가진 자와 못 가진 자, 잘난 이와 못난 이, 배운 이와 못 배운 이가 모두 평준화되어버린 나이가 되었으니 말이다.

행복은 많이 가지고 무작정 높이 오르는 데 있는 것이 아니라 내가 설정한 눈높이에 달려있다. 눈높이를 낮출수록 행복해진다는 작은 진리를 한 생生을 훌쩍 보내 후 오늘 강아지에게서 배운다. 네 발로 바닥을 기어 다니는 삼식이가 부럽기 그지없다.

춘삼이

삼식이와 춘삼이가 싸운다. 벌거벗은 몸에 빨간 티셔츠 하나 달랑 걸친 삼식이를 춘삼이가 사정없이 문다. 옷을 질질 끌다가 이젠 피부를 물어댄다. 삼식이는 형님이면서도 아무런 대항도 못하고 덩치 큰 동생에게 그냥 몸을 맡기고 있다. 성서의 '야훼의 종'이 저랬을까. 제 목숨을 숫제 포기한 양 지그시 눈을 감고 있다.

삼식이와 춘삼이는 출가한 딸이 기르는 반려견伴侶犬이다. 개를 좋아하는 사람들은 '애완견' 대신 '반려견'이란 말을 좋아한다. 인간이 장난감처럼 데리고 사는 강아지가 아니라 일생을 함께 살아가는 가족이라는 의미이기 때문이다. 그런 의미에서 결혼한 지 1년 반이 넘도록 태기가 없어 애를 태우던 딸아이에게 사위가 사준 첫 번째 강아지가 삼식이다. 세 끼를 잘 챙겨 먹고 건강하라고 사위가 붙여준 이름이다.

하얀 털이 복슬복슬하고 눈이 왕방울만한 삼식이를 기르고 나서부터 딸내미의 임신집착증도 사라졌다. 하지만 기다리던 손주는커녕 강아지 뒷바라지를 하느라 혼을 빼는 딸내미를 보며 나는 내심 못마땅했다. 그런데 내 속을 알 리 없는 삼식이는 할미라고 나를 무척 좋아해 딸아이는 걸핏하면 삼식이를 나한테 맡기고 외출을 하곤 했다. 그러던 중 삼식이가 혼자 있는 게 안쓰럽기도 하고 우리가 외출할 때면 낑낑거리는 게 가여워 동생을 하나 입양하기로 했다. 그런 연유로 들어온 놈이 춘삼이다. 올 춘삼월에 들어왔다고 사위가 붙인 이름이다. 이놈은 분양을 받아올 때 내가 안고 와서인지 유달리 나를 따른다. 새끼오리처럼 자신이 처음으로 맡은 냄새가 주인이라고 각인이 된 게다.

두 녀석은 모두 프랑스가 고향인 '비송 프리제'란 종種이다. 삼식이보다 새로 입양된 동생, 춘삼이는 혈통이 아주 좋은 놈이다. 부모는 물론, 할아버지와 그 윗대 3대가 모두 강아지 외모대회에서 입상한 챔피언 집안이다. 비송 강아지의 특징은 하얀 털에다 머리가 공 모양으로 동글동글하다. 그런데 인터넷 비송 카페에서 삼식이 별명은 '가르마'로 통한다. 털이 너무 부드러워 머리가 갈라져 붙은 애칭인데 비송으로선 치욕적인 별명이다. 그런데 동생 춘삼이는 털 자체가 형과는 다르다. 춘삼인 털이 눈처럼 하얀 게 모질毛質도 빳빳해서 벌써부터 머리가 동글동글하다. 게다가 팔 다리가 길어서 형에 비해 늘씬한 몸매를 가지고 있다. 춘삼이의 눈부신 털을 보면, 여고시절에 잘사는 집 아이들이 입던 형광빛의 테드론 여름철 교복 같다. 인물은 분명 삼식이가 더 귀여운데 삼식이가 춘삼이 곁에 서면 누런 옥양목 교복을 입은 그 옛날의 나처럼 빈티가 줄줄 흐른다.

유전자가 좋은 종이라 그런지 처음 데리고 왔을 때도 춘삼이는 전혀 기가 죽지 않고 뽈뽈거리고 다녔다. 되레 삼식이가 적응을 못해 잠을 설치는 눈치였다. 춘삼이는 먹이를 주면 마파람에 게 눈 감추듯 밥그릇을 비워치운다. 밥을 잘 안 먹는 삼식이에게 뭘 좀 따로 챙겨 먹이려고 하면 춘삼이가 먼저 낌새를 차리고 달려온다. 하기야 춘삼이는 어릴 적부터 혼자 옹야옹야 하며 기른 삼식이와는 다를 수밖에 없을 테다. 때가 되면 주인이 알아서 챙겨주는 삼식이와는 달리, 수십 마리를 합동 사육하는 곳에서 자란 춘삼이는 입대한 군인들처럼 행동이 재빠르지 못하면 살아남지 못하였으리라. 어떻게 보면 춘삼이가 기특하고, 한편으론 안쓰런 생각이 든다. 살아남기 위한 본능적인 처세술! 어쩜 저런 재치 있고 활달한 성격도 약육강식의 세상에서 살아남기 위한 챔피언 유전자인지도 모르겠다.

강아지 두 마리가 만나면 한 동안 세력권 싸움을 한다고 한다. 우리 눈으로 볼 때는 한 살이나 나이가 많은 삼식이가 매사에 우선이어야 된다고 생각한다. 하지만 이들의 세계는 인간의 관점과는 다르다고 하니 두고 보는 참이다. 둘은 곧잘 붙어서 논다. 저게 싸우는 건지 노는 건지 구별이 안갈 때도 있다. 하지만 이따금씩 삼식이의 행동을 보면 답답하기 짝이 없다. 껌을 반으로 잘라서 갈라주었는데 나중에 보면 춘삼이가 둘 다를 꿰차고 있다. 하나는 제 입에 넣어 씹고, 능숙한 손으로 삼식이 것도 낚아채서 잡고 있다. 손을 잘 쓸 줄 모르는 삼식이는 곁에서 동생이 먹는 껌을 물끄러미 바라보고 있다. 침을 흘리고 앉아있는 삼식이 눈동자가 허공을 맴돈다. 문득, 어릴 적 나를 보는 듯 가슴이 아린다.

초등학교 1학년 때였다. 국어시간에 카드놀이를 했다. 그날은 내 카드를 책상 위에 펴놓고 짝지랑 선생님이 부르는 카드를 찾고 있었는데 짝지가 내 카드 하나를 집더니 슬쩍 자기 주머니에 넣는 것이었다. 그 아이가 그 전날 잃어버렸다고 울먹이던 바로 그 카드였다. 눈앞에서 내 카드를 도둑질 당하면서도 나는 바보처럼 한마디도 못하고 말았다. 그 아인 집안이 부자였고 어머니가 사흘더러 학교엘 와서 우리 담임선생님이 유독 총애하는 아이였기 때문이다. 슬프게도 너무 어린 나이에 세상에 타협하는 걸 배워버린 나! 어쩜 그게 가슴에 지워지지 않는 상흔으로 남아 평생 동안 내 소리 한번 크게 쳐보지 못하는 눈치꾸러기가 되어버렸는지도 모를 일이다.

춘삼이가 복덩인지 그 녀석이 입양되고 얼마 안 되어 딸아이에게 태기가 있었다. 며칠 전에 녀석들 미용을 하면서 삼식이 털이 잘 엉켜서 빗기기가 어렵다며 온몸을 빡빡 밀어 달라고 부탁을 했다. 입덧도 심한데 녀석들을 산책시키고 나면 발 씻기는 게 어렵다며 삼식이는 머리와 다리털만 남기고 발까지도 말끔히 밀어버렸다. 그러니 그 모습이 마치 머리만 크고 몸은 앙상한 도마뱀 같다. 반면에 태어나 첫 미용을 한 춘삼이는 한 인물이 난다. 늘씬한 키에 동그란 머리, 거기다가 새까만 코가 어우러져 귀티가 줄줄 흐른다.

삼식이의 몰골을 보고 있으면 인간으로서 참으로 못할 짓을 했다는 자책감이 자꾸 든다. 삼식이의 몰골 위에 가난했던 어린 시절, 미용비를 아낀다고 머리를 머슴애처럼 빡빡 밀었던 내 모습이 겹친다. 삼식이도 제 몸을 내려다보니 부끄러운지 자꾸 구석진 곳을 찾아 숨는다. 벌거벗은 모습이 마치 변변찮은 자기 족보를 까발리기나 한 듯이 말이다. 그런데 이놈의 춘삼이는 더 기세등등해서 형에게 올라타서 목을 누르고 맨 몸을 물어뜯는다. 그러니 저녁에 보면 삼식이의 몸에 성한 곳이 없다. 눈가에 삼식이가 할퀸 자국엔 살점이 떨어져 피가 맺혀있다. 목도 머리도 등도 허리도 만신창이다. 연고를 바르는데 삼식이와 신경이 연결되었는지 내 몸이 아프다. 조금 더 힘 있고 잘 났다고 이렇듯 약자를 무시하고 깔아뭉갠단 말인가! 저보다 못하다고 생각하는 자를 깔보는 눈은 개나 사람이나 매 한가지인 게다.

보다 못한 내가 삼식이 여름옷을 하나 사왔다. 무언가로 삼식이 몸을 가려주고 싶은 게다. 딸아이가 아무거나 싸구리로 사 입혀도 된다고 했지만 나는 그럴싸한 이쁜 옷을 두 개 골랐다. 옷이라도 귀티가 나면 모두들 깐을 보지 않을까 싶어서다. 그런 내 마음을 아는지 모르는지 옷을 입은 삼식인 마네킹처럼 경직되어 꿈쩍도 않는다. 아무래도 귀티 나는 옷이 저한테는 어울리지 않는다고 생각하는 모양이다. 더 기가 찬 것은 춘삼이의 행동이다. 삼식이가 옷을 입자마자 옷을 물어뜯기 시작한다. 마치 "너한테 이런 옷이 어울리기나 하냐?" "그런다고 네가 갑자기 귀족이 될 줄 아느냐?"며 빈정대듯이 말이다. 화가 나서 춘삼이를 한 대 두들겨 패주고 삼식이 옷을 벗겼다. 마치 내가 그 옷을 입고 양반행세를 하다가 망신을 당한 듯 온몸이 달아오른다.

홧김에 찬물에 샤워를 하고 나오는데 애들이 짖어대는 소리에 놀라 거실에 나가 보니, 아니 이게 웬일인가! 삼식이가 춘삼이를 코너에 몰아넣고 닦달을 하며 짖어대고 있다 "니가 잘나면 .얼마나 잘났어?" "형을 알기를 뭘로 아는 거야?" 준엄하게 호통을 치면서 말이다. 그래 그렇지! 그래야 하는 거야! 가진 게 없다고, 몰골이 추하다고 기죽어선 안 돼! 형을 알기를 우습게 여기면 더더욱 안 되지! 절로 응원의 박수가 터져 나온다.

오늘 밤은 삼식이의 승리, 아니 나의 가난한 피가 승리를 거둔 날이다.

난蘭을 보쌈하다

오랜만에 머리를 식힐 겸 겨울나들이를 나왔다. 전라도 심심산골, 하얀 눈이 덮인 난 밭에 앉는다. 모든 수목들이 옷을 벗고 여유로운 휴식을 취하는 겨울, 푸른색의 풀은 모두 난蘭이다. 그러니 '난쟁이'들은 겨울 산을 좋아한다. 일행들은 앉아서 춘란 꽃망울을 깐다고 여념이 없다. 춘란의 꽃 색은 원래 초록색인데 돌연변이로 생긴 적화赤花나 황화黃花를 찾기 위해 꽃망울들을 손으로 문질러보는 것이다. 하지만 나는 차마 그 여린 꽃을 손으로 만질 수가 없다. 난 앞에선 나는 부끄러운 전과자이기 때문이다.

내가 난을 재배한 지는 꽤 오래되었다. 난을 전문으로 재배하는 형부로부터 이따금씩 돌연변이 끼가 있는 춘란들을 하나씩 얻어 기르다 보니 난에 푹 빠지게 된 것이다. 하지만 아직 난쟁이로서의 소양은 없고 그냥 난을 만지고 보는 것만으로도 행복할 뿐이다. 처음에

난 재배를 시작할 때는 형부가 시키는 대로 따라했다. 베란다에 난실을 만들고 바닥엔 물이 항상 고여 있도록 대리석을 깔았다. 행여 통풍이 안 될세라 난실에 선풍기까지 설치했다. 어느 분야든 초보의 특징은 장비부터 최고로 갖추는 게다. 난분도 마사磨砂도 모래도 제일 좋을 것으로 고르고 이끼와 틈틈이 넣어줄 영양액까지 그냥 최고로만 골랐다. 돈이 아까울 리가 없었다. 아기를 맞이하는 산모의 마음이었으니 말이다.

아기나 식물이나 생명체는 모두 사랑을 먹고 자라는 것! 내 사랑과 정성에 보답이라도 하듯 난들은 반짝반짝 윤이 나며 싱그럽게 잘 자랐다. 쑥쑥 꽃대를 올려 꽃망울을 터뜨리는 게 마냥 대견스러울 따름이었다. 기중에는 한 두 개씩 돌연변이종이 나와 가슴을 설레게도 했다. 밤낮없이 난들과 사랑을 속삭이느라 나는 계절이 가는 줄도 몰랐다.

난에도 돌연변이가 있다. DNA나 염색체에 이상을 일으킨 것이 돌연변인데 인간이나 동물에 있어서 돌연변이는 대개 치명적 장애로 나타나기 때문에 생존이 어려운 경우가 많다. 다리가 다섯 개 달린 강아지나 머리가 둘 달린 송아지는 생존 확률이 낮은 것이다. 이에 반해 식물의 돌연변이는 희귀 존재로서의 가치를 지닌다. 초록색 잎에 반점이 있거나 잎의 가장자리에 황색 테두리를 두르고 있으면 상대적으로 엽록소가 부족해 생존이 어렵다. 그런데도 난의 경우엔 이런 것이 귀한 대접을 받는 게다. 특히 잎의 가장자리에 황색띠를 두르고 있는 것은 '중투'라 하여 한국 춘란의 보석이다. 심마니들이 산삼을 구하러 다니듯, 난쟁이들은 이 중투를 찾아 산을 헤매고 다닌다. 나는 난 자체보다는 이런 귀한 난을 찾아다니는 게 어린 시절 보물찾기 놀이를 할 때처럼 가슴이 두근거리고 재미있다.

형부를 따라다니다 보니 차츰 나도 눈이 밝아져서 돌연변이 끼가 있는 걸 곧잘 찾아내곤 했다. 하지만 인간의 욕심의 항아리는 그 끝이 없는 법! 하나씩 둘씩 귀한 난을 수집하기 시작한 것이 열 평 남짓의 베란다는 어느덧 수백 개의 난분으로 가득 차버렸다. 난의 입장에서 보면 저들은 얼마나 답답했을까? 하지만 나에겐 그런 걸 생각의 여유가 없었다. 날이 새면 또 새로운 난을 데려올 생각에 밤잠을 설쳤던 것이다.

하지만 어쩌랴! 촉수를 곤두세우던 난에 대한 나의 열정과 관심은 세월 따라 차츰 무디어져갔다. 사랑이 없는 노동은 그 자체가 괴로운 것! 언젠가부터 수 백 개의 난분에 물을 주고 가꾸는 게 힘에 부치기 시작했다. 고심을 하다가 슬그머니 남편을 난실에 끌어들이는데 성공했다. 결국 하루아침에 그 많은 난들은 주인이 바뀐 셈이다. 언제는 좋다고 보쌈을 해 와선 어느 날 저들의 의향은 묻지도 않고 파양을 해버린 셈이다. 난분 한 개로 영혼이 자유롭지 못해 '무소유'의 심오한 진리를 발견한 법정스님의 마음을 알 것도 같았다. 아기들처럼 제 시간에 물을 주고 햇볕과 통풍까지 신경써야 하는 강박감에서 탈출한 느낌은 자유 그 자체였다. 그리곤 나는 다시 숨어있던 역마살이 도져 지구 바깥으로 뛰쳐나갔던 것이다.

유달리 폭염이 심했던 어느 해 여름, 3주일 동안 유럽여행을 다녀왔다. 유럽에도 40도를 웃도는 찜통더위가 계속되어 독거노인들이 많이 죽었다는 뉴스가 곳곳에서 나돌던 때였다. 그런데 집에 돌아와 보니 현관입구에서부터 난들의 신음소리가 메아리쳤다. 놀라서 달려가 보니 난실은 한 차례 쓰나미가 휩쓸고 간 듯 처참했다. 죽어가는 난들의 아우성 속에서 순간, 내가 무슨 일을 저질렀는지 실감이 났다.

난은 자연 상태, 제 고향에 살아야 건강하다. 하늘과 땅을 이불과 베개로, 바람과 햇볕을 동무하며 싱그럽게 자라던 난들이다. 어느 날 한눈에 반해 난을 보쌈을 해 와선 좁아터진 감옥에 포개어 넣어두곤 "내가 사랑하니 너는 행복한 거야!" 라고 뇌까리며 갈증과 굶주림으로 고사枯死하게 내버려둔 폭군이 바로 나였던 것이다.

그렇게 푸르던 잎들은 누런 떡잎을 누더기처럼 걸치고 쓰러져 죽어 있었다. 살아있는 것들도 별반 다르지 않았다. 탱탱하던 피부는 버섯처럼 푸석거리고 꼿꼿하던 허리는 할머니 등처럼 꾸부정히 휘어져 있었다. 쓰러져 죽은 난의 분을 엎어보니 난의 뿌리가 청나라시대 여자들의 전족纏足처럼 오그라져 있었다. 이들은 바로 내가 만든 아방궁에 갇혀, 식어버린 임의 사랑을 그리며 쓸쓸히 죽어간 것이다. 결국 나는 양심의 가책을 받아 살아남은 난들을 모두 형부 댁으로 보내버렸다. 설사 이렇게 한들 사랑이란 미명으로 엄청난 난들의 목숨을 앗아간 죄를 어찌 씻을 수가 있으랴.

사랑할수록 상대를 그대로 보존하고 인정해야 한다. 참사랑은 상대의 조건과 환경, 그가 가지고 있는 결점까지 그대로 받아들여 사랑할 수 있어야 한다. 그런데도 인간은 무엇이든 사랑하면 소유하고 싶어 안달을 부린다. 행여 남들이 채어갈세라 나만의 궁궐에 가두어두곤 혼자 은밀한 사랑을 즐겨야 직성이 풀리는 게다. 사랑의 대상이 사람인 경우는 더하다. 그의 행동뿐 아니라 영혼마저도 내 안에 감금하고 그를 내 스타일에 맞춰 고치고 바꾸려 한다. 나의 가치와 기준에 맞추려 상대를 탈바꿈시키고 나의 옷을 입히지 못해 앙탈을 부린다. 사람이나 꽃이나 제가 태어난 곳에서 자라야 더없이 평화롭고, 오랜 세월 길들여진 습성을 그대로 인정받아야 건강하고 행복한 것을 말이다.

갑자기 일행 김 선생님의 손이 바쁘게 움직인다. 유심히 그 모습을 지켜보고 있었더니 토끼가 뜯어먹다 남긴 난 두 촉을 캐서 들고 오신다. 초록색 잎가에 노란 선을 두르고 있는 게 중투 끼가 완연하다. 산삼을 캔 심마니처럼 김 선생님의 얼굴에 회심의 미소가 번진다. 선생님은 오늘, 꿈에도 그리던 연인을 만나 보쌈해서 데리고 가는 게다.

이제 저 가여운 난은 이 낙원을 떠나 어느 좁은 감옥에 갇혀 일생을 마치리라. 내 눈앞에서 사랑이란 미명 아래 하릴없이 잡혀가는 난을 보면서도 나는 아무 것도 할 수가 없다. 난보다 내 가슴이 더 답답하다.

마루에게서 배운다

꾸르륵 꾸르륵. 마루 가슴에서 소리가 난다. 아들네 집에서 기르는 반려묘伴侶猫다. 이 녀석이 행복할 때 내뱉는 신음소리다. 지그시 눈을 감은 채 내 무릎에 누워선 내 손에 제 몸뚱이를 맡기고 있다. 아직은 털끝에 닿는 감촉이 서멀거리지만 나도 이 녀석이 그리 싫진 않다. 우린 지금 '밀당' 중이다.

나는 원래 결백증이 있어 집에서 동물을 기르는 걸 싫어했다. 강아지와 사람이 뒤섞여서 사는 여동생 집엘 가선 비위가 약해 음식도 제대로 먹지 못할 정도였다. 하지만 어쩌랴! 살아가기 위해선 환경에 자신을 맞추어야 하는 걸. 외손주가 태어나고 나서부터 딸아이가 기르던 강아지 두 녀석이 얼떨결에 우리 집으로 건너왔다. 인간이 영원히 극복하지 못할 아킬레스건이 외로움이라고 했던가? 내게 달린 혹부리들이 모두 떨어져나간 텅 빈 집, 음습한 적막이 팡이처럼 피어나던 공간에 이놈들은 천방지축 뛰어다니며 날마다 행복도토리를 한 보따리씩 풀어헤쳤다. 이젠 그 녀석들이 내 사랑을 독차지하는 귀염둥이들이 된 게다. 그러니 집에서 애완동물을 기르는 이들의 심정을 조금은 알 것 같다. 하지만 아직도 고양이에 대한 나의 인식은 곱지 않다.

고양이는 보기만 해도 어쩐지 음산한 분위기가 든다. 날카로운 이빨과 발톱을 가진 외모도 그러하거니와 중세 유럽의 회화나 이야기 속에서 고양이는 항상 사악한 영물로 묘사되어 뭔가 재앙을 부르는 상징적 동물이었다. '도둑고양이'라는 꼬리표를 달고 있는 길고양이들을 보면 더욱 그렇다. 살아남기 위한 본능이겠지만 죽음을 각오하고 무엇이든 투쟁할 기세다. 어쩜 이들은 거침없는 야성과 날카로운 지혜로 어리숙한 인간을 눈 아래로 보는지도 모른다. 인간을 자신이 거느린 영역 중의 하나 혹은 자기가 거느린 집사執事쯤으로 여긴다는 우스운 말이 있을 정도니 말이다. 벌건 대낮엔 지하실이나 마루 밑 컴컴한 구석에서 뭔가를 염탐하고 깊은 야밤엔 높은 담벼락을 제 집 드나들 듯 오르락내리락하는 놈들! 가히 '전설의 고향' 드라마나 괴기영화의 주인공인 게다.

언젠가 아들 집에서 마루를 처음 보았을 때도 그랬다. 마치 자기가 주인인 듯, 현관 앞에 나와선 처음 대면하는 나를 반갑잖은 불청객이라는 듯, 뚫어지게 나를 노려보는 것이었다. 거기다가 반지르르 윤기 나는 털, 자존심인 양 날렵하게 치켜 올린 꼬리, 나를 쏘아보는 뇌쇄적인 눈빛이 어쩐지 나를 제압하는 듯해서 더 기분이 상했다. 하지만 며느리가 처녀 때부터 기르던 고양이라고 하니 울며 겨자 먹기로 가족으로 받아들일 수밖에 없는 노릇이 아닌가.

그런데 인연은 묘하다. 며느리가 출산 후 조리원에 가 있는 탓에 그렇게 미운 털이 박힌 놈과 며칠을 동거하게 되었으니 말이다. 단둘이 한 지붕 밑에 있다는 것이 마음을 열게 한 것일까? 아니면 주인도 없는 집을 혼자 지키고 있는 녀석에 대한 연민의 정이 싹튼 걸까? 암튼 시간이 갈수록 녀석의 하는 짓거리가 그리 밉지 않다. 피할 수 없으면 즐기라고, 녀석이 내게 맞추는 것이 아니라 내가 우리들 동거에 적응을 해 가는 게다. 녀석을 가만히 내려다보니 참 잘 생긴 놈이다.

윤기 있는 회갈색 털도 사람으로 치면 귀티가 줄줄 흐르는 차림새고, 갈색 눈에 유리구슬처럼 반짝이는 눈동자는 세상에 태어나서 한 번도 거짓말을 한 적이 없는 아기의 눈빛이다. 게다가 늘씬한 근육질 몸매에 쭉 뻗은 다리는 아마도 지들 세계에서도 손꼽히는 몸짱임에 틀림없다. 귀엽게 쫑긋 세운 두 귀는 세상의 모든 소리를 허투로 놓치지 않으려는 탐지기인 듯하고, 양쪽으로 품위 있게 갈라진 턱수염은 세상을 향해 날을 세운 촉수인 게다.

조금 전, 샤워를 하고 나와 보니 마루가 눈에 띠지 않았다. 그리 넓지도 않는 집안 구석구석을 찾아봐도 녀석이 보이지 않았다. 한참을 찾다가 혹시나 싶어 며느리 방에 불을 켜고 들어가 보니 방구석에 천연덕스레 널브러져 자고 있는 것이었다. 제 딴에도 저를 제일 아껴주던 주인이 그리웠던가보다. 아기처럼 자고 있는 그 모습이 어찌나 평화롭고 여유로운지 문득 부러운 마음까지 들었다. 60평생을 허둥대며 살아온 나의 앨범을 들추어볼 때, 어쩜 저 마루가 나보다 더 높은 차원의 삶을 살아가는 동물인지도 모른다는 생각이 든다. 그러고 보니, 행동 하나하나가 나와는 차원이 다른 것 같다.

마루는 결코 서두르거나 허둥대지 않는다. 걸음걸이 하나, 몸짓 하나도 진중하고 의젓한 게 양반의 모습이다. 결코 상스럽게 얼굴이나 몸을 마구 흔들지 않는다. 자세를 똑바로 하고 두 눈을 점잖게 굴리며 자존심인 양 꼬리를 바짝 치켜 올린 채 엄숙하고 당당하게 걸어가는 모습은 미사를 집전하러 가는 사제의 모습이다. 천방지축 집안의 가구며 세간들을 박살내고 난리를 치며 노는 우리 집 강아지와도 차원이 다르다. 일생을 교단에서 방방거리다가 퇴직 후 백수가 되고나서도 하릴없는 일거리로 내 올가미를 쳐서 숨 막히게 살아가고 있는 나와도 DNA가 다른 게다. 어쩜 녀석은 고양이의 모습으로 태어난 왕족이거나 성자聖者의 후예인지도 모를 일이다.

마루는 철저히 홀로서기의 삶을 즐긴다. 주변이 어떻게 바뀌든, 누가 곁에 있든 없든 자신의 행·불행이 흔들리지 않는 것 같다. 처음부터 '세상은 혼자 조용히 살다가 가는 것'이란 진리를 알고 태어난 걸까? 아니면, 자신의 삶이 누군가에 의해서, 환경에 의해서 흔들리지 않게 자신을 다독이고 평정을 찾는 노하우를 알고 있음에 틀림없다. 어쩜 저렇게 쫑긋 귀를 세우고 세상사世上事 이야기를 듣지만 철저한 자기관리를 통해 평온을 되찾는 삶의 철학을 이미 터득한지도 모를 일이다. 잠시도 혼자선 살지 못하고 인간그물 속에서 바동거리다가 피멍들며 살아온 나! 주렁주렁 감자덩이처럼 혹부리를 달며 살다가 이제 하나씩 둘씩 혹을 떼어낸 자리를 아프게 쓰다듬으며 살아가고 있는 내가 아니던가. 혼자의 삶 자체를 조용히 즐기며 풍요롭게 살 줄 아는 마루가 부럽기만 하다.

방 3개에 거실이 딸린 작은 이 집이 마루에겐 자신의 커다란 성곽인 게다. 이 성 안에서 마루는 자신만의 삶을 구상하고 하루하루를 평온하고 여유롭게 살아간다. 생존경쟁이니 배우자 다툼도 초월한 놈이다. 야생동물이나 인간들처럼 서로 얽혀 싸우며 먹이나 배우자를 갈취할 필요도 없다. 하물며 가족부양의 책임도, 하기 싫은 노동의 강박감도 없을 테다. 때가 되면 어김없이 밥통 안에 들어있는 식사! 게다가 틈틈이 주인이 간식까지 덤으로 하사하니 강태공이나 이태백인들 마루처럼 저렇게 여유롭고 평화로울 수가 있을까 말이다.

내가 가장 부러운 것은 저 녀석이 혼자서도 결코 외로움을 타지 않는다는 사실이다. 생존을 위해 일생동안 목에 달고 달리던 연자매를 벗어던지고 언젠간 한가한 백조의 삶을 누리는 게 꿈이었다. 하지만 백수도 기질을 타고나야 하는지, 여백의 여유를 즐기고자 며칠만 혼자 지내면 가슴으로 파고드는 음습한 냉기와 허기에 질식할 것만 같다. 아직도 나의 행복을 나 아닌 세상과 인간에게서 찾으려고 바동거리고 있는 나를 마루도 필시 측은지심으로 보고 있음이 틀림없다.

이제 마루가 잠이 들었다. 당당하고 의젓한 모습은 어디로 가고 천진한 아기 모습이다. 새근거리는 숨소리에 방안 가득 평화가 넘친다. 마루에게서 삶의 지혜를 배우는 중이다.

파양罷揚

봄이 흐드러진 온천천! 반려견 두 마리가 신나게 달린다. 길가엔 온갖 꽃들이 봄의 향연을 펼치고, 하늘에선 벚꽃이 폭죽처럼 쏟아진다. 어쩜 저 녀석들을 멀리 떠나보내야 할지도 모를 터. 눈물처럼 벚꽃 비는 사정없이 쏟아지는데, 봄볕은 무심하게 쨍쨍하기만 하다.

딸내미가 둘째 아이를 낳은 지 한 달 째. 딸이나 나나 둘 다 육아체질이 아닌지라 아이 둘을 돌보느라 파김치가 되었다. 이제 1년 반밖에 안된 큰 손주는 동생이 생긴 걸 시샘하느라 더 어리광을 부리며 보채고 안하던 잠투정까지 한다. 요즘은 딸이 너무 힘든 것 같아 틈틈이 큰 손주를 내가 데려와서 놀아주고 밤에도 같이 잔다. 문제는 우리 집엔 딸아이가 기르던 반려견 두 마리가 또 있다. 딸이 첫 아이를 낳으면서 우리 집으로 피신을 온 삼식이와 춘삼이는 이젠 나를 주인처럼 졸졸 따라다닌다.

손주와 강아지 두 놈을 같이 돌보자니 이건 숫제 전쟁이다. 세 녀석들을 제대로 먹이고 씻기고 놀아주려면 종일 노가다에 보초를 서고 있어야 하기 때문이다. 어디서 나타난 꼬맹이가 제 할미를 뺏어간다 싶은지, 강아지들도 걸핏하면 손주를 시샘하고 해꾸지를 한다. 게다가 이놈들도 심리적 퇴행현상인지 잘 하던 배변습관을 잊어버린 양, 여기저기 오줌을 갈겨댄다. 마킹을 해서 할미시선을 끌며 소리 없는 시위를 하는 게다. 집에서 살림만 하는 주부라면 손주 애교에다 강아지 재롱을 보는 낙에 세월 가는 줄 모를 터, 이 얼마나 배부른 투정이랴. 하지만 하릴없이 벌여놓은 일들로 새벽까지 컴퓨터 앞에서 작업을 해야 하는 나로선 이제 체력도 바닥을 치고, 할미노릇이 힘에 부친다.

그저께 밤이었다. 늦은 밤에 사무실에서 퇴근하면서 딸내미 집에 들러 큰 손주를 데리고 왔다. 손주에게 밥을 먹이고 몸을 씻기고 재운 다음, 강아지들까지 먹이고 배변판까지 씻고 나니 새벽 1시가 되었다. 그런데 서재에 들어와 보니 구석구석에 강아지들이 오줌을 갈겨서 진득하게 말라 있는 게 아닌가! 걸레를 빨아서 닦고 닦으면서 내가 이 나이에 무슨 고생을 사서 하나 싶었다. 홧김에 딸내미에게 투정을 하며 카카오톡 메시지를 보냈다. 그런데 이게 우리 반려견들의 파양의 불씨가 될 줄이야.

다음 날 아침에 딸내미 집에 갔더니, 엄마나 나나 강아지들을 돌보는 것도 힘에 부치고, 강아지들한테도 더 좋은 곳에서 자라게 해주는 게 나올지도 모른다. 그러니 우리 강아지들을 누구에게 보내자고 하며 울먹이는 것이었다. 이미 애견펜션을 운영하는 친구에게 도움까지 청해 둔 상태였다. 순간, 자식을 억지로 떼어놓는 어미처럼 가슴이 메어왔다. 얼마나 힘들었으면 그렇게 애지중지하던 강아지들을 파양하자고 할까? 어미가 제대로 도와주지 못한 게 미안하고, 딸이 안쓰러워 견딜 수가 없었다. 내가 당장 결정하지 말고 며칠 생각해보자는 말로 일단 그 순간을 넘겼다.

저희들을 두고 이런 엄청난 거사를 모의하고 있는 걸 알 턱이 없는 녀석들! 밤늦게 들어가니 녀석들은 여느 때처럼 현관 앞에서 나를 기다리다 꼬리를 치며 반겼다. 덩치 큰 춘삼이는 숫제 두 발로 서서 내 손에 애무를 하고 좋아서 깡충거렸다. 그날따라 평소에 애교가 없던 삼식이마저 내 무릎에 올라와선 내 입술에 제 입을 갖다 대고 킁킁거리는 것이었다. 그러더니 두 녀석이 서로 나를 차지하려고 저만치 나가서 몸싸움까지 벌였다. 사랑을 획득하기 위해 한판 결투였다. 둘이 엉켜서 싸우는 걸 나는 차마 바라볼 수가 없어 고개를 돌렸다.

퇴직을 하고 한 때 삶에 회의를 느끼며 우울증이 움트던 시기가 있었다. 열심히 달려왔건만 아무것도 한 게 없어 보이고 세상에서 나는 필요 없어 내쳐진 존재라는 자학감에 몸도 마음도 낙엽처럼 바스락거릴 때였다. 이때 하늘에서 내려진 선물처럼 우리 집에 건너온 녀석들이 바로 삼식이와 춘삼이다. 이 녀석들은 나의 엔도르핀이 되었다. 세상에 한결같이 내 곁을 지키며 나만을 해바라기하는 존재가 있다는 건 큰 위로가 되었다. 내가 살아야 하는 이유, 내가 살아있다는 걸 느끼게 해주는 실체였기 때문이리라. 짝을 지어 내 곁을 떠난 자식들은 이미 잘라낸 혹부리들이고, 연민과 의리로 한 지붕 밑에서 살아가고 있는 남편도 나의 휑한 가슴을 다 채워주진 못했던 것이다. 그런데 그렇게 소중한 내 강생이들을 내가 떠나보낼 생각을 하고 있는 게다.

정말 가족이라면 살기 힘들다고 헤어지자고 하겠는가? 내가 편히 살자고 너는 어디 좋은 데 가서 살아라는 하얀 핑계로 내쫓을 수가 있을까? 강아지와 정이 들면서 사람들이 '애완견'이라고 말하면 흥분까지 하던 내가 아니던가. 가족처럼 생각하는 '반려견'이라고 힘주어 말하던 내가, 이제 조금 힘들다고 강아지들을 버리자고 하고 있다. 이놈들이 말을 할 줄 안다면 "할머니, 힘 내셔요! 저희가 있잖아요!"라고 위로할 놈들인데 말이다.

내가 아는 지인 중에 어릴 적에 고아원에서 입양되었다가 다시 파양된 아가씨가 있다. 양부養父가 경영하던 회사가 부도가 나서 가족들이 뿔뿔이 흩어져 살게 되면서 그녀는 다시 고아가 되었다고 했다. 5월 언젠가 그녀 집에서 차를 마시러 갔다. 그런데 빨간 카네이션 두 개가 물 컵에 꽂혀있었다. 연유를 물어본즉, 어버이날마다 그녀는 그렇게 카네이션을 꽂아둔다고 했다. 그녀의 말이 지금도 생생하다.

"나는 생모 얼굴은 몰라요. 하지만 나를 처음으로 자식으로 받아준

아빠, 엄마의 얼굴은 똑똑히 기억해요. 그리고 아직도 넘 보고 싶어요. 하늘이 맺어준 인연을 어찌 세상이 끊을 수가 있을까요?"

강아지도 마찬가지라고 한다. 아무리 좋은 환경으로 다시 입양되어 가더라도 자신의 첫 주인을 못 잊는다고. 아무리 비천한 환경이라도 주인과 처음에 살던 곳이 그들의 고향이라고. 그렇다면 더 좋은 주인을 만나 더 행복하게 살아라는 말은 강아지들을 파양하는 인간들이 자신들을 합리화하는 핑계가 아닐까?

얼마 전, 남미 아르헨티나에 갔을 때다. 어떤 대학생이 강아지들 여남은 마리를 줄에 묶어 공원을 산책하는 걸 보았다. 의아해서 물었더니, '강아지 산책 전문 아르바이트생'이라고 했다. 그곳에선 매일 강아지들을 산책시켜주는 게 의무이며 그렇게 못하는 사람들은 다른 사람에게 위탁해서서라도 산책을 시킨다고 했다. 바쁘다는 핑계로, 아프다는 핑계로, 어쩌다 시간 날 때나 산책을 시켜주는 나로선 충격적인 장면이었다. 우리 강아지들도 이런 강아지 천국에 태어나야 하는 것을, 사랑한단 말을 족쇄로 채워 내가 그 녀석들을 내 울타리에 가둬두고 있다는 죄책감이 들었다. 그런 내가 되레 이놈들을 파양할 생각을 하다니, 어처구니가 없지 않은가. 주인 역할도 제대로 못하는 주제에 말이다.

따사로운 봄볕 아래 돗자리를 편다. 배낭에서 물을 꺼내주자 녀석들이 다투어 물을 마신다. 가지고 온 닭가슴살을 찢어 접시에 담고 삶은 브로콜리와 단호박을 곁들이니 멋진 소풍도시락이다. 그래! 오늘은 우리 함께 가족 소풍을 나온 게다.

잃어버릴 뻔했던 내 새끼들을 되찾은 날! 벚꽃비가 축하 세례모니를 하염없이 퍼붓는다.

개들의 천국

이제 6개월 된 외손주와 첫 여행을 떠났다. 아직 아무것도 모르는 손주를 위해서라기보단 반려견 삼식이와 춘삼이를 위해 딸아이와 사위가 계획한 여행이다. 딸아이가 아기를 가지면서부터 그렇게 애지중지하던 강아지들을 나에게 맡기고 있어 안쓰런 마음이 들었던 게다. 강아지를 위한 나들이에 이 할미가 괜히 들떠 간밤엔 잠까지 설쳤다.

원래 나는 강아지를 별로 좋아하지 않았다. 딱히 강아지를 좋아하지 않는다기보다는 동물들을 집에 가둬서 기르는 자체가 마음에 안 들었던 게다. 초등학교 시절이었다. 산동네 판잣집에 살았는데 우연히 집에 토끼랑 거위가 들어와 함께 살았다. 거위는 마루 밑에 살면서 매일 커다란 알을 낳아주니 어머니께 더없이 귀염을 받았고, 토끼는 우리 5남매의 사랑을 독차지하였다. 그런데 어느 날 학교에서 돌아와 보니 토끼는 간 데 없고 토끼가죽이 담벼락에 걸려있는 것이었다. 아버지 친구분들이 집에 와서 술을 마시다가 술김에 토끼를 잡아서 안주거리로 먹어치운 것이었다. 어린 나이에 그건 일종의 테러사건이었다. 인간이 그렇게 잔인할 수 있는가, 두고두고 가슴앓이를 했던 것이다. 그날 이후로 나는 집에서 짐승을 기르는 사람들을 싫어했고 우리에 갇혀있는 동물들을 보면 몰래 탈출시켜주고 싶은 충동을 느끼곤 했다.

그렇다! 동물들은 자연 속에서 생태계의 자신의 위치를 지키며 살아야 가장 행복하다. 조물주가 이들을 만들었을 때 고향의 숲과 들판에서 마음껏 뛰놀며 스스로 풀을 뜯고 본능에 충실하게 살아가도록 명했을 테니 말이다. 그런데 언젠가부터 '사랑해서 같이 살고 싶다'는 그럴 듯한 명분으로 인간이 만든 감옥에 이들을 잡아넣어버린 것이다. '애완동물'이란 미명으로 말이다. 산에 있는 멀쩡한 소나무를 집에 옮겨와선 아름다운 분재를 만든답시고 등을 휘게 하고 난장이를 만드는 것과 다를 바가 없지 않은가.

모든 동물은 하늘을 날고 들판을 뛰어다니며 제 스스로 먹이를 구해서 먹을 때 울체가 풀리고 건강을 유지할 수가 있다. 하지만 인간은 저들의 본능과 습성은 깡그리 무시한 채 이들을 새장이나 우리에 가두고 심지어 목에 줄까지 매어 둔다. 그리곤 자신들의 눈을 즐겁게 하기 위해 갖은 미용을 하고, 옷을 입히고, '건강식'이란 이름으로 사료 몇 숟갈로 끼니를 때우게 한다. 정말로 이들이 건강하게 살자면 자연 속에서 저들이 구해서 먹는 먹이만큼 웰빙식이 있을까? 더 재미

있는 것은 오랜 세월을 인간과 함께 살아가는 동물들은 자신이 사람인 줄 착각을 한다는 사실이다. 지나가는 자기 동료들을 보면 이상한 짐승이라며 짖어대니 말이다.

딸내미를 돕는다고 동거를 시작한 나의 반려견 삼식이와 춘삼이! 거의 2년을 넘게 살다 보니 나도 정이 들어 얘들이 마치 내 손주들인 것만 같다. 할미라고 졸졸 꽁무니를 따라다니니 얼마나 귀여운가! 인생 해거름이 되고 보니 이젠 모두들 내 곁을 떠나고 있다. 자식은 물론 그렇게 두텁게 지내던 친구들과 지인들이 이승을 떠나거나 아님 그 관계가 조금씩 멀어져가고 있다. 곰곰 생각해보면, 나 역시 세상의 인간 고리들을 하나씩 끊어가고 있다. 언젠가 가볍게 떠날 때를 생각해서 주변을 정리하는 심리인 게다. 그런 마당에 세상에서 우리 강아지들만큼 내게 조건 없는 사랑을 표현하며 나를 충직하게 따르는 존재가 어디 있겠는가 말이다.

바깥에서 일을 하는 동안에도 내 더듬이의 한쪽은 항상 집으로 향해 있다. 얘들이 사고를 치지는 않는지, 담아둔 사료는 잘 먹는지, 현관 앞에서 우두커니 앉아서 나를 기다리고 있지는 않은지, 걱정이 걱정을 부른다. 그리고 이들을 제대로 사랑해주지 못해 항상 마음이 무겁다. 저들이 태어난 미국에서 계속 살았으면 얼마나 행복할까 싶어서다. 너른 마당에서 흙을 밟으며 맘껏 뛰놀고 외국 강아지들처럼 주인과 함께 산책을 하다가 호수나 강물에 첨벙 들어가 수영도 할 텐데 말이다. 밤늦게 두 녀석이 온 집안을 뛰어다니며 경찰놀이를 하는 걸 보면 얼마나 울체가 쌓였을까 싶어 마음이 짠해진다.

지난주엔 '부산시민공원'이 오픈되어 외손주랑 강아지 두 녀석들을 데리고 산책을 나갔다. 영국의 '하이드파크'에 온 듯한 느낌이었다. 하늘을 향해 솟아오르는 분수를 보며 녀석들은 이리 뛰고 저리 뛰었다. 비록 목에 줄을 매었지만 얘들이 푸른 들판을 보며 달리는 걸 보며 "너희들 고향도 이렇단다." 라고 말해주었다. 이런 행복감은 잠시, 지나가던 한 노인이 이 좋은 곳에 웬 강아지들을 데리고 오느냐고 혀를 찼다. 순간, 모처럼 우리 강아지들에게 뭔가를 해주고 있다던 자부심이 맥없이 무너져버렸다. 우리나라도 이젠 선진국이라 애완동물의 공원출입을 인정하고 있는 마당에 갑자기 우리가 무슨 큰 죄를 짓다가 들킨 양 머쓱해지는 것이었다.

지난 해 여름, 독일에 갔을 때였다. 거리와 집들이 온통 프레스코화로 꾸며진 '로맨틱가도'의 한 마을에 묵으면서 친구랑 노천 바에 갔다. 저녁노을 아래 술집 테이블에 앉아 맥주를 마시고 있는데 갑자기 갱단 같은 분위기의 건장한 남자 다섯이 우르르 술집으로 들어왔다. 뒤에는 마치 저들의 호위견처럼 덩치가 큰 개들을 한 마리씩 데리고 말이다. 주인들이 자리에 앉자 개들은 익숙한 몸짓으로 주인들의 의자 밑에 편안하게 앉았다. 주인들은 위에서 술잔을 기울이며 담소를 하고, 개들은 이따금씩 주인들이 던져주는 소시지를 받아먹으며 저들 나름대로 그 순간을 즐기는 모습! 평화스러우면서도 충격적인 이 장면은 내 머리 속에 형광펜으로 굵다랗게 마킹되어버렸다. 바로 이게 내가 이상향으로 그리던 반려견과의 생활이었던 게다.

개도 원래는 숲이나 들판에 살았다. 그런데 언젠가부터 인간들이 이들을 집으로 끌어들인 것이다. 애완용으로 하는 일 없이 가족처럼 살기도 하지만 집을 지키거나 맹수로부터 가금이나 양을 돌보기도 하고, 심지어 공항에서 마약 수색하는 걸 돕기도 한다. 들판에 두었으면 얼마나 자유롭고 행복했을 이들을, 인간들은 저들의 세계에 끌어들여놓고는 이런저런 금기사항으로 행동제약을 한다. 이것은 단지 강자란 이유로 약자를 포로로 잡아와선 제 맘대로 이들을 가지고 놀고 괴롭히는 횡포가 아니고 무엇이겠는가 말이다.

이곳은 한국에서 몇 안 되는 애견펜션이다. 대문 앞에 차를 멈춘다. 'Think dog!'이란 간판이 울타리에 커다랗게 붙어있다. '강아지를 생각하자!' 이 문구가 바로 인터넷 애견카페 '띵독'의 이름이자, 여기 애견펜션 이름인 게다. 강아지를 사랑하는 펜션주인의 마음을 한마디로 압축한 문장이다. 주차를 하고 울타리 안으로 들어가자 입을 다물 수가 없다. 건축한지 얼마 안 되어 보이는 깔끔한 펜션들이 늘어선 앞마당엔 강아지들이 맘껏 뛰어다닐 수 있는 잔디가 끝없이 펼쳐져 있다. 저만치 비치파라솔 아래엔 강아지 전용 수영장이, 나무그늘 밑엔 강아지가 주인과 함께 탈 수 있는 나무그네가 바람에 흔들리고 있다. 각 펜션을 연결하는 담도 없다. 강아지들이 넘나들지 못할 정도의 낮은 나무울타리가 고작이다. 사무실 안쪽 카페는 강아지들이 주인과 함께 놀고 샤워에 드라이까지 할 수 있는 공간이다. 하나부터 열까지 모두가 강아지를 사랑하는 펜션주인의 섬세한 배려가 묻어있다.

인터넷 애견카페에서 딸내미랑 알게 되어 이젠 절친이 된 펜션 여주인을 만났다. 어릴 적부터 강아지를 좋아해서 아직도 강아지들과 살고 있는 미혼모 아가씨다. 이 땅에 누군가가 해야 할 일을 혈혈단신 처녀가 하고 있다니 대견하다는 생각이 절로 든다. 언젠간 우리 딸내미가 이루고 싶다던 바로 그 꿈의 세계가 여기 현실로 펼쳐져 있는 것이다.

시설만이 강아지를 위한 게 아니다. 강아지를 괴롭힐 소지가 있는 어린이들은 숫제 입장이 제한되고 덩치가 10킬로 이상인 대형견도 출입이 안 된다. 잔디에는 농약이나 제초제를 일체 사용하지 않고 손으로 잡초를 뽑는다고 한다. 그리고 거대한 수영장도 소독약이 든 수돗물 대신 지하암반에서 나오는 지하수를 쓰고, 매일 물을 빼고 청소를 한다고 한다. 여기가 바로 강아지가 세상의 주인인, 강아지 천국인 게다.

목줄도 없이 삼식이와 춘삼이가 잔디 위에서 맘껏 뛰어다닌다. 풀장에 들어가서도 겁도 없이 잘 논다. 처음 만난 친구들이랑 무슨 이야기를 나누고 있을까? 어쩜 여기는 자신들이 사는 세상과는 다른 우주라고 생각하고 있는지도 모를 일이다. 문득 여기서 살고 있는 강아지들이 부럽다. 선탠을 얼마나 했으면 하얀 털 속의 피부가 까무잡잡하다. 노는 폼도 우리 강아지들과는 다르다. 우르르 떼를 지어 물에서 나오더니 대뜸 모래더미 속으로 달려가 모래에 몸을 비빈다. 차가워진 몸을 데우려고 모래찜질을 하는 게다. 영문도 모른 채 삼식이와 춘삼이도 덩달아 따라다니며 모래범벅이 되어 함께 놀고 있다.

부부가 강아지 한 마리를 데리고 오면 방 하나에 욕실이 딸린 펜션 하나씩을 대여해준다. 우린 대가족이라 패밀리 특실을 빌렸다. 방 2

개에 주방이 하나 더 있는 셈이다. 저녁이 되자 주인들은 방 앞에 딸린 파라솔 테이블에 앉아 여유롭게 고기를 구우며 술잔을 기울이고, 강아지들은 친구들이랑 뛰논다고 정신이 없다. 바로 이게 내가 독일에서 본 바로 그 모습, 인간과 반려견이 함께 살아가는 파라다이스인 게다.

두 녀석이 파라솔 밑으로 오더니 고기 한 점을 얻어먹고는 쪼르르 달려간다. 꿈인가 생시인가 구별도 안 가는 이 순간에 넋이 나간 모습이다. 그래! 오늘은 너희들 날이다. 맘껏 뛰놀아라! 너희 조상들처럼 인간들 눈치를 보지 말고 너희들 DNA가 시키는 대로 원도 없이 뛰놀고 맘껏 먹고 놀아라! 여기가 바로 너희들의 고향, 천국이다.

달팽이

달팽이 번개가 목욕을 한다. 지하 암반수에 더듬이를 있는 대로 빼고는 사워를 하고 있다. 등껍질에 붙은 미끈거리는 점액을 씻어준다. 그리고는 배설한 똥과 범벅이 되어 먹고 있는 상추 잎을 몸에서 떼어낸다. 도대체 이놈은 입과 항문의 구별이 없다. 상추를 물고 있는 입가에 실지렁이처럼 구불구불한 똥이 붙어있으니 정말 천성이 더러운 놈인 게다. 아기 목욕을 씻기듯 정성을 다한다. 자칫 세게 잡으면 껍질이 으스러질 것 같아서다.

달팽이를 보고 있으면 안쓰럽다. 뼈도 없는 연체동물이니 '무골호인'인 셈이다. 하지만 감각은 더없이 예민하여 조그만 자극에도 몸을 움츠린다. 집이라도 한 칸 있어 다행이지만 고작해야 제 몸을 겨우 구겨서 넣을 정도밖에 안 되는 것이 허술하기 그지없다. 금방이라도 바스러질까 걱정이다. 게다가 가만히 집에만 있으면 될 걸 무얼 찾는지 항상 긴 목을 치켜들고 어슬렁거리며 돌아다닌다. 문득, 이런 달팽이를 보고 '오체투지五體投地의 말없는 순례, 방황하는 영혼, 고독한 산책자'* 라고 한 말이 떠오르는 순간이다.

번개는 지난 추석, 서울에 있는 아들이 들고 온 식용달팽이다. 손에 종이가방을 치렁치렁 들고 와서 어미에게 줄 선물인가 싶어 내심 가슴 설레며 가방을 열었더니 플라스틱용기마다 달팽이가 한 마리씩 들어있었다. 이유인즉, 아들 친구가 달팽이 두 마리를 한 통에 넣어 두었더니 100여 마리의 달팽이가 부화되어 나와 고민을 하기에 친구를 도울 마음으로 아들도 세 마리를 분양받았다고 한다. 집을 비운 며칠 동안 달팽이들이 굶어죽을까 걱정이 되어 데리고 온 게다. 혼기도 늦어 걱정을 하는 통에 데리고 오라는 짝지 대신 달팽이나 끌고 다니니 기가 찰 노릇이 아닌가.

그런데 이들 중 한 마리를 갓 결혼한 딸이 좋아라 하며 가지고 갔다. 딸아이는 어릴 적부터 벌레도 잘 만지고 동물들을 좋아했다. 초등학교 때는 학교 학습원의 배추벌레를 잔뜩 잡아서 남자친구한테 선물로 주었다가 호되게 두들겨 맞고 온 별난 애다. 그런 딸아이가 달팽이를 가지고 가서 얼마나 정성을 쏟았을지 짐작이 가지 않는가? 달팽이더러 동작이 날렵하라고 이름을 '번개'라 붙이고선 날마다 이 놈의 동태를 폰으로 찍어 보내왔다. 대궐 같은 번개 집을 장만하더니 날마다 목욕을 시키고 갖은 먹이에다 껍질을 튼튼하게 하느라고 계란가루까지 챙겼다. 불까 날아갈까 번개를 들여다보며 정성을 쏟는 모습은 마치 갓난아기를 돌보는 어미 같았다.

그렇게 사랑을 받던 번개가 딸의 관심에서 벗어나기 시작한 것은 바로 강아지를 기르면서부터다. 결혼한 지 일 년이 지나도 태기가 없어 신경이 날카로운 딸아이에게 사위가 반려견을 선물로 사 준 것이다. 꾸물거리며 먹이나 받아먹는 번개와는 달리 새로 입양한 강아지 삼식이는 모습도 인형 같은데다 주인을 졸졸 따라다니며 애교를 부리니 내가 봐도 예뻐해 하지 않을 수 없다. 사랑은 서로 소통을 해야 하는 것! 그런데 번개는 말도 못하는 것이 집 안에서 먹기만 하고 배설물만 잔뜩 쌓아두니 주인의 관심에서 멀어질 수밖에…….

언제부턴가 번개는 시커먼 토굴 같은 껍질 속에 들어가 나오지를 않았다. 먹이라고 준 야채는 먹는지 마는지 바짝 말라있고 등껍질도 윤기가 없이 까칠해보였다. 걱정이 되어 딸아이에게 물었더니 잠을 자는 것이라고 대수롭잖게 이야기했다. 사흘간 출장을 다녀와 번개를 보니 껍질 속에서 죽었는지 살았는지 미동조차 하지 않았다. 우연히 이걸 본 아들은 눈물을 글썽이며 서울로 도로 데리고 가려고 했다.

원래 어미가 하는 일은 자식들이 벌여놓은 것을 주워 담고 치다꺼리하는 게 아니던가. 가만히 번개를 보고 있자니 걱정이 앞섰다. 서울 집에도 달팽이가 두 마리나 있는데 이놈까지 합세하면 아들이 얼마나 정신이 없을까 싶었던 게다. 결국 나는 사랑하는 아들을 위해서 내키지 않는 번개를 떠맡게 되었다. 어쩜 딸아이가 저지른 만행에 대해 죄스런 마음이 들어서였는지도 모를 일이다. 강아지에게 밀려 죄없이 괄시를 받는 번개를 내가 대신 행복하게 해주고 싶다는 오기가 발동한 것도 사실이니 말이다.

산 중턱에 있는 우리 집에 온 후 번개는 날로 건강해졌다. 공기가 맑은데다 내가 지극 정성으로 먹이를 챙겨주고 사랑을 듬뿍 쏟아주었던 게다. 내 말을 알아듣든 못하든 내 컴퓨터 앞 테이블에 올려두고 틈난 나면 이야기를 나누곤 한다. 어떤 생명체도 사랑과 정성은 통하는 법! 요즘 번개는 잠자는 것보단 껍질 밖에 나와 몸을 들어내고 노는 걸 더 즐긴다. 스페인 바로셀로나의 나체 해변이라도 온 듯, 섹시한 우윳빛 나체로 섹시포즈를 취하며 자신의 미모를 과시한다. 껍질은 장식품인지 곁에 두고 느릿느릿 산책을 하는가 하면, 나도 못하는 고난도의 요가 동작을 선보이며 으스대기도 한다.

번개는 이제 새 주인을 만나 먹이도 다양해졌다. 상추 잎뿐 아니라 토마토와 수박도 먹인다. 그랬더니 배설물이 얼마나 굵어졌는지 굵은 못 크기다. 잘 자고 잘 먹고 똥 잘 싸는 우량아가 된 게다. 더없이 여유롭고 평화로워 보인다. 소크라테스의 감옥 같은 토굴 속에서 죽지 않고 버티며 인내의 시기를 잘 보낸 보상인 게다.

한낱 미물도 이렇게 정성을 쏟으니 건강하고 행복해 보인다. 하지만 아무리 내가 사랑과 정성을 쏟는다 해도 번개는 감옥에 갇힌 나의 포로요, 새장에 갇힌 새와 다를 바 없다. 어쩜 번개가 지나간 자리마다 묻어나는 저 끈끈한 자국은 세상을 향해 토해내는 분노의 타액이요 언제 죽을지 모르는 긴박한 이승에서 자신의 흔적을 남기고자 하는 애절한 몸부림인지도 모를 일이다. 가시와 사금파리가 깔린 세상일지언정 긴 여정을 스스로 헤쳐 나가며 피를 흘리고 싶은지도 모를 일이다. 자유를 만끽하며 생의 희로애락을 몸소 느끼면서 말이다.

문득 오늘 중국집 앞에서 본 앵무새의 모습이 떠오른다. 벌써 몇 년째 식당 앞을 지키며 들어오는 손님에게 "안녕하셔요?"라고 인사를 하는 녀석이다. 이젠 몸이 처음보다 열배나 컸는데도 주인은 새장조차 바꿔주지 않는다. 몸을 움직이기도 힘든 공간에 갇혀 석고처럼 굳은 자세로 앉아 오늘도 앵무새는 인사를 했다. "안녕하셔요?", "안녕하셔요?"라고. 게다가 오늘은 "학교 종이 땡땡땡…" 노래까지 서비스를 했다. 하지만 그 옛날 그렇게 낭랑하던 앵무새의 목소리가 아니었다. 기氣가 다 빠져나가는 목소리, 이미 죽음의 그림자가 드리운 목소리였던 것이다. 어쩜 그게 바로 미래의 우리 번개 모습인지도 모른다. '사랑'이란 미명 아래 인간의 품안에 갇혀서 고통을 당하는 애완동물들! 인간이 아무리 잘해준들 제가 놀던 고향만한 곳이 있으랴. 아무리 진수성찬인들 조상대대로 먹던 먹이만큼 좋은 게 있을까 말이다. 새삼 번개에게 미안한 마음이 든다.

목욕으로 깨끗해진 번개를 대청소한 제 방에 넣어준다. 끈적거리는 때를 씻어내고 반들거리는 집 안에 들어가자 저도 쾌적한지 오수午睡에 빠진다. 오늘은 우리 번개를 위해 특식을 준비해야겠다.

* 손광성 수필 「달팽이」 중에서

세상에 잡초는 없다

비름나물이 까칠하던 입맛을 돋운다. 씁쓰레하면서도 달짝지근한 향이 입안에 가득하다. 예전에는 잡초라 하여 나물 반열에 들지도 못하던 풀이 어느덧 이렇게 귀한 나물이 된 것이다. 잡초도 시절을 잘 타고 나야 제 값을 하는 게다.

경작지에서 재배하는 작물 이외의 식물을 총칭하여 '잡초雜草'라고 한다. 인간의 기준으로 볼 때 잡초는 작물의 생장을 방해하고 세균과 벌레의 서식처가 되며 특히 잡초의 종자가 작물에 섞이면 작물의 품질을 저하시킨다는 이유로 지상에서 없애버려야 하는 존재로 멸시를 받는다. 어릴 적에 할머니를 따라 밭에 가면 배추밭 이랑에 난 쇠비름이나 명아주, 강아지풀 등을 뜯느라 설치다가 잡초보다 내가 먼저 뻗던 기억이 난다.

신문에 '토종들풀 종자은행' 이야기가 실렸다. K대 모교수가 17년간 전국을 돌아다니며 채집한 야생들풀 4,000여 종의 씨앗을 모아 정자은행을 세운 것이다. 자신이 목적한 바, 화려한 꽃도 아닌 이름 없는 잡초들의 씨앗을 받으며 청춘을 다 바쳤다는 사실이 실로 놀랍고 감탄할 따름이다. 생물학을 전공하고 일생동안 교육현장에서 학생들에게 자연을 가르치면서도 들풀 이름도 제대로 모르는 나로선 실로 부끄러운 마음이 든다. 기사 끝에 실린 그분의 말씀이 죽비처럼 묵직하게 내 등을 후려쳤다.

> "엄밀한 의미에서 잡초는 없습니다. 밀밭에 벼가 나면 잡초고, 보리밭에 밀이 나면 또한 잡초입니다. 상황에 따라 잡초가 되는 것이죠. 산삼도 원래는 잡초였을 겁니다."

오랜 세월 잡초와 함께 동고동락하며 깨달은 이 심오한 깨달음! 일생 동안 '잡초'라는 딱지를 떼기 위해 발버둥친 나로선 '뇌 쓰나미'를 만난 듯 멍해지는 것이었다.

그렇다! 잡초라는 이름 자체가 인간이 임의로 붙인 이름일진대 태생부터 잡초가 어디 있겠는가. 하느님이 만물을 창조할 때 어느 것을 더 귀하게 창조하고 어느 것은 천하게 만들진 않았을 테니 말이다. 다만 자신이 꼭 필요한 곳, 있어야 할 곳에 있으면 산삼보다 귀한 존재가 될 수 있고, 자기가 있어야 할 자리를 지키지 못하고 남의 울타리를 넘어가면 잡초 취급을 받는 것이다. 밀은 모름지기 밀밭에 있어야 제 이름을 당당히 달고 올곧은 삶을 살 수 있지, 보리밭으로 넘어

가면 잡초 취급을 당해 한순간 송두리째 뽑혀버리는 게다.

흔히들 '잡초 같은 사람'이라는 말은 별로 좋은 의미로 쓰이지 않는다. 출신은 변변찮은데 자신이 살아남기 위해 주변 사람의 피를 빨아먹는 존재, 사회의 밑바닥에서 양심은 철면피로 가리고 오로지 자신의 생존에만 잡착하며 주변에 해를 끼치며 살아가는 사람을 '잡초'라고 낙인을 찍기 때문이다. 하지만 식물의 경우 '잡초'라는 딱지를 받은 입장에서 볼 때 억울하지 않을까? 자신이 원해서 잡초가 된 것도 아니려니와 잡초의 삶 또한 만만치 않기 때문이다. 제 고향을 떠나 이방인으로 타지에서 자리를 잡고 뿌리를 내리는 것이 그리 녹록하겠는가 말이다. 자칫 마음을 놓고 있다가는 족보도 못 남기고 고사枯死해 버릴 터. 미천한 신분으로 작물이 가진 땅에 빌붙어 살아가기 위해선 밤잠을 설치며 뿌리를 내리고, 모두가 잠든 밤에도 달빛 아래서 도둑고양이처럼 광합성을 해야 할 것이다. 작물의 그늘 아래서 사그라지지 않기 위해선 작물보다 빨리 자라야 한다는 중압감에 얼마나 허덕거렸을까? 언제 세상에서 사라질지 모르는 위기의식에 자신의 흔적을 남기고자 하는 생식 본능 또한 슬프게 발달해갈 터이다. 그러니 어쩔 수 없이 잡초가 된 식물의 운명엔 동정심마저 일어나는 것이다.

인간 세상에도 잡초가 많다. 삿된 욕심으로 자기 자리를 지키지 않고 남의 자리에서 놀다가 어느 날, 삶이 뿌리째 뽑히는 '인간잡초'들이다. 자신이 가진 것에 만족하지 못하고 항상 남의 것을 기웃거리는 사람들이다. 남의 떡이 더 커 보인다고 이런 잡초 근성의 사람들은 아무리 많이 가져도 거기서 만족하지 않는다. 자신보다 더 많이 가진 자, 더 높은 곳에 앉은 자를 끊임없이 곁눈질하며 시기하고 질투하는 것이다. 어쩜 자신의 주제를 모르고 남의 것을 탐하고 넘보는 사람은 다 인간잡초인 게다.

돌아보면 내 삶도 잡초 그 자체였다. 애초부터 내세울 것 없는 족보에다 이렇다 할 내 자리 하나 제대로 얻지 못했으니 나는 항상 주인공의 가장자리를 맴돌며 눈칫밥을 얻어먹고 자랐다. 하지만 땅에 납작 엎드려 한 생을 마치기엔 너무 억울했다. 조물주가 유독 나만 불리하게 창조하진 않았을 터, 언젠간 나도 주인공인 '작물'이 되리라는 야무진 꿈을 꾸며 항상 새우잠을 잤다. 세상 무대에서 내게 맡겨진 가면을 쓰고 밤낮없이 싸우며 잔뿌리를 불려나갔고 나만의 땅을 조금씩 넓혀갔다. 언젠간 어엿한 '작물의 가문'을 만들기를 기도하면서…….

기계문명시대에 살면서 편리함과 안일함에 익숙해져버린 우리 아이들은 날이 갈수록 나약해지는 것 같다. 나는 교단에서 학생들에게 "세상의 잡초가 되라."라고 감히 말한다. 잡초 같은 근성도 없이 어찌 이 살벌하고 험난한 세상의 파고를 넘을 수 있으며, 코도 베어가는 각박한 세상에 어찌 살아남을 수 있을까 말이다. 잡초 같은 근성으로 스스로 뿌리를 내리고 폭염과 혹한에 온몸을 과감히 내던질 수 있어야 당당히 세상의 주인이 될 수 있기 때문이다. 바라건대, 내 아이들도 웃자란 욕심의 가지로 남의 자리를 넘보는 잡초가 아니라 자기자리를 묵묵히 지키며 잡초근성으로 세상을 살아갔으면 한다.

이제 나는 잡초가 아니다. 나의 아이들도 더 이상 잡초가 아니다. 내 자리를 굳건히 지키며 뿌리를 내리고 있는 한, 우린 더 이상 잡초가 아니라 이 땅의 주인이기 때문이다. 세상에 잡초는 없다!

인생은
두려움없이
길을 잃어
미아가 되고
다시 일상을
찾아가는
과정이다

지구 밖으로

시베리아 미아迷兒

여고동창생들과 함께 바이칼호수로 여행을 왔다. 어쩜 우리 한민족의 뿌리가 살았을지도 모를 태고의 신비를 가진 바이칼호수! 여행 첫날, 바이칼은 관광이 아니라 힐링하는 곳이라는 현지가이드의 말이 갈수록 실감이 난다. 망망한 호수 곁을 시속 20킬로미터로 달리는 '환 바이칼열차'로 돌며 느림의 미학을 깨닫고, 호수 위에 배를 띄우고 명상을 하며 지난한 세월의 먼지와 시름을 씻어내었다. 그리곤 오늘 여행의 마지막코스로 바이칼호수에서 가장 큰 섬인 알혼 섬을 찾아, 심령한 기氣가 가득 찬 곳이라는 부루한 바위에 올랐다.

수려한 경관에다 맑은 기氣가 있어서인지 부루한바위에 앉아 한동안 명상을 하고나니 몸도 마음도 새털처럼 가볍다. 여행대장이라 일행을 모두 숙소로 내려 보내고 행여 뒤쳐진 이가 있을까 기다리며 호수와 바위에 흠뻑 젖어 있다가 뒤늦게 혼자 내려가는 길이다. 하늘을 향한 소원을 오색 천으로 친친 감은 부랴트족의 솟대들이 언덕 위에 장승들처럼 서 있다. 울긋불긋 들꽃이 피어있는 언덕 저 아래 후지르 마을이 한 폭의 수채화처럼 펼쳐진다.

아무 생각 없이 앞에서 가는 사람들 무리를 따라 한참을 내려가다 보니 아무리 봐도 아침에 올라온 길이 아니다. 거꾸로 방향을 잡아 한참을 가도 이 길이 아니다. 얼떨결에 국제미아가 되어버린 것이다. 갑자기 가슴이 답답해진다. 다행히 가이드가 만들어준 명찰이 가방에 들어있다. 하지만 로밍을 안 해왔으니 전화를 할 수도 없다. 나는 여행을 떠날 때면 일상의 모든 연줄을 끊고 싶어 개줄 같은 휴대폰은 안가지고 온다. 세상을 향한 예리한 촉수며 다듬이를 다 떼고 싶은 게다. 그런데 오늘은 이것이 화를 부른 것이다.

근처에 사막이 있어서인지 유월의 햇살이 한여름처럼 따갑다. 펜션 앞마당의 개들이 땅바닥에 엎드려 긴 혓바닥을 내고 헉헉거리고

있다. 작열하는 태양을 피해 우선 나무 그늘 아래 벤치를 찾아 앉는다. 그런데 이게 웬일인가! 이상하게도 고요하고 나른한 평화가 나를 엄습해온다. 마치 이 순간을 오랫동안 기다리기나 한 것처럼 그렇게 마음이 잔잔해진다. 문득, 여행 트렁크만 지금 가지고 있다면 이대로 어디론가 멀리 사라지고 싶은 충동이 인다. 어쩜 진정으로 내가 바라던 여행은 세상의 모든 것과 결별하고 이렇게 국제미아가 되는 게 아닐까. 남은 삶, 세상의 그 누구도 모르는 어디에 가서 작은 둥지를 틀고 조용히 살고 싶은 바람이 있었던 게 아닐까.

단내 나는 세월, 사람과 부대끼고 일에 치이며 '혼자'이고 싶어도 절대로 세상이 용납하지 않는 팍팍한 인간 고리와 그물들. 그래서 잠시나마 세상과의 단절을 위해 나는 여행을 떠나는 것이다. 세상살이는 그렇게 만만하지가 않다. 아무리 세찬 풍랑을 만나도 살아남기

위해선 방향감각을 잃어선 안 된다. 산등성이를 올라갈 땐 내려갈 때를 대비해서 사이사이에 나만의 암호 깃발을 걸어두어야만 했다. 어릴 적 북적거리는 시장에서 어머니 손을 놓아버렸을 때의 그 당혹감을 다시는 당하지 않기 위해서 언제나 긴장하며 살았다. 그러니 내 생生에서 길을 잃는다는 건 있을 수도, 있어서도 안 되는 일이었던 것이다.

어쩜, 이제라도 길을 잃을 수 있다는 건 옛날만큼 정신무장을 하지 않고 살고 있다는 뜻이니 얼마나 다행한 일인가. 머리에서 지령을 내리는 대로만 살아온 몸이 이제 반항을 하는 것인지도 모를 일이다. 두 눈 부릅뜨고 눈치를 보며 살던 살벌한 세상을 떠나 뚜렷한 목적의식이 없이 남들이 가는 대로 따라갈 수 있는 마음의 여유가 생긴 것이리라. 하기야 이 나이에 길을 잃은들 어떠하며, 지구 어디에 가든 이 한 몸 살아남지 못하겠는가. 미아는 어떻게 보면 신의 축복일 수도 있는데 말이다.

생각해 보면 길을 잃는다, 미아가 된다는 건 상대적인 개념이다. 내가 길을 잃고 일행을 떠난 게 아니라, 그들이 나를 잃어버린 것일 수도 있기 때문이다. 생각하기에 따라 같은 손인데 손바닥이니, 손등이니 하는 것과 다를 바가 없다. 항상 그들이 중심이고 사회나 가족이 중심이라고 대뇌에 각인되어 살아왔기 때문에 내가 그들을 떠나 길을 잃으면 미아迷兒가 된다고 생각하는 게다. 하지만 이제는 내가 중심이고 싶고, 주인이고 싶다. 오늘은 그들이 나를 잃어버린 것이다. 그러니 내가 그들 곁으로 가줄까 말까는 전적으로 나의 의지에 달린

게 아니겠는가 말이다.

인생은 서로를 미아로 만들고 다시 찾는 전쟁이요, 개인으로 볼 때는 끊임없이 길을 잃어 미아가 되고 다시 일행을 찾아가는 과정이다. 조물주가 지정한 원점에서 출발한 인생의 뒤안길은 그 누구도 미리 알 수 없는, 진퇴양란의 길일 테니 말이다. 칠흑 같은 밤, 맹수들이 우글거리는 숲을 헤치며 나가기도 해야 하고, 오늘처럼 폭염이 쏟아지는 사막에서 물을 찾아 헤매기도 해야 하고, 장대 같이 쏟아지는 폭우 속을 하염없이 걸어가기도 해야 한다. 길을 잃어 기진하는가 하면 다시 제 길을 찾고, 안도의 숨을 내쉬다간 언제 다시 길을 잃고 헤맬지 모르는 여정이 바로 우리네 인생길인 것이다.

오늘은 명상의 연속이다. 망망한 호수를 안고 명상을 하다가 이젠 이렇게 길을 잃고 사막 한가운데 앉아 하릴없는 생각에 젖는다. 덕분에 미아가 된다는 게 이렇듯 몸도 마음도 새털처럼 가벼워지는 것이란 걸 깨달은 것이다. 하지만 미아의 느긋함을 즐기기엔 아직도 속세의 연줄이 나를 끌어당긴다. 하는 수 없이 인포메이션 센터를 찾아 현지가이드에게 전화를 한다. 여행대장이 길을 잃다니 실로 부끄러운 일이다. 고맙게도 별일 아닌 듯 웃으며 가이드가 마중을 나온다고 한다. 미아가 되는 것도 특이한 체험이지만, 길을 잃었을 때 누군가가 이렇게 나를 반기며 찾아주는 이가 있다는 것 역시 자존감을 회복한 듯 행복하다. 그것도, 말도 안 통하는 이 시베리아 외딴 섬에서 말이다.

가이드가 저만치 나타난다. 내가 숙소 펜션과는 반대로 왔는지 가이드가 자전거를 타고 30분도 더 걸려 나타났다. 시커멓게 얼굴이 그슬린 이 구원자가 더없이 든든해 보인다. 타고 온 자전거를 둘이 끌며 언덕길을 다시 넘어간다. 땀에 젖은 남자의 까칠한 옆모습이 시베리아 한파에 부대낀 세월을 유감없이 보여준다. 하지만 자신의 직업에 자부심을 가지고 맡은 일에 묵묵히 최선을 다하는 모습이 아름답다.

우리네 인생도 바로 이런 것이 아닐까. 살다 보면 일행을 떠나 외롭고 막막한 시간을 홀로 보내고, 다시 일행을 만난 기쁨에 행복해 하며 지나간 고통조차 아름다운 추억으로 간직하고 함께 자전거 바퀴를 굴리며 걸어가는 것! 언젠간 다시 홀로 이승을 떠나겠지만 지금 곁에서 함께 자전거를 굴리고 있는 사람에게 항상 감사해야 하는 이유다.

호수에서 불어오는 한 줄기 바람에 가슴 속이 시원하게 뚫린다.

환 바이칼열차

간단히 호텔 식사를 마치고 '환 바이칼열차'를 타기 위해 이르쿠츠크 기차역으로 향한다. 이번 바이칼호수 여행의 하이라이트다. 환 바이칼열차는 '황금으로 만든 연결쇠(Golden Buckle)'라는 뜻으로 슬루쟌카에서 뽀르트바이칼까지 바이칼호숫가 80킬로미터 거리를 시속 20킬로미터로 달리는 관광열차다. 끝없이 연결되는 망망한 호수를 보며 '빨리빨리'를 외치며 달려온 나의 삶에 잠시 쉼표를 찍고 나를 돌아보는 시간을 가지는 게다.

기차여행은 그 자체가 여유와 낭만이다. 요즘은 고속전철이 나왔지만 기차를 타면 마음부터가 느긋해진다. 게다가 관광용 느림보열차라면 출발부터 마음의 잠금쇠를 열어젖히게 된다. 어쩜 우리네 인생도 무수히 많은 사연과 추억의 간이역을 지나며 가다가 쉬고 쉬었다 떠나는 기차가 아닐까. 아무리 빨리 달리고싶어도 기차를 돌리는 건 나의 소관이 아닐 터, 더 쉬었다 가고 싶어도 나의 의지와는 무관하게 기차는 끝없이 달린다. 어쩜 우리 모두는 전지전능한 기관사가 돌리는 기차 안에서 자신에게 주어진 직분과 자리를 지키며 열심히 순간을 살아야 하는, 영화 <설국열차>에 탄 사람들인 게다.

현지가이드가 시키는 대로 바리바리 주전부리와 술을 챙겨 나왔다. 역에서 기차를 기다리는 친구들의 얼굴에 함박꽃이 피었다. 시절도 봄이라 어디론가 훌쩍 떠나고픈 이때에, 같이 있으면 마냥 행복한 친구들과 떠나는 기차여행이니 어찌 가슴이 부풀지 않으랴. 드디어 기차에 승차, 널찍한 테이블을 두고 네 명이 마주앉는다. 경치가 좋은 곳마다 정차를 해서 사진도 찍고 산책도 하는 것이 언젠가 이 친구들과 여행했던 동해안 순회 관광열차와 비슷하다. 기차가 출발하자 가이드가 이곳 바이칼에서 생산되는 보드카를 돌린다. 가지고 온 안주를 꺼내고 아이스크림을 사 먹고 노래를 부르며 여흥은 서서히 무르익는다. 우리는 모두 타임머신을 타고 40여 년 전 동심의 세계로 돌아간다.

느릿느릿 기차는 달린다. 느림보 기차 안에선 생각도 마음도 느긋해진다. 빨리 간들 빈손으로 갈 인생, 남길 것 하나 없는 삶인데 무얼 위해 그렇게 숨 가쁘게 달려왔는지 모르겠다. 오늘 이 시간만큼은 나를 옥죄는 건 아무것도 없다. 그 누구도 나를 재촉하며 보채지 않는다. 드넓은 호수를 보며 팍팍한 내 인생의 고삐를 늦추어본다. 우리를 맞이한 현지가이드의 첫 말이 "바이칼호수는 관광이 아니라 힐링하는 곳입니다."라고 한 말이 실감이 난다.

첫 번째로 쉬는 곳은 앙카솔카마을. 초자연주의 화가인 네루의 작품이 전시된 갤러리가 유명한데 지난 달 화재가 나서 소실되었다고 한다. 초원과 절벽과 해안이 적절히 어울려 아름다운 마을이다. 무엇이든 첫 번째는 가슴을 설레게 하는 법. 다들 뛰어내려 푸른 호수를 가슴으로 안으며 드넓은 기운을 맘껏 들이킨다.

두 번째로 정차한 곳은 끼르끼레이역. 당시 이 철로 공사를 할 때 축조공사는 이탈리아인들에게, 터널은 아르메니아인들에게 맡겼다고 하는데 공사를 하던 흔적이 절벽과 수로 등에 남아있다. 아름다운 들꽃과 해안에 한가로이 떠 있는 보트, 터널조차도 여기선 한 폭의 수채화 속으로 들어간다. 호숫가 가판대에선 관광객을 겨냥해서 이곳의 명물인 '오물'을 신문지 위에 놓고 팔고 있다. 우리나라 고등어와 비슷하다. 손님들은 거들떠보지도 않는데 어디선가 파리떼들이 몰려와 시식을 한다.

다음 역은 빨라빈늬역. '절반'이란 뜻의 이 역은 실제 환바이칼열차 철로의 절반인 40킬로미터 가까이에 있다. 이 역은 환 바이칼열차에서 가장 목가적이고 아름다운 마을에 자리 잡고 있어, 90분가량을 쉬면서 점심을 먹는다고 한다. 다른 팀들은 기차에서 도시락을 먹는

데 우리 현지가이드 김소장은 우리를 데리고 어디론가 자꾸 간다. 어디 은밀한 곳으로 가서 도시락을 먹는가 보다고 생각하며 따라가는데 고철덩어리가 된 기차와 영화 '메디슨카운티의 다리' 같이 목가적인 다리가 나타나면서 갑자기 별천지가 펼쳐진다.

노랗고 붉은 오색 꽃들이 지천으로 피어있는 초원과 호수, 동화 속에 나올법한 집들! 식사도 잊은 듯 우리는 모두 자연의 향연에 넋이 나간다. 꽃길을 구불구불 걸어가자 펜션 같은 레스토랑이 나온다. '레스나야 스카스키'란 집이다. 소풍을 온 듯 마음이 들뜬다. 별장 같은 정원의 야외식탁에 앉자 갑자기 신분이 업그레이드되는 느낌이다. 한 번씩 이렇게 나 아닌 나를 발견하는 기쁨이 여행의 보너스가 아닐까 싶다. 보르쉐 스프와 빵, 갖은 야채가 든 볶음밥이 별미다. 거기다가 후식으로 나온 도넛이 단백하고 쫄깃한 게 한국에서 먹던 바로 그 맛이다. 식사를 하고 모두들 사진을 찍는다고 시간 가는 줄 모른다. 이런 전원주택을 하나 가지는 게 소원이라고 다들 입을 모은다. 한가로이 풀을 뜯는 말, 낚싯대를 드리운 호수, 모두가 한 폭의 수채화다. 누가 시베리아를 황량하다고 했던가! 내 생에 이렇게 화려한 들꽃 향연에 초대되어 본 적이 있었던가 말이다.

느긋한 식사와 한바탕 들꽃잔치를 하고 다시 기차를 탄다. 슈미하역에 도착하자, 갑자기 승객 모두를 내리라고 한다. 그리곤 기차는 서서히 멀어져간다. 이대로 국제미아가 되는 건 아니겠지. 혹시 단체 납치를 당하는 건 아니겠지. 순간, 모두들 어리둥절해 한다. 알고 보니 여기선 터널을 산책한다고 한다. 이 철로를 만들 때 이탈리아인들이 자기들이 만든 걸 기념하기 위해 30미터 정도를 이탈리아공법으로 아치형 옹벽을 만들어둔 곳이다. 그러고 보니 클래식한 이태리풍 옹벽이 참으로 아름답다. 이 철로는 원래 2차선이었는데 단선으로 만들면서 남은 철로를 이렇게 산책코스로 쓰고 있다고 한다. 컴컴한 터널에 들어서자 청도의 '와인터널'처럼 으스스 한기를 불러일으킨다. 관광객 입장에서 적당히 쉬고, 기차를 타고, 틈틈이 산책까지 하게 하는 환 바이칼열차 프로그램이 여유로우면서도 알찬 것 같다.

기차가 있는 곳까지 걸어갔더니 우리 기차가 저만치 혼자 낭만적인 포즈를 취하며 서서 우리를 기다리고 있다. 여기서 찍는 모든 사진은 예술사진이요, 그대로 아름다운 엽서가 된다. 여기도 즉석 노점상이 차려져있다. 러시아 냄새가 물씬 풍기는 공예품, 꽃신과 코사지, 그리고 바이칼호수를 정화시킨다는 민물새우도 있다.

우리가 탄 특실 2호차 앞엔 러시아인들이 타고 있다. 모두가 우리처럼 페밀리 석席이다. 보기엔 무뚝뚝한 슬라브 남자들이 나긋나긋한 미소를 지으며 아이들과 소곤거리며 놀고 있다. 가족의 정이 훈훈하게 묻어나는 풍경이다. 먹음직하게 구운 오물, 과일과 함께 아빠가 손수 썰어 주는 치즈덩이를 빵에 넣어서 먹고 있다.

러시아는 철저한 모계사회로 이혼율 100퍼센트인 나라다. 여기선 결혼을 서너 번 하는 게 예사라고 한다. 게다가 이혼을 하면 양육권은 여자에게 넘어가고, 이혼당한 남자는 생활비와 아기 양육비를 꼬박꼬박 여자에게 부쳐야하는 법률까지 정해놓고 있다니 가히 여성천국인 게다. 그러니 저렇게 가족에게 친절한 것일까? 이곳 남자들은 직장모임이나 여행도 혼자서 가는 경우가 없다고 한다. 이유가 어쨌든, 여기선 살벌한 공산주의 냄새도, 지금의 사회주의 분위기도 풍기지 않는다. 철저한 개인주의로 점점 가정이나 가족을 등한시하는 풍조가 만연한 우리 사회가 본받아야 할 모습인 게다.

아침에 기차를 타서 반 날을 보내고 마지막 역, 뽀르트 바이칼에 도착한다, 춘원 이광수의 소설 「유정」의 배경이 된 곳이다. 소설에서 눈 같이 순수한 사랑의 마지막 장면이 꽁꽁 언 바이칼호수가 내려다 보이는 설원이었다. 죽은 친구의 딸과 그녀의 보호자가 된 의붓아버지 사이에 싹튼 이루어질 수 없는 사랑의 이야기! 영적으로 교감된 지고지순한 사랑만큼이나 바이칼호수는 맑고 투명하다. 사랑하는 이가 머물렀던 바이칼호수가 내려다보이는 언덕의 작은 방이 저쯤이려나? 그리움을 한기로 느끼며 쓸쓸히 죽어갔을 여주인공의 마음이 오늘따라 가슴을 적신다.

바위에 앉아 망망한 호수를 마주한다. 텅 빈 충만! 호수 저 끝에서 실바람이 불어와 머릿결을 쓰다듬는다. 맑은 공기와 기氣가 폐포로 들어온다. 여기까지 오느라고 수고했다고, 거친 풍랑 헤치며 긴 세월 잘 버티었노라고 호수도 바람도 위로해주는 게다. 한민족이 여기서

부터 발원했다고 하니, 어쩜 여기가 우리 조상의 얼이 서려있는 호수, 나의 원점이이지도 모를 일이다. 나의 시작은 이처럼 맑고 투명한 것을! 단내 나는 세월에 허우적거리다 흙탕물이 되어버린 한 생生을 여기 맑은 호수에 훌훌 씻어낸다. 어머니 품 같이 넉넉한 호수가 따사로이 나를 보담아 준다.

태고의 나의 뿌리
바이칼호수, 부루한바위에 앉아
망망한 호수 마주하고 눈을 감다

모진 바람 끌어안고 깎이고 부숴지며

사막 한가운데 들꽃 고이 피워낸
부루한 바위의 기氣
전류처럼 온몸으로 퍼져온다

출렁이는 물결 속에
태고적 조상들의 숨소리 들려온다
나의 원점은 이처럼 맑고 투명한 것을

아홉에 하나를 더 채우느라
발버둥 치며
흙탕물이 되어버린 한 생生
단내 나는 세월

한 뼘의 땅 넓히려
맨몸으로 담벼락에 붙어
손톱으로 기어오르던
담쟁이덩굴의 설움
어머니 호수에 안겨 고단함을 씻다

하늘을 향한 긴 솟대 위에
작은 소망 하나
오색 천에 매달아본다.

– 졸시 원점原點 –

세계 7대 불가사의, 나스까 지상화

드디어 나스까사막 경비행기를 타는 날이다. 세계 7대 불가사의 '나스까 지상화'를 본다는 설렘보다는 사고가 잦고 멀미로 악명 높은 경비행기를 탄다는 두려움에 벌써 호흡이 가빠진다. 하지만 이제는 뒤로 물러설 수도 없는 노릇! 피할 수 없으면 즐기는 수밖에 없지 않은가 말이다.

페루여행을 출발하면서부터 나스까 지상화 관광비행기에 대한 걱정으로 내내 주눅이 들었다. 아는 게 병이라고, 여행가이드북에는 건장한 남자들도 30여 분 곡예를 마치고나서 이틀간 파죽이 되었다고 적혀 있었다. 거기다가 지난겨울 이미 이 비행기를 탄 경험이 있는 변회장님 내외분이 고생한 이야기를 자꾸 곁에서 하신다. 옵션으로 여행경비에 이미 이 코스가 포함되어 있다고 하니 안타려고 발뺌을 할 수도 없고, 날이 갈수록 비행기 공포는 눈송이처럼 커져만 갔다.

그래도 어제는 특수 지퍼차를 타고 나스까 사막을 질주하는 모험도 하고, 급기야 절벽 모래구릉에서 샌드보드도 타지 않았던가 하며 나를 위로해 본다.

신비한 고대의 수수께끼로 남아있는 메마른 사막의 해안도시 나스까는 잉카시대보다 훨씬 전인 기원 전 900년경부터 기원 후 900년경 사이에 번성했던 나스까문명의 중심도시다. 독특한 농사기법과 도예기술을 가지고 사막문화를 꽃피우다가 정체불명의 그림을 사막 위에 남긴 채 어느 순간 사라졌다. 수백 킬로미터에 이르는 기하학적인 선에서 동물이나 사람을 형상화한 그림까지 장장 310킬로미터에 걸쳐 그려진 나스까 지상화는 상공에서만 선명하게 바라볼 수 있다. 지상화는 40여 개인데 작은 것은 10미터에서 큰 것은 300미터에 달한다. 그 중 관광용 경비행기로는 30분 동안 13가지만을 보여준다. 지상화의 두께는 약 30센티미터인데 1500년이 지난 지금도 이 그림이 남아있는 것은 신비 그 자체다. 모래 위에 그린 그림이 그렇게 긴 세월 동안 보존될 수 있었던 것은 이 지방이 비와 모래바람이 거의 없는데다, 이들이 그림을 그린 후 홈을 파서 흙을 쌓아둔 게 그림을 고정시킨 역할을 하지 않았나 보고 있다.

그림의 목적에 대한 설은 분분하다. 마을수장들의 세력을 표시하기 위해 문장을 그렸다는 설도 있고, 농업에 사용할 물을 기원하는 제사에서 물과 관련이 있는 물고래, 앵무새, 도마뱀 등을 그렸을 것이라고도 한다. 그런가 하면, 무려 8킬로미터씩을 달리는 직선이 있는 걸로 봐서 달과 별의 움직임과 관련이 있는 천문달력 혹은 우주인들의 우주정거장이라는 학설도 있다.

1930년에 항공사가 이곳으로 개방되면서 나스까 지상화가 처음 발견되었으며 이것이 학계에 보고되자 이곳은 세계의 관심을 불러일으켰다. 우연히 1941년 미국의 폴 코삭 교수가 '잉카의 길'의 길이를 재다가 '이까의 길'과 연결되어 나스까 지상화를 보게 되었다고 한다. 이어서 그의 제자인 수학자 마리아 라이헤 여사는 일생 전부를 바쳐 나스까 지상화를 연구했다. 그녀가 살던 집은 그녀 무덤과 함께 '마리아 라이헤 박물관'으로 변해 다양한 유적들이 전시되어 있다.

7시 첫 비행기라 아침식사도 하는 둥 마는 둥하고 공항으로 나선

다. 탑승 대기실에 앉아 있는데 벌써부터 숨이 가빠온다. 이런 때는 우황청심환이라도 있으면 좋으련만, 가지고 온 것을 고산지대를 돌며 이미 다 먹어버렸다. 지푸라기라도 잡는 심정으로 비상약으로 가지고 온 안정제를 한 알 입에 털어 넣는다.

변회장님 사모님이 편찮아서 비행기를 안타는 바람에 일행 6명이 함께 신형 6인승 경비행기를 탑승하게 되었다. 사고가 잘 나기로 악명 높은 비행긴데 새 비행기라니 그나마 다행이다. 드디어 출발이다. "Good Job!" 파이팅을 외치고 심호흡을 한 후 비행장에 들어선다. 이미 피가 다 말라버린 듯 초조해하는 내 마음을 알기라도 하듯, 조종사 두 명이 환하게 웃으며 우리를 맞이한다. 친절하게 비행기 앞에서 사진까지 찍어준다. 멀미가 겁이 나니 부디 천천히 운전해 달라고 손짓발짓으로 부탁을 하자, 씨익 웃으며 걱정마라고 한다. 조금은 마음이 놓인다. 조종사 바로 뒷좌석에 변회장님이랑 나란히 앉는다. 한 줄에 두 명씩 석 줄로 앉으니 비행기가 가득 찬다.

좌석벨트를 하자 비행기는 굉음을 내며 활주로를 미끄러져 서서히 하늘로 치솟아 오른다. 심장이 쿵쿵 뛰는 게 온몸으로 전해진다. 하지만 고작 지상 300미터를 오르는 것이니 비행기 이륙에 비하면 올라가다가 만 듯하다. 아직도 몸은 잔뜩 긴장을 하고 있는데 하얀 사막에 이리저리 직선이 보이기 시작한다. 안데스산맥이 눈 아래에 펼쳐진다. 갑자기 "고작 이걸!"이란 말과 함께 안도의 숨이 나온다. 멀미는커녕, 신나는 놀이기구를 탄 기분이다. 문득 그동안 하릴없이 걱정하며 보낸 날들이 억울해진다.

40여 개 지상화 중 우리가 볼 수 있는 도형은 고작 13가지. 이젠 입구에서 받은 지상화 안내도를 펼쳐보는 여유까지 생긴다. 친절한 조종사는 약속대로 회전을 할 때 아주 천천히 돌며 그림이 나올 때마다 손가락으로 그쪽을 가리켜준다. 그리고 이따금씩 뒤를 돌아보며 나에게 괜찮으냐고 물어본다. 내가 씩씩하게 OK!표시로 손가락으로 동그라미를 그려 응답해준다. 활주로처럼 생긴 거대한 삼각형 문양이 보이더니 이어서 외계인, 원숭이, 벌새 문양의 지상화가 차례로 나타난다. 생각보다는 뚜렷하게 보인다. 나스까 지상화를 연구하다가 일생을 마친 마리아 라이헤의 전망대가 사막의 중간에 우뚝 서 있다. 같은 여자로서, 하나의 목적을 가지고 일생동안 끝없는 도전과 연구에

혼을 불태워 저렇게 자신의 족적을 뚜렷이 남긴 그녀의 삶이 존경스러우면서도 거룩하게 느껴진다.

여유가 생기자 반대쪽으로 기체를 기울일 때도 그림을 한번 더 확인한다. 곁에 앉은 변회장님은 지그시 눈을 감고 있다. 멀미 때문인가 걱정을 했는데, 알고 보니 새벽에 내가 붙여드린 '키미테' 부작용으로 눈을 뜰 수가 없었다고 한다. 결국 나는 나스까사막을 날아다니며 13가지 지상화를 모두 확인하고 디카에 담는 일까지 깔끔하게 해 낸 것이다.

나스까 지상화 관광을 마치고 자동차에 몸을 싣자 성취의 기쁨과 함께 피로가 엄습해 온다. 산악인들이 목숨을 걸고 히말라야산을 정복한 기쁨이 바로 이런 것일까? 결국 나는 해냈다! 무엇이든 문제의 바깥에서 맴돌며 걱정하고 두려워하기보다는 용기 있게 그 중심으로 들어가서 몸으로 부딪혀야 한다는 작은 진리를 다시 깨달은 날이다. 도전하는 자만이 성취의 쾌감을 맛볼 수가 있는 것이다.

하늘의 도시, 라빠스

밤이 깊어간다. 심장이 두근거린다. 해발 3600미터 하늘 위의 도시를 온몸으로 느낀다. 심호흡을 해봐도 소용이 없다. 매캐한 매연이 섞인 희박한 공기가 가슴을 조여 온다. 사막에서 죽기 직전 오아시스를 찾아 울부짖는 방랑자처럼, 나는 지금 낯선 이국땅에서 맑은 공기를 갈구하며 깊고 어두운 밤의 터널 속에서 신음하고 있다.

고산국가 볼리비아에 내린 건 어젯밤이다. 아르헨티나 부에노르아이리스에서 이 나라 수도 라빠스공항에 착륙하자마자 몸이 먼저 고산지대인 걸 알아본다. 해발 4100미터 국제공항이다. 입국심사를 하기 위해 서 있는데 일행 모두가 헉헉거린다. 엄마 손을 잡고 여유롭게 사탕을 먹고 있는 어린아이가 부럽기만 하다. 고산지대에 적응하며 자라고 있는 이곳 원주민의 후예인 게다.

호텔에 도착하자 우리를 위해 밤늦게 준비한 저녁식사가 차려져 있다. 수프와 빵, 간단한 닭고기 요리를 앞에 두고 모두들 멍하니 넋을 놓고 앉아있다. 뭔가 먹어야 고산병을 이겨낼 텐데 이미 식욕은 사라지고 포크를 들어야 하는 팔조차 말을 듣지 않는다. 컴퓨터가 일순 버그가 난 듯, 몸의 지체肢體들이 이미 대뇌의 통제를 벗어난 게다. 수프를 조금 뜨고 가이드가 주는 고산병 약을 한 알씩 삼킨다. 이곳에서 나는 코카 잎 추출액으로 만들었다고 하는데 지금 성분이나 효능을 따질 때가 아니다. 물에 빠진 사람이 지푸라기라도 잡는 심정이 바로 이런 것이 아닐까 싶다.

한때는 풍부한 지하자원과 잉카제국의 속국이란 위상으로 남미에서 중요한 자리를 차지했던 볼리비아다. 하지만 스페인의 식민지가 되어 노예로 전락한 인디오들의 역사는 파란만장한 비극 그 자체였다. 게다가 칠레, 브라질, 파라과이와의 세 차례 전쟁으로 국가의 주요 해양도시를 다 내어줌으로써 국토의 절반이 줄어들고 환경이 열악한 내륙국가로 전락하고 만 것이다.

하늘과 조금이라도 더 가까운 곳에 제단을 쌓아 신의 영역에서 살고 싶은 인간의 욕망으로 건설되었다는 도시 라빠스! 하지만 산소마저 희박해 생존을 위협하는 곳에서 인간이 능동적으로 할 수 있는 일이 없지 않을까. 그러기에 이 나라에선 가진 자, 힘 있는 자는 산소가 많은 아래로 내려가고 헐벗고 굶주린 자는 자꾸 하늘로 밀려올라가고 있는 것이다. 어쩜 하늘 아래 이런 고산도시를 만든 하느님의 뜻은 따로 있는 게 아닐까? 끝없는 욕망으로 높은 곳만을 지향하는 인간들, 거만하게 하늘을 향해 바벨탑을 쌓아올리며 절대자에게 도전하는 인간들에게 뭔가 경종을 울리기 위함이 아닐까? 가장 기본적인 걸 잊고 자신의 욕망을 채우기 위해 앞으로만 치닫는 인간들에게 무엇이 소중한지를 당신의 권능으로 보여주기 위한 것인지도 모를 일이다.

점심시간이 되어 오랜만에 한국식당엘 들어갔다. 하지만 그렇게 좋아하던 김치를 보고도 입덧하듯 속이 울렁거려 밥을 먹는 둥 마는 둥하고 시내투어에 들어갔다. 일행 13명에서 투어를 하겠다고 나선 사람은 고작 7명. 그 중 여자는 고산지대인 과테말라에 살고 있는 친지 한 분과 미국 여대생과 나뿐이다. 처음엔 혈액순환이 안 되는지 손끝이 찌릿찌릿하더니 나중엔 머리에 전기스파크가 나며 눈꺼풀이 숫제 경련을 일으킨다. 하지만 어차피 불치병인 역마살로 여기까지 온 터, 여행하다 장렬한 죽음을 맞이하는 것 또한 의미가 있지 않을까 하는 오기가 발동한 것이다.

정신이 혼몽한 가운데도 내 생에 언제 다시 여길 오랴 하는 생각에 손수건으로 입을 가리고 연상 창밖을 본다. 산소보다 더 괴로운 건 버스와 오토바이들이 내뿜는 매연이다. 차량 자체도 낡은데다 산소가 부족하다 보니 모든 연료는 불완전연소될 터, 매연은 당연한 것이다.

하늘에서 하강하듯 버스는 울퉁불퉁한 흙길을 따라 자꾸 아래로 내라간다. 멀미까지 겹쳐서 잠시 눈을 감았다가 차가 멈춰 창밖을 보니 여행 가이드북에 나와 있던 바로 그 신비의 '달의 계곡'이 펼쳐져 있다. 우주비행사 암스트롱이 아폴로 16호 로켓에서 달에 첫 발을 디뎌서 본 모습이 이랬을까 하는 생각을 해본다. 붉은 모래지형

이 빗물에 침식되어 형성된 지형이라고 하는데 위에서 내려다보니 미서부의 '브라이스 캐년'을 닮았다. 이렇듯 붉은 모래가 흔한 지형이다 보니 이 나라 달동네 서민들에겐 이게 집을 짓는 재료로 사용되는 게다.

이제 버스는 다시 위로 올라간다. 앞이 훤히 트인 전망대란 곳에 서자 무허가주택이 밀집한 산동네와 시내 라빠스 전경이 한눈에 들어온다. 성서의 소돔과 고모라를 연상케 하는 하늘 아래 빼곡한 붉은 달동네! 돈과 권력을 가진 이는 낮은 곳에 별궁 같은 집을 짓고, 가난하고 힘없는 이들은 무허가 붉은 토담집을 지으며 자꾸 산으로 올라가는 것이다. 하늘 가까이 사는 가난한 이들의 마음이 천국에 한 발짝 더 다가갔으면 하는 바램을 가져본다. 본인의 의지와는 상관없이 하늘로 내쫓긴 사람들! 갓난쟁이를 등에 업고 손수 짠 민예품들을 거리에 늘어놓고 팔고 있는 아낙네들! 그런데 그 속에서 한

낱 세상 구경하겠다고 여기를 돌아다니는 나 자신이 실로 부끄러워진다.

볼리비아의 첫 번째 독립운동열사인 빼드로 도밍고 무리오 동상이 우뚝 선 '무리오광장'에 도착한다. 꽃들과 나무들이 아름답게 어우러진 광장엔 비둘기떼들이 사람들과 어울려 평화롭게 놀고 있다. 식물과 동물과 인간이 공존하는 평화의 놀이터인 게다. 무리오 광장을 중심으로 대통령궁, 대성당, 국회의사당이 사이좋게 광장을 에워싸고 있다.

광장에서 북쪽으로 한 블록쯤 걸어가니 라빠스에서 가장 멋진 거리라고 하는 '하엔거리'가 나온다. 라빠스에서 16세기 식민지시대 모습이 가장 잘 보존된 골목으로, 무리요와 함께 독립운동을 한 하엔의 이름을 딴 거리다. 여기엔 독립운동 열사인 도밍고의 집과 라빠스의 4대 박물관이 밀집해 있다. 자갈이 박힌 골목길, 멋진 나무발코니

가 딸린 건물, 붉은 타일의 지붕과 돌을 깎아 만든 문, 문 안쪽으로 아늑하게 꾸며진 안뜰 등 모두가 스페인 분위기를 물씬 풍긴다. 흘러간 유럽풍 음악이 잔잔하게 흐르는 거리엔 카페와 민예점, 옷집 등이 어우러져 클래식한 대학가 분위기를 자아내고 있다.

바로 곁에 있는 산프란시스코광장은 라빠스의 심장이다. 여기엔 도밍고 무리오와 유명인사들 무덤이 있는 산프란시스코성당이 있다. 광장에는 온갖 먹거리와 카페, 생필품을 파는 노점들이 줄지어있어 원주민들과 관광객, 라빠스 시민들이 북적이며 활기를 띠고 있다. 이곳 사람들도 때로는 이렇게 여유를 즐기며 살아가고 있구나 싶어 내 마음이 더 넉넉해진다.

결국 비몽사몽간에 질척거리는 비를 맞으며 라빠스 시내를 한 바퀴 돈 셈이다. 아직도 살아서 숨을 쉬고 있는 나 자신이 대견할 따름이다. 그런데 지금 모두가 잠든 이 밤에 나는 다시 가슴을 부여잡고

시간과 시름을 하고 있다. 시간을 죽이는 게 이렇게 힘든 것이었던가! 억지로 눈을 붙이고 다시 눈을 뜨면 고작 30분이 흘렀다. 머리엔 찌릿찌릿 전기가 일고 심장은 금방이라도 멈출 듯 답답하다. 숨을 몰아쉬어도 소용이 없다. 호텔 현관에 산소탱크가 줄을 서 있던 게 눈에 아른거린다. 하지만 나는 지금 말 한마디 할 힘도, 손가락 하나 까닥할 힘도 없다. 깊은 늪에 빠져 머리만 세상 밖으로 내밀고 허우적거리고 있는 듯 답답하고 참담할 뿐이다. 하지만 누구에게 원망을 하랴! 내가 좋아 떠난 여행이니 말이다.

곁에 있을 땐 모르나 사라지면 그 존재의 절실함을 뼈저리게 느끼는 게 어디 공기뿐이랴. 건강한 몸과 정신으로 태어나 세상 사람들과 어울려 잘 살아가고 있음에도 감사해야 할 터. 그리고 나와 엮인 모든 인연들, 가족, 친지, 친구들 또한 얼마나 고마운 존재들인가. 당연한 듯 받고 있는 가족들의 사랑, 하해 같은 부모님 사랑 역시 공기처럼 귀하고 절실한 걸, 나는 과연 얼마나 감사히 생각하며 살아왔는가 싶다. 세상은 인간과 인간이 만든 고리로 돌아갈진대, 나와 스치는 인간들에서 스며 나오는 사랑 역시 공기 같은 존재가 아닐까. 있을 땐 당연하지만 사라지면 생존의 의미조차 흔들리게 하는 귀한 것들이니 말이다. 돌아보면 세상엔 감사할 게 너무나 많다. 빈 몸으로 이승에 왔다가 지금 내가 가지고 있는 건 모두 신으로부터 공짜로 얻은 것이니 말이다.

밤이 깊어간다. 원초적 생존을 위해 몸부림치는 시간, 시간들! 하지만 언젠간 이 순간도 내 생의 앨범에서 의미 있는 한 페이지로 남으리라. 이 순간 내가 할 수 있는 건 오로지 나 자신을 위대한 절대자에게 맡기는 것뿐이지만 말이다.

늪 같은 깊은 잠에 빠지고 싶다!

요정의 세계, 우유니 소금사막

- 하늘과 땅이 만나는 지상천국 -

비행기가 드디어 우유니공항에 착륙한다. 볼리비아의 수도, 라빠스에서 한 시간 가량 날아온 셈이다. 해발 3,500미터 지구에서 가장 높은 곳에 위치한 소금사막이 저 멀리 신비의 모습을 드러낸다. 착륙한 공항은 시골 버스터미널처럼 조용하고 고즈넉하다. 하늘과 땅이 만나는 곳, 구름이 땅위에 비치는 요정의 세계를 만날 기대로 고산증도 잠시 잊는다.

언젠가부터 알 수 없는 향수처럼 우유니를 그리워했다. 여행가이드북이나 TV에서 보았던 우유니 소금사막은 신비 그 자체였다. 건기엔 태양보다 눈부신 하얀 소금바다를, 우기엔 거울 같은 물 위에 포개어지는 또 하나의 푸른 하늘을 볼 수 있는 곳! 그건 바로 태초 천지창조 때의 땅의 모습처럼 보였고, 거기 가면 조물주의 존재를 더 확

실히 느낄 수 있을 것만 같았다. 눈이 멀 듯 끝없는 지평선을 향해 소금사막을 달려보고 싶고, 지상의 그 무엇이든 거울처럼 투명하게 비춰내는 물 위에 나 자신을 송두리째 투영해보고 싶었던 게다. 어쩜 광활한 우주 속의 나라는 존재를 비추어볼 수 있을지도 모른다는 막연한 기대가 나를 여기로 더 유혹했는지도 모를 일이다.

바다가 솟아올라 만들어진 지상 천국 우유니사막! 지각 변동으로 만들어진 호수가 산악지형 탓으로 물이 빠져나가지 못하고 자연스레 수분증발이 반복되면서 차츰 거대한 소금사막으로 변해버렸다고 한다. 라빠스는 세계 최장 안데스산맥 7개의 봉우리가 관통하는 볼리비아의 수도로서 해발 3,800미터의 고산도시다. 그러니 히말라야나 티베트처럼 건조기후로 사람이 살기 어려운 지역이다. 그럼에도 불구하고 수도 라빠스는 스페인의 지배를 받던 시절에 볼리비아의 광물자원을 착취하기 위한 거점도시였다. 그중 하나가 라파즈에서 불과 580킬로미터 떨어진 이곳 우유니다. 넓이 12,000 제곱킬로미터, 두께 12미터, 저장량이 무려 700억 톤이나 되는 세계 최대 소금사막은 그들에겐 금맥 못지않게 귀한 돈줄이었을 테니 말이다.

공항을 나오자 6인승 4륜구동차가 우릴 기다리고 있다. 운전기사가 이곳 흑인 원주민들이다. 우리 일행은 4명씩 조를 나누어 3개의 차에 탑승한다. 씽긋 웃으며 일일이 손을 잡아 차에 태워주는 기사 청년의 친절이 살갑다. 이곳도 3,500미터가 넘는 곳이라는데 들뜬 마음 때문인지 전혀 고산지대인 걸 못 느끼고 있다. 아마도 미리 라빠스에 들러 고산지대 적응을 한 게 도움이 되는지도 모를 일이다. 센스 있는 기사청년이 감미로운 탱고음악을 틀어 여흥을 돋운다.

한 시간이나 달렸을까? 갑자기 어떤 식당 앞에 차를 댄다. 들어가 보니 식당을 빌려 아침부터 이들이 직접 만들었다는 요리가 풍성하게 차려져 있다. 쇠고기 스테이크 찜요리랑 내가 좋아하는 고구마, 감자, 옥수수, 거기다가 풍성하고 싱싱한 야채샐러드까지 곁들여 주니 마치 야외소풍을 나온 것 같다. 음식을 준비한 이의 정성을 생각해서라도 연방 맛있다는 제스처를 해가며 먹어준다. 고산병을 앓는 우리를 위해 따스한 코카잎 차까지 준비한 이들의 배려에 가슴이 먼저 따뜻해진다.

식사를 마치고 다시 차는 달린다. 누런 풀들과 선인장만이 드문드문 있는 사막이 펼쳐진다. 하얀 소금덩어리가 섞인 흙들이 이른 봄의 잔설殘雪처럼 희끗희끗 모습을 드러낸다. 맨 먼저 도착한 곳은 소금사막의 어귀에 있는 '꼴차니마을'이다. 사막에서 모아온 소금을 가공하는 곳으로 소금블록으로 만든 집들과 소금을 깎아 만든 기념품 가게들이 있다. 옆의 소금호텔은 모든 게 소금으로 되어 있다. 식탁은 물론, 침대와 갖가지 조각품까지 온통 소금이다. 자칫 잘못하면 옷이며 소지품이 소금칠갑을 하니 조심해야 한다. 신기한 마음에 마구 사진기 셔터를 누른 후 차는 다시 달린다.

이제부터 시작이다. 끝도 보이지 않는 하얀 소금사막이 광활하게 펼쳐진다. 이따금씩 관광용 까만 지프차만이 사막이 아니란 걸 환기라도 시키듯 개미처럼 지나간다. 눈으로 보면서도 실로 믿기 어려운 풍광이다. 달려도 달려도 끝이 없는 하얀 소금사막! 하늘에도 소금 같은 하얀 솜털구름이 갖가지 모양을 만들며 펼쳐진다. 어디가 하

늘이고 어디가 지평선인지 구분이 안 간다. 어쩜 하느님이 천지를 창조할 때 세상을 다스리느라 지치고 피로한 자신을 위해 이런 별천지를 미리 만들어둔 게 아닐까? 이건 그 자체가 우주의 별장이요, 천상낙원이니 말이다.

사진을 찍기 위해 차를 세운다. 하얀 소금 바닥에 몸을 눕힌다. 눈처럼 보이지만 일어나 옷을 털자 체온으로 녹은 짭짜란 소금이 찐득거린다. 일반 소금보다 농도가 5배라는 말에 손을 입에 대어보곤 진저리를 친다. 문득, 폴란드 소금광산이 떠오른다. 소금으로 거대한 동굴이 되어 있던 광산이다. 예로부터 부富의 상징이 되어온 소금! 그래서 유럽에선 대 지주나 주교들이 소금광산을 소유하고 있었고, 귀한 이들에겐 소금을 팍팍 쳐서 접대하던 풍습으로 인해 동유럽 음식이 대체로 짜다고 했다. 그렇게 귀하디귀한 소금이 여기선 지천으로 늘려있는 게다. 밑에서 수분과 함께 증발되어 나온 염분이 응축되어 만든 크고 작은 소금덩이들이 여기저기 돌멩이처럼 박혀있다.

사막 내에는 크고 작은 섬들이 있다. 스페인어로 '물고기'란 뜻의 '페스카도'라 불리는 섬에 도착, 현지 가이드의 설명을 들으며 가벼운 산행을 한다. 우유니사막은 소금사막 특유의 건조하고 염분이 있는 기후로 생명체가 많지 않다. 그러니 강인한 생명력을 가진 선인장만이 마치 이곳의 토주대감처럼 군락을 짓고 있다. 선인장 수명은 1000년 가까이 되며 크기가 사람 키의 5배가 넘는 것도 있다. 우유니사막을 생존 터로 삼고 살아가는 '치파야족'은 이 선인장을 자신들을 지키는 수호신으로 믿고 있다고 한다. 인간수명의 10배를 넘게 살아가는 식물이니 절대자로 숭배를 받는 것도 당연한 게다.

3,000미터가 넘는 고산지대에서 한 걸음, 한 걸음을 떼어놓는 건 숭고한 종교의식 같다. 숨을 고르고 정신을 가다듬지 않으면 언제 쓰러질지 모르기 때문이다. 작열하는 한낮의 햇살은 사정없이 내리쬔다. 숨을 몰아쉬며 정상을 향해 오르다가 문득 돌아서보니 절벽 저 아래는 끝없는 하얀 소금사막이다. 천국에서나 볼 수 있을 듯한 기이한 선인장들의 끝없는 군락들 앞에서 갑자기 나는 한없이 작은 미물微物이 된다. 여기서만 산다는 다람쥐 비슷한 설치류동물이 쪼르르 바위 틈새에서 나와 내 곁에 선다. 저나 나나 모두 여기 천지창조 풍경 속의 작은 생물인 게다.

섬을 한 바퀴 돌고 나서 사막을 배경으로 사진을 찍는다. 현지가이드를 도우는 찍사 청년이 일행을 차례로 서게 하더니 숫제 작품사진을 찍는다. 사막을 배경으로 서게 한 후, 부인이 남편을 손바닥 위에 올려서 입으로 훅 부는 장면을 연출하기도 하고, 콜라병 위에 사람을 얹기도 한다. 이런 호기를 놓칠 수가 있으랴! 남편을 손바닥에 올려 주무르고픈 부인들은 신이 난다. 혼자 여행 온 나만이 뻘줌하게 독사진을 찍고 사막 위를 돌아다닌다.

이젠 물을 찾아 떠날 차례다. 그저께 비가 온 뒤라 어딘가에 있을 물을 찾아 가는 게다. 여행가이드북에서나 보았던 바로 그 요정의 세계를 맞이할 마음에 모두들 눈이 차보다 먼저 달려간다. 30여분을 달렸을까, 일행 차에서 연락이 온다. 사막의 오아시스, 물을 찾은 게다. 차가 멈춘 곳! 호수인지 바다인지 구분이 안 가는 곳에서 모두들 여행사에서 준비해 준 장화를 신고 내린다. 찰랑찰랑 하얀 소금바닥 위에 고인 물은 그대로 거울이 된다. 하늘도 구름도 저 멀리 섬들, 그리고 우리가 타고 온 차와 우리 모두가 아래 위, 이중으로 비친다. 세상에서 제일 큰 거울 위에 우리가 서 있는 것이다. 드디어 오늘 우리는 요정의 나라에 초대되어 온 공주가 된 게다.

세상에 이런 곳이 존재하다니! 역마살로 그렇게 전 세계를 돌아다녀도 이런 감동과 감흥은 처음이다. 이게 바로 무아지경이련가! 이틀간, 고산지대 라빠스의 숨 가쁜 여정도 오늘 이 풍광을 맞이하기 위한 준비과정이었나 보다. 오로지 조물주에게, 신에게, 찬미 찬송만이 환호로 새어 나온다. 유한한 존재인 인간에게 보이지 않는 하느님의 뜻을 은연중에 나타내 보이는 것이 '계시啓示'라고 했던가? 여기 우유니를 보고도 신의 존재를 부정하는 이가 있을까? 하늘과 땅이 맞닿는다. 내가 곧 하늘이고 땅이다. 시작도 나이고 끝도 나인 곳! 여기서 나의 짧고도 긴 역사가 시작되었고 이제 곧 마무리될 터이다.

우유니의 또 하나의 아름다움은 일출과 일몰이라고 한다. 해가 지평선 너머로 넘어가길 기다리며 하늘을 본다. 이렇게 한가로이 하늘을 보며 해 지기를 기다려본 적이 언제였던가 싶다. 드디어 해가 지평선에 걸린다. 해가 하늘에만 뜬 게 아니라 땅에도 물 위에도 떠있다. 찍사 가이드가 이젠 넘어가는 해를 두 손바닥으로 잡는 사진을 찍어준다. 붉게 타는 석양을 배경으로 잡는 실루엣사진은 찍는 것마다 예술 작품이다. 함께 온 모녀 일행은 갖가지 포즈를 미리 구상해와서 폰으로 작품사진을 찍느라 바쁘다. 문득 지난 날 딸과 함께 여행했던 날들이 떠올라 눈시울을 적신다. 지나고 보면 그렇게 아쉽고

그리운 순간들을 우리는 일순 너무 쉽게 흘려보내는 게다.

스스로 발열되어 자신을 불태우던 태양! 뜨거운 열정으로 세상을 아낌없이 사랑하다가 이제 서서히 사위어간다. 하지만 저렇게 작열하게 자신을 태우고 붉은 여운을 남기며 사라지는 뒷모습은 얼마나 아름다운가! 자신을 떳떳하게, 투명한 거울에 비추어보면서 말이다.

나는 오늘 여기서 내 한 생生을 하늘의 거울에 비추어보고 있다.

어머니의 고향, 후쿠오카

몇 년을 벼루고 왔던 어머니와 형제들과의 여행이다. 여행 날을 잡고 어머니께서 얼마나 기뻐하셨는지 모른다. 원래는 어머니께서 건강하실 때 우리 형제끼리 해외여행을 가보자고 내가 제안한 여행이었다. 그런데 결혼 날을 잡은 내 딸이 어릴 적 자신을 키워주셨던 외할머니와 이모들께 감사하는 마음으로 일체의 경비를 충당해주는 바람에 더 뜻 깊은 여행이 되었다.

어머니께서 간식을 좋아하시는지라 이것저것 준비하느라 마음이 바쁘다. 마트를 가고 제과점, 과일 집을 돌아다니는 마음이 설레발을 친다. 해외여행 때마다 무거운 트렁크에 시달려 이번에는 가뿐하게 떠나고 싶었는데 결국은 한 동네에 사는 여동생과 함께 손에 손에 보따리를 들고 집을 나선다. 국제여객터미널에 도착하니 언니와 어머니께서도 우리에게 뒤질세라 먹거리를 주렁주렁 손에 들고 나타나신다. 사랑하는 이들에게 맛있는 거 하나라도 더 먹이고 싶은 피붙이 마음은 같은 것이리라. 막내 여동생이 함께 하지 못해 못내 아쉬워들 한다.

선실을 업그레이드한 아담한 다다미방에 짐을 풀고 가져온 음식으로 풍성한 저녁상을 차린다. 통닭, 족발, 김밥에다 맥주, 와인도 있다. 음식보다 더 넉넉한 사랑이 식탁에 가득하다. 사랑하는 이들과 나누는 식사! 그 어느 보약보다 더 몸에 이로운 약이요, 축복이 아닐까 싶다. 그렇게 고대하던 어머니와의 여행! 이 밤 우리는 현해탄을 넘어 어머니가 태어나신 고향, 일본으로 가고 있는 것이다.

후쿠오카에 들어선다. 어머니가 태어나신 곳, 80년이 지나 이제 세 딸들을 거느리고 이곳을 찾은 게다. 차창 밖을 내다보는 어머니의 눈에 이슬이 맺힌다. 가슴 속에 80여년의 삶이 파노라마로 펼쳐지고 있으리라. 어머니께선 따문따문 일본어 간판을 읽고 계신다. 한자와 일어에 능하신 어머니셨으니 오랜 세월 드센 풍상에도 전혀 망각되지 않고 술술 입에서 스며 나오는 언어들! 어쩜 이것들은 태어나서부터 인호처럼 어머니의 몸속에 각인된 문자들인지도 모른다. 언젠가는 고향을 찾아갈 채비를 하는 연어처럼 말이다.

여행 첫날, 이번 여행의 하이라이트 벳부로 차머리를 돌린다. 벳부(別府)는 큐슈 오이타현에 위치하고 있는 세계 제일의 온천지대다. 온천의 개수가 2,848개로 하루 용출량이 무려 14만 킬로리터에 육박한다니 그 규모를 가히 짐작할 수 있다. 벳부에 들어서자 여기저기서 연기가 피어오르고 있다. 온천증기지만 내 눈에는 어린 시절, 집집마다 불을 때서 밥을 짓던 고향마을 모습처럼 보인다.

역마살이 있어서인지 나는 어릴 적부터 아련한 꿈을 품고 살았다. 직장과 시간에 얽매이지 않고 혼자 정처 없이 여행을 떠나고, 발길 닿는 대로 돌아다니다가 저녁노을이 곱게 물들 때, 지금처럼 밥 짓는 연기가 모락모락 올라오는 어느 마을에 들어가 따끈한 온돌방에서 몸을 녹이고, 그리고 밤이 되면 별이 쏟아지는 하늘을 올려다보며 책을 읽다가 잠이 든다. 다음 날 날이 새면 또 길을 떠난다. 현실과는 거리가 먼 이런 꿈을 아직도 버리지 못하는 것 역시 나의 원점原點, 고향을 그리워 하는 마음이 아닐까 싶다. 그런데 오늘, 이 먼 섬나라에 와서 내 작은 꿈이 현실로 이루어진 것이다. 그것도, 사랑하는 어머니 손을 잡고 피붙이 형제들과 함께 말이다. 한풀 꺾인 저녁햇살에 안개처럼 촉촉한 평화와 행복이 스멀스멀 내 몸을 감싼다.

벳부는 시 전체가 펄펄 끓어오르는 온천물로 덮여있어 온천물 온도가 90도를 넘는다고 한다. 해수를 끓여 탕에 넣어 '해수온천'이라고 이름을 붙이는 우리나라의 온천과는 근본이 다르다. 벳부온천은 온천 성분 중 무려 10가지를 함유하고 있는데 특히 유황성분과 실리카성분이 많아 체내 독소를 빼낸다고 한다. 벳부 내에는 8개의 지옥온천이 있는데 우리가 찾은 곳은 이곳에서 제일 유명한 '가마도지옥'이다. 옛날에 이 지옥의 열기를 이용해 신사나 사찰의 밥을 지었다고 하여 일명 '밥솥지옥'이라고도 한단다. 온천 입구에 들어서자 험상궂은 도깨비가 우리를 맞이한다. 커다란 밥주걱을 들고 밥솥 위에 서 있는 이 도깨비상이 이곳의 상징 마스코트인 게다.

온천증기를 마시며 기관지 소독을 하는 곳에 도착, 기관지가 안 좋은 터라 온천증기를 들이마셔 본다. 유황이 섞여 있어서인지 매캐한 냄새가 기도를 자극한다. 금세 눈물이 줄줄 흐른다. 뜨거운 온천물을 숫제 떠 마시는 사람도 있다. 무슨 보약이나 되는 듯, 어머니께서 바가지로 물을 받아 나를 기다리고 계신다. 자식에게 좋은 것은 무엇이든 챙겨 맥이고 싶은 어머니 사랑은 이 온천물보다 더 뜨거운 게 아닐까?

보기에도 아름다운 옥색, 적색 온천수에서 하얀 수증기가 피어오르고 있다. 푸른 바다 같다고 해서 붙인 '우미지옥'은 1200년 전 쓰루미다케 산의 화산폭발로 생긴 온천수로 계절과 물의 온도에 따라 코발트색, 옥색, 청색, 녹색 등의 다양한 색을 연출한다고 한다. 핏빛색의 '치노이케지옥'은 보기에도 섬뜩한 지옥을 연상케 한다. 한 세상 착하게 잘 살아야지, 죽어서 저런 시뻘건 지옥에 던져져선 안 될 터이다.

웅성거리는 소리가 나서 보니, 이곳 사장이라는 노인이 나와 깜짝쇼를 한다. 담뱃불 연기를 온천수 쪽으로 불어서 보내자 온천물에서 갑자기 뭉게뭉게 연기가 피어오른다. 온도가 높아 담배연기와 온천수가 폭발적인 반응을 하는 게다. 가이드가 미리 귀띔해 주는 대로 모두들 "와~"소리를 내며 적극적으로 호응을 하자, 노인은 신이 나서 우리 일행에게 담뱃불을 건네준다. 신기해서 손뼉을 치며 깔깔거리는 모습이 마치 선생님을 따라 테마공원에 놀러나온 초등학생이다.

발수건 한 장씩을 받아들고 흐르는 노천온천에 앉아 온천물에 발을 담근다. 이름도 성도 모르는 세계 각국 사람들이 이 물에 발을 담갔으리라. 따뜻한 물로 발이 데워지더니 몸도 가슴도 따뜻해진다. 세상 사람들이 모두 이렇게 하나의 온천물로 마음을 데워 하나가 될 수 있다면 얼마나 좋을까? 지구촌 모두가 한 형제가 될 테니 말이다. 제나라 잘 살자고 이웃나라에게 총을 겨누어 피를 뿌리지도 않을 것이고, 잘사는 나라라고 가난한 나라를 핍박하지도 않을 터이고, 무엇보다 지구상에 먹을 게 없어 굶어죽는 어린이가 없어지지 않을까 싶다.

어머니와 세 딸이 나란히 앉아 같은 물에 발을 담그고 족욕을 하고 있다. 최후의 만찬 시 세족례를 하신 예수님 생각이 난다. 발을 씻는 게 아니라 세파에 찌든 고단한 마음을 씻고 있는 게다. 어기찬 세상 살아가며 지은 죄와 온갖 분심들도 이 온천증기와 함께 모두 증발해 버리길 기도한다. 어깨와 목에 긴장이 풀리고 그 동안 낯선 음식으로 피로했던 장腸까지 끄르륵 소리를 내며 풀린다.

족욕을 하고 계시는 어머니 이마에 구슬땀이 맺힌다. 얼마나 그리웠던 고향이랴! 태어난 땅 한번 밟아보지 못한 채 생生을 마감할 뻔하

지 않았던가? 온천물에 다리를 담그고 손으론 유황달걀을 까서 입에 넣는다. 발밑에선 노르스름한 유황증기가 연신 올라오고, 입에서는 유황만두가 터진다. 유황냄새에 정신이 얼얼하다. 하지만 오늘은 이 냄새마저 정겹다. 어쩜 이건 유황냄새가 아니라 어머니 고향의 향기인지도 모르며, 우리 피의 내음인지도 모를 일이다.

호텔에 짐을 풀자 가이드가 일본 전통의상 유카타를 입고 저녁식사를 하자고 한다. 네 모녀가 유카타를 입고 거울 앞에 서는 순간, 모두들 박장대소를 한다. 모두가 한 공장에서 제조한 네 명의 일본인이다. 하기야 어머니가 일본에서 그대로 정착을 하셨으면 어쩜 우리 모두는 일본인이 되었을 게다. 잘못하다간 일생 이 섬나라에서 지진공포에 떨며 살 뻔 했다니 생각만 해도 등골이 오싹해진다. 가난하지만 소박하고 정이 넘치는 민족! 나는 새로 태어나도 한국인으로 태어나고 싶다. 풍성한 저녁 상차림이다. 어머니가 좋아하시는 우동에다 회, 불고기 등을 곁들인 일본 정식이다. 식사 후 가이드가 우릴 벽에 세우더니 기념촬영을 한다. '미스 제프니즈'를 뽑는 대회에 참가한 미녀들인 게다.

이젠 제대로 온천으로 몸을 풀 일만 남았다. 식사 후 호텔 지하에 있는 온천탕으로 내려갔다. 온천탕은 기대했던 것보단 규모가 작고 시설도 후지다. 탕에 들어서자 온천증기로 앞이 보이지 않는다. 몸을 씻고 뜨거운 물에 몸을 담근다. 시설이 좋은 한국 사우나에 비할 순 없지만 이국에서 맛보는 온천의 열기라 그 자체가 신비롭다. 부모, 형제와 함께 하는 여행이니 무엇을 한들 행복하지 않으랴. 어머니께선 열탕에 들어가더니 벽에 기대어 눈을 감으신다. 발가벗은 몸으로 벽에 기대어 어떤 상념에 젖어 계실까? 어쩜 한 마리 연어처럼 꿈에도 그리던 고향을 찾은 감격과 함께 이제 곧 벌거벗은 몸으로 떠나야 할 이승을 돌아보고 계시리라. 긴 세월, 험난한 파고를 넘나들며 때처럼 눌어붙은 한恨과 울화를 저 온천물에 녹이고 계시는지도 모를 일이다.

온천으로 따뜻하게 몸을 푼 후, 이제 정情으로 가슴을 데울 차례다. 이 좋은 날, 술이 없을 수 없지! 다다미방에서 손수 사께야를 만들어 술잔이 돌아간다. 눅눅한 사랑과 연민이 듬뿍 녹아 와인 빛깔은 선홍색이 된다. 이 밤, 우리는 저 핏빛처럼 진한, 생의 가장 행복한 밤을 보내고 있는 게다.

이대로 시간이 멈추어도 좋을 듯하다.

이과수 폭포수를 맞으며

– 나와 자연과의 합일 –

브라질 이과수투어의 하이라이트, 마꾸꾸 사파리투어를 시작한다. '사파리'란 이름 때문에 지레 겁을 먹고 출국하면서 황열병 예방주사까지 맞고 단단히 무장을 했다. 하지만 정글이라곤 디지털 오픈카를 타고 폭포투어가 시작되는 선착장까지 고작 3킬로미터다. 그런데도 놀이동산의 기차 같은 차를 타고 부리부리한 흑인 청년의 설명을 들으며 숲을 지나는 느낌은 마치 깊은 아마존정글에 온 듯하다.

이름 모를 새들과 개구리, 도룡뇽 등이 공원식당 앞에서부터 우리와 함께 한다. 인간과 동물이 공존하는 정글의 모습이다. 그 중에서 공원입구에서부터 우리를 집요하게 따라다니는 이곳의 마스코트 긴 코 너구리 '꾸아띠'는 곳곳에서 떼를 지어 우리를 위협한다. 일행 중 한 사람은 과자가 든 검은 비닐봉투를 통째로 빼앗겨 울상을 짓고 있다. 날카로운 눈과 긴 주둥이로 민첩하게 무언가를 찾으면서도 결코 우아한 자세를 흩뜨리지 않는다. 탐스런 꼬리를 자신의 자존심인 양 치켜세우고 쉬지 않고 눈을 번들거리며 돌아다니는 모습에서 인간보다 더한 삶의 열정을 느낀다.

선착장으로 내려가는 가파른 언덕 앞에서 내려 작은 지프차로 옮겨 탄다. 사탕수수로부터 추출한 알코올로 움직이는 차라고 하니 생태계를 걱정하는 이 나라 사람들의 정성을 알 수 있다. 아마존 강의 생태계 파괴가 몇 년 전 한국에서 방영한 다큐먼터리 「아마존의 눈물」에서처럼 절망적이진 않은 것 같아 다행이다. 강가 선착장 위에서 차가 정차하자 사파리투어 사무실로 들어간다. 공동라커에 소지품을 맡긴 후 비장한 마음으로 구명조끼를 입는다. 이러나 저러나 물에 빠진 생쥐 꼴이 된다는 걸 알면서도 옷 위에 비옷을 끼어 입고 넓은 창 모자를 쓰고 선글라스까지 무장을 한다. 전쟁터에 나가는 병사처럼 할 수 있는 데까진 무장을 다해서 심리적 안정을 얻고픈 가련한 몸부림이다. 배가 앞으로 전진하니까 배 뒤쪽이 물이 덜 튄다는 경험자 변회장님의 충고로 얼른 배 뒷자리에 올라타 자리를 잡는다.

드디어 배가 출발한다. 매캐한 석유냄새를 풍기면서 모터보트는 이과수강을 거슬러 올라간다. 페루 이끼도스에서 아마존강을 거슬러 올라갈 때의 바로 그 느낌이다. 저 위에 우뚝 서 있는 이과수폭포가 마치 우리가 싸워서 이겨야 할 적군인 양, 배는 거침없이 폭포를 향해 돌진한다. 이렇게 위대한 자연에 도전하고픈 인간의 본능은, 인간보다 힘이 센 존재에 대한 경이와 두려움으로 되레 한판 승부를 겨루

어 이기고 싶은 인간의 DNA인 게다. 지금 우리는 조금 전 공원 산책로에서 본 웅장한 폭포 병풍 속으로 겁도 없이 쳐들어가고 있다. 우레 같이 폭포수를 쏟아 부으며 열을 지어 서 있는 절벽들! 금방이라도 우리 배를 덮칠 듯 으르렁거리며 노려보고 있다. 굶주린 사자처럼 포효하며 흘러내리는 폭포수는 보기만 해도 주눅이 든다.

배가 폭포 가까이 다가가자 갑자기 발 아래로 물이 왈칵 들어온다. 성난 맹수들처럼 배를 흔들며 내려가는 물은 페루의 우르밤바 강물 같다. 굽이굽이 산길을 따라 마추비추로 향하는 평화로운 관광열차 곁을 끊임없이 으르렁거리며 따라오던 누런 황토물이 굶주린 사자 떼 행렬 같아 가슴을 졸였던 것이다. 배의 중앙 엔진 위에 높이 걸터앉아 있던 기관사가 갑자기 방수바지를 끼어 입는다. 그 모습을 보니 심장이 더 쿵쿵거린다. 죽음의 전쟁터로 막 나가는 장군의 비장한 모습이다. 이런 와중에도 찍사 청년은 쉬지 않고 우리에게 카메라를 들이댄다. 드디어 목표물인 폭포 병풍 앞에 도착! 기관사가 마지막으로 윗도리까지 입는다. 이제 폭포와의 한판 결투만이 눈앞에 있을 뿐, 다른 선택은 없는 게다. 잠시, 죽음 같은 침묵이 흐른다.

모든 걸 체념한 채 눈을 딱 감고 사자의 입속으로 몸을 들이민다. 순간, 하늘에서 떨어지는 물벼락! 천지창조 시 하늘이 땅에 내리치는 세례의 물줄기가 이랬을까? 고함을 칠 겨를도 없이 순식간에 우리 배는 폭포 앞에 파르르 떠는 낙엽이 된다. 이젠 모든 걸 내려놓을 때다. 삶도 죽음도 다 하늘의 뜻! 나는 이과수의 한 지체肢體로 한 폭의 풍경 속으로 스며든다. 그런데 이게 웬일인가! 벼락 치는 혼돈과 공포 속에 찾아드는 이 포근함과 평화의 정체는 대체 무엇일까? 서서히 고개를 들어보니 배 앞에 펼쳐진 일곱 빛깔 둥근 무지개! 어쩜 인간이 그렇게 꿈꾸던 무지개는 바로 이 순간, 모든 걸 내려놓고 온전히 나를 하늘에 맡길 때 비로소 볼 수 있는 신의 선물이 아닐까?

우르르 쾅쾅! 눈조차 뜰 수 없는 혼돈 속에서도 마음 한 자락 고쳐 먹으니 이렇듯 찾아드는 아늑한 행복! 그리고 쾌감! 어쩜 그렇게 도전하고 싸워보고 싶었던 나의 목표물은 이과수폭포가 아니라 바로 나 자신이었는지도 모를 일이다. 고집과 편견으로 날을 세우며 살아온 이기심과 세상을 향해 굳게 닫았던 콘크리트벽들! 상대를 싸워서 이기려고 용을 쓸 게 아니라, 과감하게 나를 죽이고 그 속에 나를 넣어 동화시키는 것이 바로 행복의 열쇠요, 삶의 지혜인 게다.

우리 팀이 마지막이라 그런지, 아님 모두가 호응을 잘 해 준 덕인지, 우리 배는 폭포를 돌고 또 돈다. 폭포 밑을 들어갔다간 나오고, 나

왔다간 다시 들어간다. 마치 두 몸을 밀착하고 한바탕 탱고 춤을 추는 연인처럼 들숨, 날숨의 숨 가쁜 애무가 끊임없이 이어진다. 뒤에 온 배들이 떠나고 난 다음에도 우리들의 모험, 아니 자연과의 합일合一은 계속된다.

오늘 나는 이과수를 점령했다! 아니, 이과수와 한 몸이 되었다! 파란만장, 지난한 세월을 보내며 일생동안 묻은 때와 얼룩을 송두리째 씻어내는 하늘의 세례를 받은 것이다.

이제 저녁노을을 받으며 배는 강물 따라 유유히 흘러간다. 굳이 용을 쓰지 않아도 바람 따라 물결 따라 배는 떠내려간다. 자연과의 합일로 오르가즘을 만끽한 후의 나른한 평화가 졸음으로 밀려온다. 붉게 타는 이과수의 저녁노을의 애무에 내 몸을 맡긴다.

이 밤을 마오리와 함께

뉴질랜드 로토루아호텔에 도착, 짐을 풀고 저녁나들이 단장을 한다. 고대하던 마오리민속공연을 보기 위해서다. 공연 겸 식사를 하는 레스토랑은 원주민들이 사는 정글처럼 목가적이면서도 시원스레 넓다. 유황온천이 흐르는 '테 푸이와 지열지대地熱地帶', 마오리민속마을을 다녀온 터라 마오리족과의 이 밤이 사뭇 기다려진다.

어제 민속마을에서 먹었던 원주민식 조리법인 항이식으로 만든 사슴고기, 양고기와 뉴질랜드의 특산물인 초록입 담치 등 진귀한 음식들이 뷔페식으로 푸짐하게 차려져 있다. '항이(Hangi)'는 마오리의 전통음식으로 불을 사용하지 않고 지열을 이용해 음식을 익혀먹는 찜요리로 온천과 간헐천이 많은 로토루아지역에서 발달한 조리법이다. 재료를 돌판이나 진흙에 넣어서 뭉근하게 구워내기 때문에 재료 고유의 맛을 즐길 수 있다고 한다.

식사 전에 맥주를 한잔 하고 있는데 무대에서 마오리족 의상을 하고 있는 청년과 사진을 찍으라고 가이드가 눈짓을 해준다. 동작 빠른 내가 제일 먼저 무대에 올라간다. 보기만 해도 에너지가 넘치는 건장하고 잘 생긴 흑인 마오리 청년이다. 어쩐지 우리랑 비슷한 느낌의 친숙한 얼굴과 풋풋한 미소가 살갑게 느껴진다. 팔짱을 끼자 청년이 웃으며 마오리식 인사로 '눈 크게 뜨고 혓바닥 내밀기'를 한다. 부리부리하고 호전적인 마오리 청년의 인사가 가슴에 화끈하게 불을 당긴다. 기왕이면 더 진한 인사 '홍이(Hongi)'* 로 해주면 더 좋을 텐데…….

무인도였던 뉴질랜드를 맨 먼저 점령하고 정착한 마오리족! 이들은 동양인 특히 우리 몽고족을 많이 닮아 몽고반점이 있는 사람도 많다고 한다. 조상을 거슬러 올라가면 서로 피가 통하는 사이라 생각하니 더 정겹게 느껴진다. 자신은 없지만 사슴고기, 초록입 담치 등 이곳 특식을 골라서 가져온다. 생각보다는 소스랑 음식의 간이 내 입에 맞다. 입맛이 까다로운 내가 이렇듯 마오리요리를 잘 먹는 걸 보면 내 몸 속에도 이들의 피가 흐르고 있는 게다.

식사 중에 구슬프면서도 신비스러운 생음악이 깔린다. 인간의 원초적 심금을 울리는 듯한 청아한 단조가락의 노래가 어둠을 뚫고 로토루아의 밤을 적신다. 마오리의 애한이 안개비처럼 촉촉이 가슴을 적신다. 그랜드캐년의 원주민의 피리소리와 아마존강 원주민들의 악기 페냐의 노랫가락과 흡사하다. 하느님이 흙으로 육신을 만들고 당신의 숨을 불어넣어 인간을 완성했다는 말이 맞는 게다. 종족은 달라도 이렇듯 하나의 음률이 우리 모두의 영혼을 적시고 가슴을 어루만지니

말이다. 어쩜 이 음악이 태초의 에덴동산에서 우리 조상들이 즐겨 들었던 가락이 아닐까?

식사가 끝날 무렵, 드디어 마오리족 민속공연이 시작된다. 마오리 전통의상을 입은 남녀 9명이 무대에 올라가 마오리 전통춤인 하카춤부터 시작해서 호전적이면서도 낭만이 흐르는 갖가지 율동과 유희가 이어진다. '하카(Haka)'는 마오리의 전통춤으로 뉴질랜드의 대표적인 문화유산이다. 전쟁에 나가기 전 마오리 용사들이 그들의 힘과 용감함을 드러내어 상대방을 제압하려는 목적으로 실행된 군무라고 한다. 여기엔 마오리의 생명력, 행동, 스타일, 역사의 의미까지도 함축적으로 들어있다고 한다. 무대에 나오는 마오리들이 저마다 목에 개성 있는 목걸이를 하고 있어 눈길을 끈다. 의아해서 물었더니, 이것이 예전에는 자기의 신분을 나타낸 목걸이였다고 한다.

공연을 보면서 이들이 얼마나 호전적이고 용감한 핏줄인지가 피부로 느껴진다. 이제 갓 스무 살의 건장하고 앳된 청년이 눈에 띈다. 문득, 저 청년은 자신이 마오리족임을 자랑스레 생각할까 하는 엉뚱한 생각을 해 본다. 가난한 조상의 뿌리를 원망하며 화려한 디지털유행만을 좇아가는 현세의 젊은이들이 생각나서다. 부디 조상의 핏줄을 귀하게 이어받아 그 전통을 꿋꿋하게 지켜나가는 어엿한 마오리 후예가 되길 빌어본다. 그런가 하면, 목청을 돋울 땐 목에 푸른 핏줄이 불끈불끈 솟아오르는 노인도 있다. 마오리 가문의 호기와 기백을 자손에게 전수하고자 얼마나 노심초사 공을 들였을까 하는 생각을 하니 갑자기 공연이 숙연해진다.

갑자기 춤을 추던 마오리들이 전통춤에 쓰던 고무줄방울을 여자 손님들에게 안겨주며 무대로 불러낸다. 언젠가 터키에 갔을 때 갑자기 무대에 끌려 나가 벨리댄스를 배우던 때가 생각난다. 어차피 즐기려고 떠난 여행! 나도 빼지 않고 선뜻 무대에 올라가 선다. 무대에 끌려나와 있는 사람들을 보니 미국, 중국, 일본, 호주 등 각 나라 여행객들이 섞여있다. 마오리처녀가 시키는 대로 방울을 돌려본다. 마음 같이 손이 따라주지 않는다. 남자들은 불려나가 목과 배에 기氣를 넣고 고함을 지르는 마오리족 특유의 시범을 시킨다. 전쟁 시에 상대방 기를 죽이는 동작인 게다.

공연의 마지막, 레스토랑에 있는 모든 손님들과 마오리 배우들이 손에 손을 잡고 둥그런 원을 그린다. 나의 오른쪽은 함께 사진을 찍었던 잘 생긴 그 마오리 청년이다. 악기에 맞춰 함께 손을 흔들며 노래를 부른다. 가사도 뜻도 모르지만 이 순간, 우린 한 마음이요 하늘이 맺어준 한 형제다. 이름도 성도 모르는 마오리족과 함께 이 밤, 로토루아에서 나는 여흥을 즐기고 있는 게다. 아니 촉촉한 사랑을 나누고 있다.

10여 년 전, 스코틀랜드 백야의 밤에 오늘처럼 이국사람들과 어깨동무를 하고 놀았던 순간이 흑백필름으로 떠오른다. 여행은 바로 이런 것이 아닐까? 편견과 아집으로 굳어버린 껍질을 탈피하고 나와 알몸으로 세계 속으로, 지구 밖으로 나를 던지는 것! 그리고는 허물없이 지구의 모든 이와 소통하며 사랑을 나누고 하나로 융해되는 것! 여기에 여행의 참된 기쁨과 보람이 있는 게 아닐까 싶다.

가슴이 떨리도록 아름다운 대지 위에서, 눈부시도록 아름다운 자연 속에서, 오늘처럼 하나의 음악으로 가슴을 적시며 벌거벗은 태초의 모습으로 인간과 인간이 만날 때 무슨 벽이 있을쏜가? 가슴이 명경처럼 맑은 이들과 어찌 하나가 되고 싶지 않을까 말이다. 그래서 나는 떠나고 싶다. 오늘도 내일도 그리고 먼 훗날에도 나는 떠날 것이다. 그리고 비울 것이다. 내 안의 모든 것, 시기와 질투, 고통과 상처, 미련과 욕망마저 다 떨쳐내고 그 속을 사랑으로 가득 채우리라. 나의 머리와 가슴을 송두리째 비우고 우주의 혼과 기氣를 가득 채우리라.

공연을 마치고 거리로 나오니 하늘엔 은하수가 밀키웨이를 이루고 있다. 며칠 전, 남섬에서 보았던 푸카키호수 같다. 머리 위엔 하얀 눈썹달이 애잔하게 떠 있다. 아름다운 이 밤, 마오리 청년과의 은밀한 밀회의 여운을 안고 낙엽 흩날리는 포도 위를 걸어간다. 스산한 바람이 코끝에 스친다.

* 홍이(Hongi) : 이마를 맞대고 서로 코를 비비는 마오리족 인사법

지상 최대의 카니발, 삼바축제

벼르고 벼루어서 브라질 삼바축제를 보러 왔다. 축제기간이 항상 한국의 구정 설날과 겹쳐서 좀처럼 틈을 내기가 어려웠던 것이다. 이번엔 과테말라 변회장님께서 특별히 초대를 하신 걸 빌미삼아 모든 일을 접고 이 축제에 맞추어 길을 떠났다.

'카니발(carnival)'이란 가톨릭의 전통 명절로, 금식을 해야 하는 사순절 전에 사흘 동안 고기를 먹고 즐겁게 노는 행사다. 대체로 사순절 직전인 2월 말에서 3월 초 사이에 4, 5일간 진행된다. 2015년 올해 카니발은 2월 13일 금요일부터 5일간 브라질 곳곳에서 진행된다. 그 중, 리우데자네이루와 헤시피, 살바도르 카니발이 유명하다. 해변 곳곳에서 산발적으로 진행되는 공연과 퍼레이드 때문에 도로는 막히고 시가지 전체가 흥청거린다.

리우데자네이루에서 열리는 리우카니발은 세계 3대 축제 중 하나로 규모와 화려함에서 세계 최대의 축제다. 리우카니발의 기원은 포르투갈에서 브라질로 건너온 사람들의 사순절 축제에 아프리카 노예들의 전통 타악기 연주와 춤이 합쳐져서 생겨났다. 처음에는 사탕수수 경작을 위해 아프리카에서 끌려온 흑인 노예들이 힘든 노동을 끝내고 고향에서 즐겼던 노래와 춤을 추며 향수를 달랬던 것에서 시작했다고 한다. 이것이 점차 발전하여 20세기 초에 지금과 같은 형식의 카니발이 완성된 것이다.

리우카니발 축제는 '삼바축제'로 사람들에게 알려져 있다. 퍼레이드 곳곳에서 삼바음악이 흐르고 그 음악에 맞춰 삼바춤을 추기 때문이다. 삼바는 브라질의 민속무용으로 흑인들을 멸시하여 부르던 '삼보'에서 유래된 말이라고 한다. 아프리카에서 노예로 끌려온 흑인들이 추던 춤이 시간이 흐름에 따라 브라질 전역에 알려지고, 1910년대에 새로운 삼바 리듬이 개발되면서 곧 브라질의 국민춤으로 발전했다. 이것이 리우카니발을 통해 널리 알려져 이젠 삼바는 전 세계 사람들이 배우고 즐기는 춤이 된 것이다.

리우카니발의 진미는 삼바퍼레이드다. 각 삼바스쿨에서는 퍼레이드를 위해 제각기 주제를 정해 1년간 삼바를 연습한다. 삼바퍼레이드는 삼바드로메라는 거리에서 이루어지는데 수용인원은 약 6만 명이다. 이 거리에선 축제기간 내내 일정 시간을 정해 여러 삼바스쿨이 퍼레이드를 진행하게 된다. 그 중에서도 가장 뛰어난 삼바 단체들은 따로 모아서 공연을 하는데 그 퍼레이드는 다른 퍼레이드보다 훨씬 화려하다. 이제는 리우데자네이루 시청에서 주요 삼바스쿨에 보조금까지 지급한다고 한다. 1930년대 초반까지만 해도 카니발은 곳곳에서 싸움이 벌어지는 무질서한 거리축제였으나 삼바스쿨이 설립되고 학교별로 퍼레이드를 펼치면서 지금과 같은 큰 규모와 형식을 갖춘 축제로 발전하였다.

삼바퍼레이드의 특징은 리우데자네이루에 결성되어 있는 200여 개 삼바스쿨들이 일 년 동안 준비해 조직적이고 체계적으로 벌이는 행사라는 데 있다. 삼바스쿨들은 춤, 음악, 노래, 의상, 소품 등을 어우러지게 구성한 프로그램을 선보이며 퍼레이드를 벌이는 동안 심사를 거쳐 그해 카니발의 최고 삼바스쿨이 선정된다. 이렇듯 삼바 프레이드가 곧 삼바경연대회로 발전하면서 삼바퍼레이드는 다른 카니발과 차별되는 리우만의 독자적인 행사가 되었다. 덕분에 리우데자네이루를 전 세계 카니발의 수도로 인식시키는 역할을 하고 있는 게다.

브라질 정부는 온 국민이 축제를 즐길 수 있도록 카니발 기간을 국

경일로 지정했다. 리우데자네이루 시장은 카니발 오픈 행사 시 삼바의 왕, 킹 모모에게 사흘간 통치권을 넘긴다는 뜻으로 황금열쇠를 건넴으로써 카니발의 시작을 알린다. '지상 최대의 쇼'라 불리는 리우 카니발은 그 명성에 걸맞게 화려한 의상과 조형물로 눈길을 끈다. 참가하는 팀은 매년 새로운 아이디어로 퍼레이드 카와 화려한 의상을 갖추고 새로운 삼바리듬을 만드는데, 한 팀의 구성원은 3,000명에서 5,000명 가까이 된다고 한다. 한 팀당 행진시간은 1시간 20분으로, 예선을 통해 선발된 16개 팀이 사흘 동안 나뉘어 행진을 한다. 매년 사랑, 평화, 자유와 같은 주제를 가장 독창적이고 호화롭게 표현하는 팀이 우승한다. 축제가 열리는 2, 3월의 브라질은 한여름이기 때문에 행진은 뜨거운 낮을 피해 오후 5시부터 시작하여 아침 7시까지 밤새도록 진행된다. 이 시기에는 세계 곳곳에서 관광객들이 찾아와 주변의 호텔이 꽉 차는 것은 물론, 관람석표를 구하기가 어려워 공공연히 암표가 거래된다고 한다.

역사는 참으로 아이러니컬하게 돌아간다. 포르투갈은 사탕수수농장을 재배하기 위해 아프리카 흑인들을 데리고 와서 짐승처럼 부리며 그들의 종교는 물론 민속과 춤을 모두 억압했다. 그런데 그들이 목숨 걸고 숨어서 보존해 온 삼바춤과 잔치가 이제 이 나라를 대표하는 세계적인 잔치가 되었으니 말이다. '평생 살 것처럼 일하고, 내일까지 살 것처럼 놀아라!'라는 게 리오인들의 생활철학이라고 한다. 일생을 일 중독증에서 헤어나지 못하고 살아온 나로선, 화끈하면서도 여유로운 이들의 인생관이 부럽기만 하다.

공항에서 입국수속을 마치자 현지가이드가 생뚱맞게 콘돔을 한 통씩 나누어준다. 브라질정부에서 이번 카니발을 위해 2000만개 콘돔을 생산해서 공항과 해변, 도시 곳곳에서 무상으로 나누어준다고 한다. 동방예의지국인 대한민국에서 누가 이런 제안을 했다면 필시 정신병자 취급을 받지 않을까싶다. 더 충격적인 것은 카니발 때 일어난 모든 일은 절대로 묻지 않는 게 이들의 약속이라고 한다. 공식적인 축제이니 국가가 경범죄나 '깜짝 외도'를 눈감아준다는 게다. 어쩜 이것이 가장 인간적이자 본능적인 축제인지도 모를 일이다. 이성적 동물로서의 위엄과 체면을 다 벗어던지고 이 날만큼은 태초의 그날로 돌아가 먹고 마시며 본능에 충실하게 즐기자는 것이니 말이다. 더 흥미로운 것은 이 축제기간 동안은 그들이 그렇게 멸시하고 핍박하던 흑인들이 축제의 주인공이란 사실이다. 이젠 카니발이 이미 국가축제가 되어 백인들도 많이 동참을 한다. 하지만 이들은 어디까지나 엑스트라일 뿐이다. 하얀 몸에 인디언 옷을 입고 흑인 뒤를 따라가며 즐거워하는 백인들! 그렇게 역사는 돌고 도는 게다.

갑작스런 폭우에도 불구하고 브라질 전통 통구이 스테이크 집에서 두둑이 배를 불린 후 축제 프레이드가 일어나는 삼바드로메 경연장으로 향한다. 잔치에 들뜬 마음이 고작 날씨 하나로 희석될 수는 없다는 듯, 거리마다 골목마다 사람들은 흥에 겨워 들썩거리고 거리와 차는 파티로 가는 성장盛裝차림의 사람들로 붐빈다. 성별도 나이도 신분도 따지지 않는 천상의 잔치! 할머니들도 레이스가 달린 아름다운 드레스를 입고 머리엔 작은 우산을 모자처럼 받쳐 쓴 채 어깨를 흔들거리며 걸어간다.

입장티켓을 목에 걸고 체킹을 한 후 관람석으로 올라간다. 페레이드가 이미 진행되고 있다. 비가 와도 그 누구 하나 신경 쓰는 사람이 없다. 어쩜 이들은 적당히 쏟아지는 비조차 뜨거운 열기를 식히기 위한 하늘의 선물이라고 생각하는 듯하다. 프레이드는 하루에 6팀으로 이틀 동안 총 12팀이 참가를 한다. 일반 관광객이 보는 퍼레이드대열의 개수는 서너 개 정도인데 밤 10시부터 11시 사이에 그 열기가 가장 고조되는 시간이라고 한다.

운 좋게도 이곳에서 가장 인기가 좋다는 삼바스쿨 '망게이라 팀' 퍼레이드가 막 시작되고 있다. 각 페레이드 대열은 먼저 아름다운 무희들이 나오며 관중들의 시선을 붙잡는다. 그 다음으로는 커다란 전시물이 관중을 압도하고, 마지막으로 화려한 드러머와 댄스들의 군무가 이어진다. 멋진 퍼레이드 드러머들은 스탠드 중앙을 지날 때에 멈춰 서서 퍼포먼스를 보인다. 번쩍이는 의상을 입고 골반을 전후좌우로 격렬하게 흔드는 삼바 무용수들, 화려하게 장식한 축제 차량, 노래를 부르고 음악을 연주하는 악단이 펼치는 삼바퍼레이드를 보며 지상 최대의 카니발을 온몸으로 느낀다.

이미 잔치는 농주처럼 익어가고 있다. 쏟아지는 비는 아랑곳하지 않고 서로 껴안고 흥겨운 삼바음악에 맞추어 박수를 치며 목이 터져라 노래하고 몸을 흔들어댄다. 이게 바로 비극의 역사를 안고 있는 축제란 말인가! 백인이나 흑인, 아니 그 누구의 얼굴에도 아픈 역사의 흔적은 없다. 오직 이 순간은 인종과 피부색을 떠나 모두가 하나

가 되어 엉켜서 즐기고 있는 게다. 가사도 리듬도 단조롭기 그지없는 노래를 응원가처럼 반복하면서 손뼉을 두드리며 열광한다. 퍼레이드하는 무희들은 관중의 호응을 얻으려 애를 쓰고 관중들은 자기가 좋아하는 팀이 나오면 일부러 박수를 더 보내며 열광을 한다. 이 모든 게 점수에 반영되기 때문이다.

군중 속의 고독처럼 처음엔 그냥 신기한 잔치를 구경하는 방관자였던 나도 어느덧 박수를 치며 몸을 흔들고 있다. 낯선 동양인들이 함께 호응을 해주자 이곳 원주민들이 자리를 당겨 우리를 끼워준다. 홈 파티에 함께해서 고맙다는 듯이.

오늘 점심 때 중국집에 갔는데 일손이 모자란다며 주인이 투정을 하고 있었다. 알고 보니 주방을 맡은 사람과 서빙을 맡은 사람 다섯 명이 결근을 했다는 것이다. 카니발 날까지 일을 시키면 사표를 내겠다고 되레 엄포를 놓으면서 말이다. 이들이 왜 그렇게까지 이 축제에 연연해하는지를 이제야 알 것 같다. 바로 자신의 정체감이요, 뿌리를 찾는 기쁨과 포근함 바로 그것이 아닐까 싶다. 나름 힘든 세상에 자신의 자존감을 회복하고 위로를 받을 수 있는 잔치! 국가가 모든 허물을 덮어주며 휴식과 방탕까지도 눈감아주는 축제를 어찌 외면할 수가 있단 말인가! 어쩜 오늘 이 순간을 위해 그들은 고단한 한 해를 묵묵히 땀 흘리며 버텨왔을지도 모를 일이다.

옆에 있는 인디언남자가 내 손을 끌더니 좌석을 당겨서 앞이 잘 보이게 해준다. 친절이 고마워서라도 이 밤은 같이 놀아줘야겠다. 몸을 흔든다. 뜻도 모르는 노랫가락에 몸을 흔들며 이 분위기에 그냥 나를 맡긴다. 이런들 어떠하며 저런들 어떠하랴! 이국 하늘 아래서 너와 내가 이렇게 만난 하룻밤 인연이 예사롭지 않을 터, 비를 맞으면서도 이렇게 즐거운 걸 보면 육신은 늙어도 마음만은 아직 신록인 게다.

오늘은 이대로 밤을 새워도 좋을 듯하다.

탱고의 고향, 라 보까

탱고의 고향, 라 보까에 왔다. 아르헨티나 산 뗄모 지역에서 남쪽으로 조금 내려가면 강 하구에 U자형의 작은 만, 이곳이 바로 아르헨티나 최초의 항구이며 아르헨티나 탱고의 발상지다.

19세기 말부터 20세기 초까지 300만 명이 넘는 유럽 이민자들이 부에노스아이리스에 도착했다. 덕분에 이 작은 항구는 가난한 부두 노동자와 선원들로 넘쳐났다. 소가죽을 벗겨서 수출하고 고기는 땅에 버릴 정도로 풍성했던 시절, 이태리 대리석 몇 장과 소 한 마리를 기꺼이 바꾸던 그 흥성스러운 시절에 부에노스아이리스는 유럽보다 더 유럽다운 도시를 남미에 만들었던 것이다. 그 화려한 모습의 뒤안길에는 고향을 등진 이들, 이민자들의 눈물과 땀이 젖어있었던 게다. 새로운 삶을 찾아 머나먼 이국땅까지 흘러온 이민자들! 그들은 자신의 정체성을 찾고 고향에 대한 향수와 삶의 애환을 달래고자 여기 선

술집에서 술을 마시고 거리에서 탱고를 추었을 게다. 아마도 이들은 고단한 낮의 삶을 부정하듯, 밤이면 땀에 젖은 작업복을 던져버리고 가장 멋진 옷으로 갈아입고 밤거리를 헤매지 않았을까싶다. 탱고가 흐르는 밤, 화려한 슈트차림으로 다른 사람인 양 보까의 밤거리를 활보하며 그 옛날의 파리를 꿈꾸며 자신의 자존감을 찾으려 발버둥 쳤으리라.

남자들에 비해 여자들이 턱없이 부족했던 당시 탱고는 남자들에게 있어 자신의 남성다움을 과시하기 위해 필수적인 춤이었다고 한다. 그러니 때로는 남자들끼리 거리에서 춤 겨루기까지 했다고 하니 오늘날 그렇게 매력적인 탱고 춤의 서글픈 역사가 아닐 수 없다. 하지만 이제 라 보까는 그 옛날 모습이 아니다. 보까 지역의 중심가 골목인 '까미니또 거리'는 울긋불긋 양철판자로 덧씌워진 집들로 거리 자체가 화려한 색채 조형예술거리가 되었다. 부두노동자들이 배를 만들고 남은 철판과 페인트를 이용해 집을 짓기 시작한 것이 점점 이렇게 다양한 색감들이 나왔다고 한다. 문득 독일 로맨틱가도의 도시, '오버암머가우'가 떠오른다. 마을 전체의 집들과 건물들 벽에 성화聖畵나 동화 등을 소재로 프레스코화를 그려놓아 보까 거리처럼 참으로 아름다웠던 것이다.

보까 부두 입구에 들어서자 아르헨티나 3대 유명인사인 탱고가수 '까를로스 가르델'과 이들이 숭배하는 '에비타'여사, 그리고 축구선수 '마라도나' 조각인형이 건물 2층 베란다에서 우리를 반기고 있다. 아르헨티나 최고의 가수 까를로스 가르델! 아르헨티나에서 '당신이

가르델이다!'란 말은 당신이 그 분야에서 최고다란 말과 같다고 하니 이곳에서 가르델의 인기를 알만도 하다. 원래 프랑스에서 태어난 그는 어릴 적에 어머니를 따라 부에노스아이리스로 와서 노래를 부르기 시작했다고 한다. 그는 잘 생긴 얼굴과 감미로운 음성으로 아르헨티나 최고의 탱고가수로 전 세계 명성을 날리다가 미국 영화까지 출현했는데, 당대의 최고의 배우였던 크라크 게이블조차 그를 시샘했다고 한다. 그가 살았던 동네엔 그의 이름을 딴 '까를로스 가르델 거리'가 있어 그의 노래를 좋아하는 탱고 애호가들이 모여 춤을 추고 그의 이름을 딴 탱고쇼를 밤마다 연다고 한다.

이제 보까거리는 삶에 찌든 그 옛날의 우울한 모습이 아니다. 부두 노동자와 선원들이 떠나간 자리에는 화려한 노천카페와 레스토랑들이 가득 들어섰다. 거리 곳곳엔 이곳을 배경으로 그림을 그려서 살아가는 무명화가들이 여행자들의 시선을 끈다. 거리 전체 골목 구석구석이 다 살아있는 엽서다. 화려한 오색실로 나무둥치에 옷을 입힌 생공예품도 있고, 그 옛날 그들이 살았던 허름한 2층 연립주택은 지난한 기억을 떨쳐버리려는 듯 화려한 쇼핑가로 변신해버렸다. 인간은 망각의 동물이 아니던가! 땀내 나던 날들, 쓰라렸던 고통의 역사도 세월이 가면 모두 아련히 그리운 향수로 남으니 얼마나 다행한 일인가 말이다. 그러니 현실은 우울하고 추억은 언제나 아름다운 것이다. 거리 곳곳마다 탱고음악이 흐른다. 무명 탱고댄서들이 거리와 카페 안에서 춤을 춘다. 음악과 미술과 춤과 낭만이 어우러진 라 보떼가 이젠 어엿한 탱고의 고향으로 자리 잡아 전 세계인들에게 그들의 문화유산 탱고를 자랑하며 팔고 있는 게다.

함께 못 와 여행 내내 짠한 딸아이를 위해 이곳에서 유명하다는 가죽가방을 하나 산다. 천연가죽에다 천연물감으로 만든 수공예가방들이 가격도 싸고 아름답다. 일행의 권유로 카페 앞에서 탱고춤으로 우리를 유인하는 곳으로 들어가 앉는다. 어젯밤, 부에노스아이리스 번

화가 호텔에 앉아 탱고쇼로 보았던 춤과는 사뭇 다른 느낌이다. 화려한 무대 위에서 한껏 차려입고 분장을 한 전문 무용수들이 추는 탱고와 탱고의 고향에서 서민들이 즐기며 추는 춤이 같을 리가 없는 게다. 부부인 듯 보이는 중년 남녀가 마치 하나의 신경으로 연결된 듯 부드럽고 우아한 몸짓으로 하나가 되었다간 떨어지고 떨어졌다간 다시 애타는 눈빛으로 서로를 더듬어서 합친다. 맞잡은 손을 잠시 놓고 멀어지는가 했더니 다시 공격적으로 다가와선 질펀한 정사情事를 한판 벌이는 것만 같다. 음악에 맞춰 밀물과 썰물처럼 끌어당기고 멀어지는 동작은 마치 해안가에서 파도가 거세게 몰아쳐 들어왔다간 부드럽게 해안을 애무하고 돌아서나가는 모습을 연상케 한다.

탱고란 말의 어원은 '만진다'는 뜻의 라틴어 '탕게레'에서 비롯된다. 따라서 이 춤은 파트너 간의 밀착과 끊어지지 않는 터치가 그 핵심이다. 탱고의 기원은 관능을 고조시키는 인디언풍의 북의 단순 반복음으로 시작된 룸바나 삼바와 뿌리가 같다. 브라질계 아프리카 흑인노예들이 아르헨티나에 전한 '칸돔베스'라는 춤이 탱고의 본체인 게다. 낯선 타국 땅에서 가슴이 시린 그들은 서로 안고 몸으로 체온을 나누며 서로를 비벼댔을 것이다. 욕망과 외로움을 달래기 위해 스스로 발열하여 고양된 감정에 도달하려고 애쓰는, 그럼으로 해서 더욱 외로워지고 마는 탱고는 결국 인간의 외로운 몸짓의 형상화인지도 모를 일이다.*

문득 「탱고, 그 관능의 쓸쓸함에 대하여」란 수필이 떠오른다. 어쩜 탱고 춤을 이렇게 직감적이고 생동감 넘치는 언어로 묘사할 수 있을까?

> 대각선으로 어깨를 맞대고 있는 남녀 댄서의 얼굴은 정지신호에 걸린 듯 잠시 무표정하다. 투우사가 소를 겨냥할 때의 그것처럼 긴장감마저 든다. 그러나 빠르고 경쾌한 탱고 리듬의 스텝이 몇 번 어우

러지더니 급한 회전을 이루며 이내 타오르는 장작불처럼 격렬함에 이르고 만다. 여성 댄서의 손이 남성 댄서의 목을 부드럽게 감싸안는다. 입술이 닿을 듯 말 듯 밀착된 가슴, 상대방을 갈구하는 듯한 눈빛, 마침내 남자의 손이 여자의 몸을 훑어내리기 시작한다. 정교하면서도 감성적인 터치, 허벅지까지 깊게 터진 스커트 속으로 공격적이 다리의 움직임이 자유롭다.

… (중략) ….

한 발자국 다가서면 또 한 발자국 비켜나는 자신의 그림자처럼, 어쩜 몸이 도달하고 싶어하는 지점도 끝내는 허구가 아닐까 하는 생각이 든다. 양파껍질처럼 한 겹 한 겹 다 벗겨지고 나면 끝내는 망실, 바로 그 발밑은 죽음의 계곡이 아닐까?

언젠가 드라마에서 시한부 인생을 남겨둔 한 소녀가 죽기 전에 하고 싶은 것 중 하나가 바다가 보이는 잔디 위에서 멋진 남자와 탱고를 한번 추는 것이었다. 결국 소녀는 열심히 탱고를 배우고 어느 날, 아름다운 해변 잔디 위에서 멋진 노신사와 마지막 탱고를 춘다. 그때는 몰랐다. 단순히 그녀가 뭔가 멋진 마무리를 하고 싶은 걸로만 알았다. 그런데 여기 탱고의 고향 아르헨티나에 와서 연일 탱고춤을 보며 그 의미를 깨닫는다. 탱고는 직접 춤을 춰보기 전에는 그 매력을 모른다는 말도 실감이 난다. 탱고가 얼마나 아름답고 본능에 솔직한 춤인지를 가슴으로 알게 된 것이다. 어쩜 이 춤이 무언중에 갈구하던 내 본연의 춤인지도 모를 일이다. 스스럼없이 사랑하는 이와 몸을 부대끼며 체온을 나누고, 사랑과 그리움과 삶의 애환까지도 함께 공유하며 그대와 합일合一되는 춤! 탱고춤을 보면, 긴 세월 꾹꾹 억누르고 다져왔던 나의 원초적 관능이 가슴 저 아래서 거침없이 쏟아 오르는 걸 느낀다. 어쩜 나 역시 죽기 전에 멋진 노신사와 탱고춤을 추고 싶을지도 모를 일이다.

인생은 세상의 무대에서 누군가를 뜨겁게 끌어안고 단 한번 멋지게 탱고춤을 추다가 가는 게 아닐까? 막연히 누군가를 만날 푸릇한 꿈에 가슴을 조이며 자신을 가꾸고, 그리곤 오랜 기다림 끝에 그대를 만나 줄다리기를 하며 애를 태우다가, 어느 날 한 마리 부나비처럼 제 몸을 장열하게 태우고는 사위어가는. 그리곤 그 관능의 쓸쓸함에 속울음을 울 수밖에 없는 불완전한 존재!

이제 탱고춤이 끝났다. 밀착되었던 부부가 아쉬운 듯 떨어진다. 한차례 쓰나미가 지나간 듯 황량한 침묵만이 카페에 가득하다. 춤을 추는 이나, 춤을 보는 이나 가슴이 허하기는 마찬가지다.

오늘은 누군가와 탱고춤을 추며 밤을 지새우고 싶다.

* 맹난자의 수필 「탱고, 그 관능의 쓸쓸함에 대하여」 중에서

이동소 수필집

환승

초판1쇄 발행 2015년 10월 20일

지은이 이동소
펴낸이 이길안
펴낸곳 세종출판사

주소 부산광역시 중구 흑교로 71번길 12 (보수동2가)
전화 463－5898, 253－2213~5
팩스 248－4880
전자우편 sjpl@chol.com
출판등록 제02-01-96

ISBN 978-89-6125-938-5-03810

정가 13,000원

본 도서는 2015년 부산문화재단 지역문화예술육성지원사업의 일부 자원으로 제작되었습니다.
이 도서의 국립중앙도서관 출판예정도서목록(CIP)은 서지정보유통지원시스템 홈페이지
(http://seoji.nl.go.kr)와 국가자료공동목록시스템(http://www.nl.go.kr/kolisnet)에서
이용하실 수 있습니다. (CIP제어번호: CIPCIP2015027928)